Natur entdecken 6

Mittelschule Bayern
Natur und Technik

Erarbeitet von
Franz Kraft, Geretsried
Bernhard Schnupp, Berching
Kathrin Schön, Lenting
Dr. Eva Schropp, Kallmünz
Jürgen Wolff, Iphofen

Oldenbourg Schulbuchverlag, München

Autorinnen und Autoren: Franz Kraft, Bernhard Schnupp, Kathrin Schön, Dr. Eva Schropp, Jürgen Wolff
Redaktion: Dr. Kerstin Amelunxen
Bildrecherche: Moritz Vennemann
Illustration: Christian Nusch
Grafik: Erik Gira, Heike Keis, Karin Mall, Tom Menzel, Detlef Seidensticker
Umschlagskonzept: Mendell & Oberer, München
Gesamtgestaltung und technische Umsetzung: Studio SYBERG

www.oldenbourg.de

Dieses Werk enthält Vorschläge und Anleitungen für Untersuchungen und Experimente. Vor jedem Experiment sind mögliche Gefahrenquellen zu besprechen. Beim Experimentieren sind die Richtlinien zur Sicherheit im Unterricht einzuhalten.

Soweit in diesem Lehrwerk Personen fotografisch abgebildet sind und ihnen von der Redaktion fiktive Namen, Berufe, Dialoge und Ähnliches zugeordnet oder diese Personen in bestimmte Kontexte gesetzt werden, dienen diese Zuordnungen und Darstellungen ausschließlich der Veranschaulichung und dem besseren Verständnis des Inhalts.

1. Auflage, 1. Druck 2018

Alle Drucke dieser Auflage sind inhaltlich unverändert und können im Unterricht nebeneinander verwendet werden.

© 2018 Cornelsen Verlag GmbH, Berlin

Das Werk und seine Teile sind urheberrechtlich geschützt. Jede Nutzung in anderen als den gesetzlich zugelassenen Fällen bedarf der vorherigen schriftlichen Einwilligung des Verlages. Hinweis zu den §§ 46, 52 a UrhG: Weder das Werk noch seine Teile dürfen ohne eine solche Einwilligung eingescannt und in ein Netzwerk eingestellt oder sonst öffentlich zugänglich gemacht werden. Dies gilt auch für Intranets von Schulen und sonstigen Bildungseinrichtungen.

Druck: Mohn Media Mohndruck, Gütersloh

ISBN 978-3-7627-0466-9 (Schülerbuch)
ISBN 978-3-7627-0625-0 (E-Book)

Inhaltsverzeichnis

Dein neues Buch 6
Arbeitsaufträge richtig verstehen 8
Praxis Im Fachraum – Einrichtungen und Regeln 10
Praxis Im Fachraum – Geräte und Chemikalien 11
So arbeiten Forscher 12
Praxis Das Versuchsprotokoll 13

Lebensgrundlagen Wasser und Boden

Eigenschaften und Bedeutung von Wasser 14

Vorwissen 16
Forschen Wasser – ein besonderer Stoff? 17
1.1 Wasser ist lebenswichtig! 18
1.2 Eigenschaften des Wassers 20
1.3 Wasser verhält sich anders 22
Praxis Was macht Wasser so besonders? 24
1.4 Woraus Wasser besteht 26
Praxis Zusammensetzung des Wassers 29
1.5 Wasser als Energiequelle 30
Praxis Wasserkraft 32
Zusammenfassung 33
Aufgaben 34

Lebensraum Boden 36

Vorwissen 38
Forschen Wer frisst wen? 39
2.1 Ökosystem Wald 40
2.2 Lebensgrundlage Fotosynthese 42
2.3 In der Natur geht nichts verloren 44
2.4 Boden – Bildung und Aufbau 46
Praxis Aufbau und Abbau von Stoffen 48
Praxis Bodenlebewesen bestimmen 49
2.5 Boden in Gefahr 50
Praxis Böden untersuchen 52
Zusammenfassung 53
Aufgaben 54

Materie, Stoffe und Technik

Kräfte und Kraftwandler — 56

Vorwissen — 58
Forschen Wie kann man Kräfte messen? — 59
3.1 Kräfte erkennen — 60
3.2 Kräfte messen und darstellen — 62
Praxis Kräfte messen und Diagramme zeichnen — 64
3.3 Werkzeuge sind Kraftverstärker — 66
3.4 Kraft und Arbeit — 68
Praxis Hebel untersuchen – Werkzeuge verwenden — 71
Praxis Versuche zur Goldenen Regel der Mechanik — 72
Zusammenfassung — 73
Aufgaben — 74

Bewegung und Geschwindigkeit — 76

Vorwissen — 78
Forschen Wie kann man Geschwindigkeit bestimmen? — 79
4.1 Geschwindigkeiten ermitteln — 80
4.2 Arten von Bewegung — 82
Praxis Diagramme zeichnen: Weg-Zeit-Diagramm — 84
Forschen Wie wirkt Geschwindigkeitsänderung auf Körper? — 85
4.3 Körper sind träge — 86
4.4 Geschwindigkeit und Anhalteweg — 88
4.5 Sicher unterwegs im Straßenverkehr — 90
Praxis Projekt: Verkehrssicheres Fahrrad — 92
Zusammenfassung — 93
Aufgaben — 94

Lebensgrundlagen Wasser und Boden

Lebensraum Gewässer — 96

Vorwissen — 98
Forschen Sind alle Gewässer gleich? — 99
5.1 Pflanzen am und im Wasser — 100
5.2 Tiere am und im Wasser — 102
Praxis Einen Steckbrief erstellen: Wasserpflanzen — 104
Forschen Wie schwimmt ein Fisch im Wasser? — 105
5.3 Fische im Lebensraum Wasser — 106
5.4 Nahrungsbeziehungen im See — 108
Praxis Quiz: Wasserpflanzen erkennen — 110
Praxis Quiz: Wassertiere erkennen — 111
5.5 Qualität von Gewässern — 112
Praxis Gewässergüte bestimmen — 114
Forschen Kleines ganz groß — 115
5.6 Zellen von Lebewesen — 116
Praxis Mikroskopieren: Lebewesen in Gewässern — 118
5.7 Gewässerschutz geht alle an — 120
Praxis Einsatz für die Kröten — 122
Zusammenfassung — 123
Aufgaben — 124

Mensch und Gesundheit

Die Entwicklung menschlichen Lebens — 126

Vorwissen — 128
Forschen Wie entwickeln wir uns? — 129
6.1 Zeit der Veränderung — 130
6.2 Vom Jungen zum Mann — 132
6.3 Vom Mädchen zur Frau — 134
Praxis Typisch Mann – typisch Frau? — 137
6.4 Neues Leben entsteht — 138
6.5 Schwangerschaft und Geburt — 140
6.6 Verhütung — 142
Praxis Mein Körper – meine Entscheidung — 144
Zusammenfassung — 145
Aufgaben — 146

Lösungen — 148
Stichwortverzeichnis — 155
Bildquellenverzeichnis — 159

Liebe Schülerin, lieber Schüler,

*willkommen in der 6. Klasse!
Damit du dich in deinem neuen Buch gut zurechtfindest, möchten wir es dir hier kurz vorstellen.*

Auftakt
Jedes Kapitel beginnt mit mehreren Bildern und kurzen Texten. Die Fotos geben dir einen ersten Eindruck, worum es geht. In den Texten findest du interessante Zahlen oder Rekorde zum Thema.

Vorwissen
Beim Betrachten der großen Zeichnung fallen dir sicher viele Dinge ein, die du zum Thema des Kapitels bereits weißt. Oder es ergeben sich Fragen, die im Verlauf des Kapitels geklärt werden …
Der kurze Text unten auf der Seite zeigt dir, was genau dich im Kapitel erwartet.

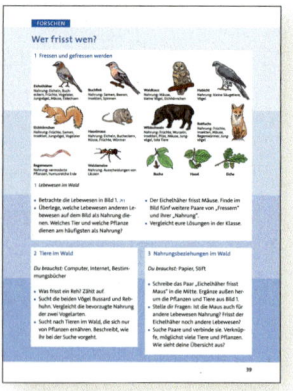

Forschen
Mit den Forscher-Aufträgen startest du in die neuen Themen. Hier darfst du Dinge selbst ausprobieren und herausfinden.

Grundseiten

Auf diesen Seiten werden dir Zusammenhänge und Fachbegriffe eines Themas erklärt. Merksätze am Seitenende fassen das Allerwichtigste kurz zusammen.
Auf Abbildungen wird so verwiesen: ↗1

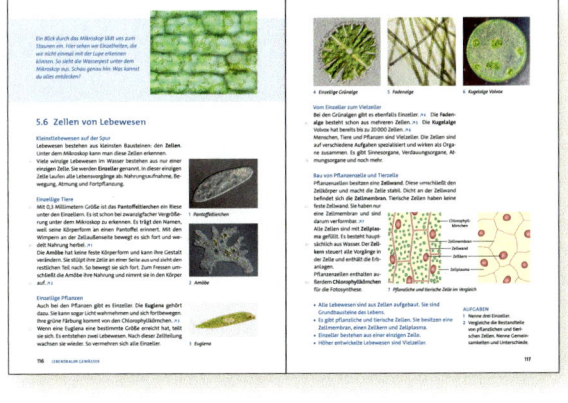

Praxis

Hier erhältst du Anleitungen für wichtige Arbeitsweisen und Versuche.
Jeder Schritt wird genau erklärt.

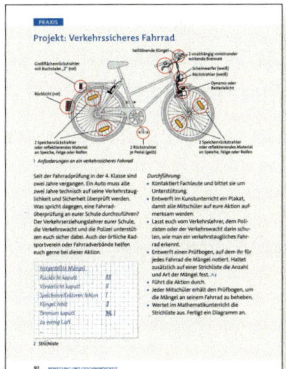

Zusammenfassung

Auf dieser Seite ist der Stoff des ganzen Kapitels zusammengefasst. Die Seite ist darum eine gute Lernhilfe.

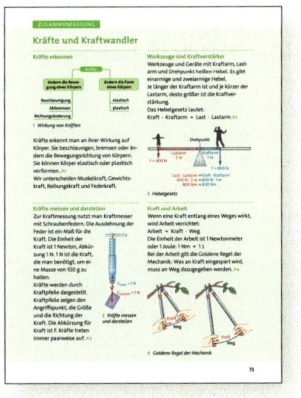

Aufgaben

Nun kannst du dein Wissen überprüfen und anwenden. Wenn du die Aufgaben auf der linken Seite lösen kannst, hast du das nötige Grundwissen. Auf der rechten Seite findest du kniffligere Aufgaben, bei denen du auch weiterdenken musst.
Die Symbole zeigen dir, wie schwierig die Aufgaben sind: □ einfach, ◪ mittel, ■ schwer.

Am Ende des Buchs findest du die Lösungen zu den Aufgaben-Seiten.
Außerdem gibt es ein Stichwortverzeichnis. Es hilft dir beim Nachschlagen.

Arbeitsaufträge richtig verstehen

Im Unterricht oder in schriftlichen Prüfungen bearbeitest du immer wieder **Aufgaben**. Jede Aufgabe enthält ein Aufforderungsverb. Der Fachausdruck dafür ist **Operator**. Operatoren sind Signalwörter, die dir darüber Auskunft geben, was du bei der Aufgabe tun musst. Wenn du die Bedeutung eines Operators kennst, kannst du die Aufgabe leichter lösen.

Nennen – angeben – aufzählen
Hier sollst du Sachverhalte oder Begriffe aufzählen.

> Gib an, welche Wirkungen Kräfte auf einen bewegten Gegenstand haben können.

Lösung:
Kräfte können einen bewegten Gegenstand bremsen, beschleunigen oder seine Richtung ändern.

Beschreiben
Hier sollst du Sachverhalte und Zusammenhänge in eigenen Worten wiedergeben. Verwende Fachbegriffe und Fachsprache.

> Beschreibe den Vorgang der Verwitterung.

Lösung:
Das Gestein wird durch den Einfluss von Wärme, Kälte und Wasser aufgebrochen und zerkleinert. Das nennt man Verwitterung.

Vergleichen
Hier sollst du Gemeinsamkeiten und Unterschiede ermitteln.

> Vergleiche die Bestandteile von pflanzlichen und tierischen Zellen. Nenne Gemeinsamkeiten und Unterschiede.

Lösung:

Gemeinsamkeiten	Unterschiede
Zellmembran	stabile Zellwand (nur bei Pflanzenzelle)
Zellkern	Chlorophyllkörnchen (nur bei Pflanzenzelle)
Zellplasma	

Ordnen – zuordnen
Hier sollst du Begriffe in eine sinnvolle Reihenfolge bringen oder zueinander in Beziehung setzen.

> Ordne die Tiere aus Bild 5 nach ihrer Geschwindigkeit.

Lösung:
Von langsam nach schnell: Faultier, Biene, Schwarze Mamba, Elefant, Känguru, Makohai, Brieftaube, Fächerfisch

Erläutern

Hier sollst du Sachverhalte durch zusätzliche Informationen veranschaulichen und verständlich machen.

> Erläutere, wieso in der Pubertät Körperpflege besonders wichtig wird.

Lösung:
In der Pubertät verändern sich Haut und Schweiß. Dadurch kann es zu Körpergeruch und Pickelbildung kommen. Durch Körperpflege kann man das verhindern.

Beurteilen – bewerten – Stellung nehmen

Hier sollst du zu einem Sachverhalt aufgrund von Fachwissen, aber auch persönlicher Einschätzung eine Aussage machen.

> Mario beschließt, beim Sex einfach aufzupassen. Beurteile seine Entscheidung.

Lösung:
Diese Entscheidung ist falsch. Seine Freundin Anna könnte beim Geschlechtsverkehr trotz „Aufpassen" schwanger werden, weil Sperma schon vor dem Höhepunkt austritt.

Begründen

Hier sollst du Sachverhalte auf Regeln, Gesetzmäßigkeiten oder Ursachen zurückführen.

> Trinkwasser ist kostbar. Begründe diese Aussage.

Lösung:
Es gibt zwar sehr viel Wasser auf der Erde, aber das meiste Wasser ist Salzwasser und nur ein geringer Teil des Süßwassers ist als Trinkwasser verfügbar.

Erklären

Hier sollst du Sachverhalte verständlich machen und dabei Regeln, Gesetzmäßigkeiten oder Ursachen verwenden.

> Erkläre, wie der Boden vor Erosion geschützt werden kann.

Lösung:
Der Landwirt kann Hecken am Rand der Äcker wachsen lassen. Zwischen den Ernten kann er Pflanzen anbauen, die dann zur Gründüngung untergepflügt werden.

Zeichnen

Hier sollst du eine anschauliche und genaue Zeichnung anfertigen.

> Zeichne das Wassermolekül in dein Heft und beschrifte es.

Lösung:

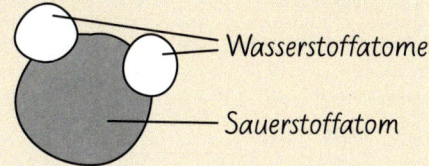

PRAXIS

Im Fachraum – Einrichtungen und Regeln

Sicherheitseinrichtungen, Symbole und Zeichen

Im Fachraum gibt es verschiedene Einrichtungen, die deiner Sicherheit dienen. Mit dem Not-Aus-Schalter kannst du blitzschnell im ganzen Fachraum Strom und Gas ausschalten. ↗1

Im Fachraum gibt es verschiedene Gruppen von Zeichen: blaue Gebotssymbole, grüne Rettungssymbole und gelbe Warnzeichen. ↗2

Gebots-symbole	Rettungs-symbole	Warnzeichen
Schutzbrille	Fluchtweg	Spannung
Schutzhand-schuhe	Erste-Hilfe-Kasten	Strahlung

1 Sicherheitseinrichtungen

2 Wichtige Symbole

Verhaltensregeln im Fachraum

Für den Fachraum gelten besondere Regeln. Sie dienen dazu, die Zusammenarbeit zu erleichtern und dich vor Unfällen zu schützen. ↗3

Richtiges Verhalten im Fachraum

- Fachraum nur mit Lehrkraft betreten
- nicht herumlaufen oder rempeln
- nicht essen oder trinken
- Geräte, Schalter und Chemikalien erst nach Aufforderung deiner Lehrkraft berühren
- Versuchsplanung beachten
- Sicherheitsvorschriften beachten
- sorgfältig mit Materialien und Geräten umgehen
- Arbeitsplatz aufräumen

3 Verhaltensregeln

Regeln beim Experimentieren

Für das Durchführen von Versuchen gibt es einige grundlegende Regeln: ↗4
- Trage immer eine Schutzbrille.
- Binde lange Haare zurück.
- Fasse Chemikalien nie mit den Fingern an.
- Richte Glasöffnungen nie auf dich oder andere.

4 Wichtige Experimentierregeln

Im Fachraum – Geräte und Chemikalien

Umgang mit Laborgeräten

Im Natur-und-Technik-Fachraum findest du viele Behälter, Werkzeuge, Messgeräte und andere Hilfsmittel. Alles das bezeichnet man als Laborgeräte. ↗1
Messgeräte wie Thermometer oder Laborwaagen sind teuer. Erkundige dich vor dem Gebrauch über die richtige Handhabung und behandle sie sorgsam.

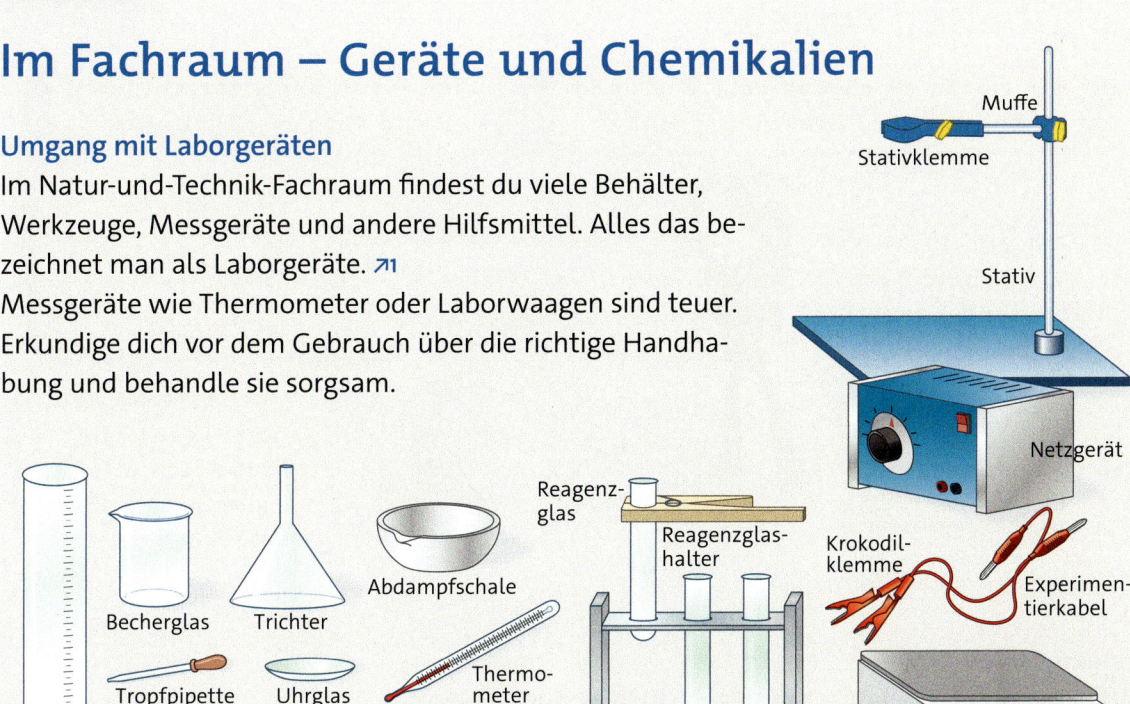

1 Laborgeräte

Kennzeichnung von Chemikalien

Auf vielen Chemikalien-Behältern findest du Symbole mit rotem Rand. Sie heißen **Gefahrenpiktogramme**. Sie warnen dich vor schädlichen oder gefährlichen Stoffen. ↗2
Da viele Chemikalien gesundheitsschädlich oder gar giftig sind, darfst du sie auf gar keinen Fall probieren oder tief einatmen.

Entsorgung von Chemikalien

Manche Chemikalien dürfen nicht in den Ausguss geschüttet werden. Sie gehören in spezielle Sammelbehälter. ↗3 Frage deine Lehrerin oder deinen Lehrer, wie du Reste entsorgen sollst. Auch zerbrochene Glasgeräte werden wegen der Verletzungsgefahr in einem Extrabehälter gesammelt.

2 Wichtige Gefahrenpiktogramme

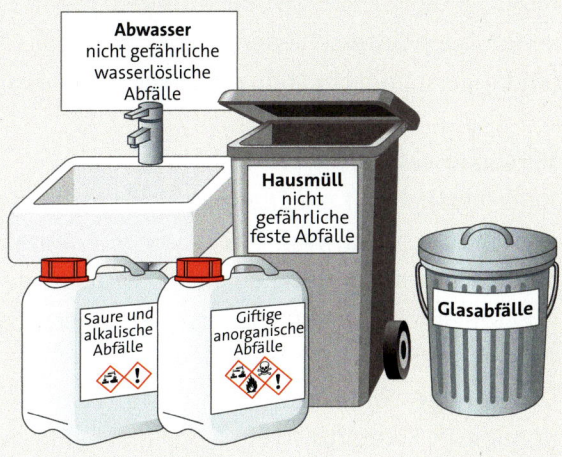

3 Entsorgung

So arbeiten Forscher

1 So forschen Naturwissenschaftler.

Fragen stellen
Du beobachtest Naturerscheinungen und überlegst, warum sie so und nicht anders passieren. Du gehst vor wie ein Forscher und stellst dir eine **Frage**. Oft hast du schon eine **Vermutung**, wie die Antwort lauten könnte. ↗1

Versuche durchführen
Du weißt nicht, ob deine Vermutung richtig oder falsch ist. Um sie zu überprüfen, musst du sie genauer **untersuchen**. Dazu brauchst du einen **Plan**. Was genau willst du untersuchen? Wie gehst du bei deinem Versuch vor? Welche **Materialien** sind dazu nötig?
Während du den **Versuch** durchführst, musst du genau hinsehen. Alle Veränderungen, die du während des Versuchs wahrnehmen kannst, sind **Beobachtungen**. Wenn du nach Ähnlichkeiten oder Unterschieden suchst, heißt das **Vergleichen**. Zu jedem Versuch fertigst du ein **Veruchsprotokoll** an (↗ Seite 13).

Versuche auswerten
Jeder Versuch hat ein **Ergebnis**. Es zeigt, ob deine Vermutung richtig oder falsch war. Das ist deine **Erkenntnis**. Auch wenn deine Vermutung nicht bestätigt wird, ist der Versuch nicht misslungen. Du findest vielleicht eine neue Frage und kannst weiterforschen.
Die Abfolge von Frage, Vermutung, Versuch und Erkenntnis nennt man **Erkenntnisweg**. ↗2 Forscher finden Lösungen, indem sie dem naturwissenschaftlichen Erkenntnisweg folgen.

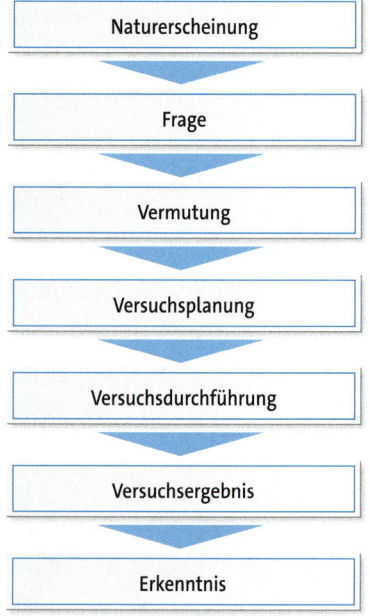

2 Naturwissenschaftlicher Erkenntnisweg

AUFGABEN
1 Du siehst einen Schatten. Notiere mindestens drei Fragen.
2 Stelle zu deinen Fragen Vermutungen auf.
3 Plane einen Versuch, um eine Vermutung zu überprüfen.

PRAXIS

Das Versuchsprotokoll

Viele Fragen wirst du im Natur-und-Technik-Unterricht selbst durch Versuche beantworten. Damit du die Versuche auch später noch verstehst, fertigst du zu jedem Versuch ein **Versuchsprotokoll** an. Versuchsprotokolle haben einen ganz bestimmten Aufbau. ↗1

Titel
Schreibe ganz oben deinen **Namen** und das **Datum** auf.
Darunter notierst du die **Frage** und deine **Vermutung**.

Material
Unter diesem Punkt zählst du die Geräte, Chemikalien und alle anderen benötigten Materialien auf.

Versuchsdurchführung
Falls nötig machst du eine **Zeichnung** vom Versuchsaufbau. Achte auf die richtige Anordnung.
Dann beschreibst du Schritt für Schritt, wie du den Versuch durchführst.
Zeichnung und **Beschreibung** müssen so genau sein, dass auch eine andere Person den Versuch nachmachen kann.

Beobachtung
Alles, was du bei einem Versuch hörst, riechst, siehst oder misst, schreibst du als **Beobachtung** auf. Messergebnisse notierst du am besten in einer **Tabelle**.

Auswertung
Beschreibe die Bedeutung deiner Beobachtungen und deiner Messergebnisse. Schreibe die Antwort auf deine anfangs gestellte Frage auf. Sie ist die Schlussfolgerung oder **Erkenntnis** aus deinem Versuch.

Alban Groß, 6a   10.12.2018

Versuchsprotokoll

Frage: Warum ist mein Schatten am Abend länger als am Mittag?

Vermutung: Die Länge des Schattens hat etwas mit dem Sonnenstand zu tun.

Material: Taschenlampe, Bauklotz, Maßband

Versuchsdurchführung:

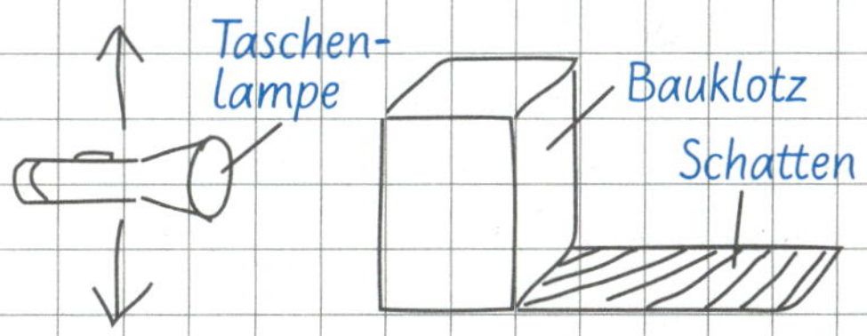

Ich stelle den Bauklotz auf den Tisch und verdunkle den Raum. Ich beleuchte den Bauklotz von einer Seite und bewege die Taschenlampe nach oben und unten. Ich messe die Schattenlänge bei verschiedenen Positionen der Lampe.

Beobachtung: Wenn ich die Lampe hoch halte, ist der Schatten kurz. Wenn ich die Lampe tief halte, ist der Schatten lang.

Position der Lampe	Schattenlänge
hoch	2 cm
mittel	7 cm
tief	15 cm

Auswertung: Die Lampe stellt im Versuch die Sonne dar. Je tiefer der Sonnenstand ist, desto länger ist der Schatten. Die Schattenlänge ist vom Sonnenstand abhängig.

1 Beispiel für ein Versuchsprotokoll

1

EIGENSCHAFTEN UND BEDEUTUNG VON WASSER

Eigenschaften und Bedeutung von Wasser

1 650 000 000 000 000 000 000

1650 Trilliarden Liter Wasser gibt es auf unserer Erde. Trotzdem herrscht in vielen Ländern der Welt ein extremer Mangel an Trinkwasser.

83

Dreiundachtzig Gramm Zucker sind in einem Liter Pfirsicheistee gelöst. Das entspricht fast 28 Stück Würfelzucker.

4 200

Über **viertausendzweihundert** Wasserkraftwerke gibt es in Bayern. Sie stehen für umweltfreundliche Energiegewinnung.

VORWISSEN

In diesem Kapitel ...
- lernst du die Bedeutung von Wasser für das Leben auf der Erde kennen.
- untersuchst du die besonderen Eigenschaften von Wasser und ihre Auswirkungen auf den Alltag.
- arbeitest du mit einem Modell, um die Übergänge zwischen Aggregatzuständen zu beschreiben.
- lernst du, wie sich Wasser mit Hilfe von Strom zersetzen lässt und welche Stoffe dabei entstehen.
- lernst du, aus welchen verschiedenen Teilchenarten unsere Welt aufgebaut ist.
- lernst du, wie sich Wasserkraft als Energiequelle nutzen lässt.

Wasser – ein besonderer Stoff?

1 Wasser und Wachs

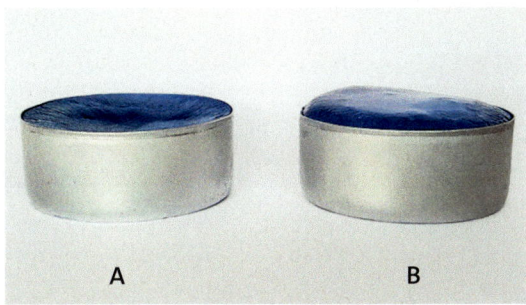

1 *Beim Abkühlen ziehen sich alle Stoffe zusammen – stimmt das wirklich?*

Betrachte das Foto. ↗1 Die beiden Teelichthüllen wurden gleich hoch mit flüssigem Wachs (A) und Wasser (B) gefüllt. Dann wurden sie in die Tiefkühltruhe gestellt.

- Benenne Unterschiede.
- Formuliere Fragen und plane Versuche zur Beantwortung.

2 Wasserberg

Du brauchst: Wasser, Trinkglas, Schüssel, Münzen

- Stelle das Glas in die Schüssel und fülle es bis zum Rand mit Wasser.
- Gib vorsichtig nacheinander einzelne Münzen dazu. Betrachte dabei immer die Wasseroberfläche.
- Zeichne und beschreibe deine Beobachtung.
- Formuliere Fragen dazu.

3 Reines Trinkwasser – ein Reinstoff?

Toni sagt: „Reines Trinkwasser ist ein Reinstoff."

- Betrachte die Fotos und beschreibe sie. ↗2
- Hat Toni Recht? Begründe deine Meinung.

2 *Tauchsieder vor und nach längerem Gebrauch*

4 Überall verborgenes Wasser

- Aus der Tabelle kannst du ablesen, wie viele Gramm Wasser in 100 Gramm Lebensmittel enthalten sind. ↗3
- Ordne die Lebensmittel nach ihrem Wassergehalt.
- Überlege, wie du diese Ergebnisse durch Versuche nachprüfen kannst.
- Erörtert gemeinsam Probleme, die bei diesem Versuch auftreten können.

Lebensmittel (jeweils 100 g)	darin enthaltenes Wasser
Apfel	83 g
Ei	70 g
Fisch	73 g
Gurke	96 g
Kartoffeln	74 g
Schinken	20 g
Schokolade	2 g

3 *Wassergehalt von Lebensmitteln*

So sieht ein Astronaut die Erde vom Weltraum aus. Du erkennst die großen Ozeane und Kontinente. Die Meere nehmen mehr als doppelt so viel Platz ein wie die Landmassen. Trotzdem haben nicht alle Menschen genügend sauberes Trinkwasser.

1.1 Wasser ist lebenswichtig!

Wasser auf unserer Erde

Wasser kommt auf unserer Erde in offenen Gewässern und im Boden vor. Auch in der Luft ist Wasser in Form von Luftfeuchtigkeit und Wolken enthalten. Niederschläge wie Regen, Hagel oder Schnee sind ebenfalls Wasser.

Meere bestehen aus **Salzwasser**, Flüsse und Seen meist aus **Süßwasser**. Auch das Grundwasser im Boden ist Süßwasser. Nur Süßwasser kann man trinken oder zum Bewässern von Pflanzen verwenden. Das meiste Süßwasser ist allerdings in den riesigen Eisschichten an den Polen und im Hochgebirge eingefroren und steht nicht als **Trinkwasser** zur Verfügung. Die Menge an Trinkwasser ist daher viel geringer, als die riesigen Wassermassen es vermuten lassen. ↗1

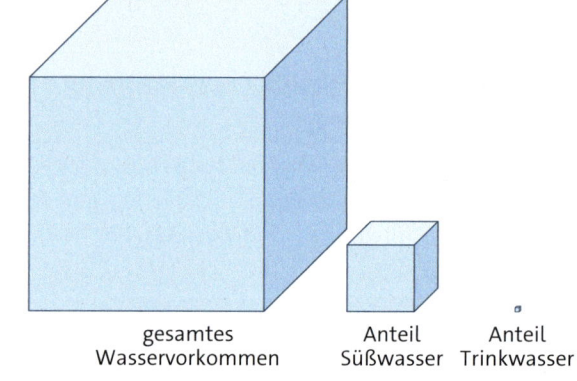

1 *Trinkbares Wasser ist kostbar.*

Lebewesen brauchen Wasser

Alle Lebewesen bestehen zu großen Teilen aus Wasser. ↗2 Etwa sieben von zehn Teilen des menschlichen Körpers sind Wasser. Täglich nimmst du es als Teil von Nahrung und Getränken auf.

Das Wasser scheidest du durch Urin, Kot und Schweiß wieder aus. Ein großer Teil geht durch die Atmung verloren. Diesen Verlust musst du ausgleichen. Ernährungsfachleute empfehlen, täglich ungefähr zwei Liter Wasser zu trinken. Ohne Trinken kann der Mensch nur zwei bis drei Tage überleben. Wasser ist daher unser wichtigstes **Lebensmittel**.

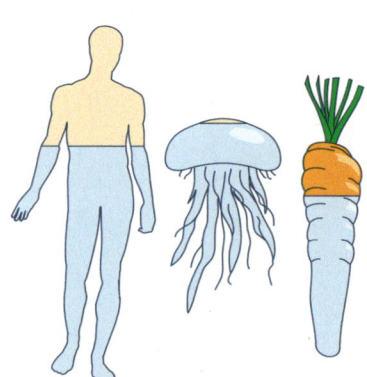

2 *Lebewesen enthalten unterschiedliche Anteile an Wasser.*

Das Wasser in den Lebewesen erfüllt wichtige Aufgaben. Es **löst** und **transportiert** zum Beispiel Nährstoffe, Mineralstoffe und Spurenelemente. Durch Schwitzen regelt dein Körper auch deine **Körpertemperatur**.

Wasserverbrauch

Täglich verbraucht ein Mensch in Deutschland etwa 120 Liter Wasser im Haushalt. Nur etwa fünf Liter benötigst du zum Trinken und Kochen. Viel Wasser verwendest du für die tägliche Körperpflege, die Reinigung von Geschirr, Wäsche und Böden. ↗3
Für die Herstellung von Papier, Alufolie oder Autos benötigen Fabriken große Mengen an Süßwasser. Für die Erzeugung von Lebensmitteln wird ebenfalls viel Wasser gebraucht, da Felder und Gemüsegärten oft künstlich bewässert werden müssen und die Tiere getränkt werden müssen.

Transportweg Wasser

Wasser wird auch als Transportweg genutzt. Große Schiffe befördern Waren und Rohstoffe aus allen Ländern der Welt. Unsere Verbindung zu den Meeren sind Flüsse und Kanäle. Der Rhein-Main-Donau-Kanal und die Donau sind Bayerns große Wasserstraßen. Täglich siehst du auf der Donau außer Frachtschiffen auch Kreuzfahrtschiffe mit Urlaubern. ↗4

Wasser in unserer Freizeit

Auch in deiner Freizeit schätzt du das Wasser. Du gehst zum Schwimmen ins Freibad oder kühlst deine Arme in einem Springbrunnen. Für Brunnen und öffentliche Schwimmbäder werden große Mengen an Trinkwasser gebraucht. Zum Paddeln oder Angeln fährst du an Seen oder Flüsse. ↗5 Du hast daran aber nur Spaß, wenn diese Gewässer sauber sind. Nimm darum immer deinen Müll mit nach Hause!

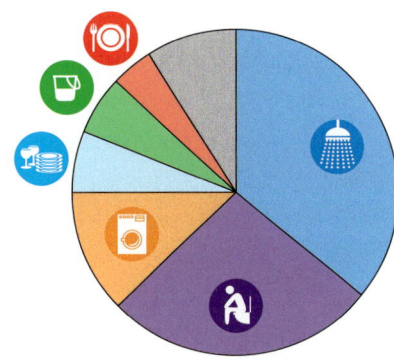

3 *Wasserverbrauch im Haushalt*

Wasserverbrauch pro Person und Tag
- 43 l Duschen, Baden
- 33 l Toilettenspülung
- 14 l Wäschewaschen
- 7 l Geschirrspülen
- 7 l Putzen, Garten
- 5 l Essen, Trinken
- 11 l Sonstiges

4 *Kreuzfahrtschiff*

5 *Sport am Wasser macht Spaß.*

- Wasser kommt in Lebewesen, in der Luft, im Boden und in offenen Gewässern vor.
- Das meiste Wasser ist Salzwasser, nur ein geringer Teil des Süßwassers ist als Trinkwasser verfügbar.
- Wasser dient als Transport- und Lösungsmittel.
- Im Haushalt und bei der Produktion von Waren benötigen wir große Mengen an Süßwasser.

AUFGABEN

1 Gib an, wo Wasser vorkommt.
2 Nenne zwei Aufgaben, die Wasser im Körper des Menschen erfüllt.
3 Trinkwasser ist kostbar. Begründe diese Aussage.

Das Trinkwasser im Glas ist farblos und durchsichtig. In der Natur hat Wasser verschiedene Farben: Das Meer schimmert blau oder türkisblau, Bergbäche sind kristallklar. Flüsse sind oft grün oder braun. Woran das wohl liegt?

1.2 Eigenschaften des Wassers

Lösefähigkeit von Wasser

Zucker und Salz lösen sich gut in Wasser. ↗1 Andere Reinstoffe, wie zum Beispiel Kalk, lösen sich nur schwer in Wasser. Kupfer und Silber lösen sich nicht in Wasser. Sie sind **unlöslich**.
Wasser kann nur eine bestimmte Menge eines Stoffes lösen. 100 Gramm Wasser lösen 36 Gramm Kochsalz. Wenn man mehr dazugibt, setzt sich das Kochsalz am Boden ab. Das nennt man **Bodensatz**. Die Lösung darüber heißt **gesättigte Lösung**.
Auch flüssige Stoffe lösen sich in Wasser: Essig und Alkohol sind dafür Beispiele. Die gasförmigen Stoffe Sauerstoff und Kohlenstoffdioxid werden vom Wasser ebenfalls aufgenommen. Warmes Wasser löst feste Stoffe meist besser als kaltes Wasser. Im Gegensatz dazu lösen sich gasförmige Stoffe in warmem Wasser schlechter als in kaltem Wasser. Im Mineralwasser ist Kohlenstoffdioxid gelöst. Beim Öffnen sprudelt eine warme Mineralwasserflasche stärker, weil sich in warmem Wasser weniger Kohlenstoffdioxid löst.

1 *So viele Zuckerwürfel lösen sich in 100 Gramm Wasser.*

Leitfähigkeit von Wasser

Der Reinstoff Wasser besteht nur aus Wasserteilchen. Diese leiten den elektrischen Strom nicht. Trinkwasser enthält gelöste Salze. Gelöste Salzteilchen können den elektrischen Strom weiterleiten. Meerwasser enthält mehr Salzteilchen als Trinkwasser und leitet daher den Strom noch besser. Da in unseren Körperflüssigkeiten Salz gelöst ist, leitet unser Körper auch. Darum ist ein Stromschlag so gefährlich. ↗2 Zuckerwasser leitet den Strom nicht, weil gelöste Zuckerteilchen den Strom nicht leiten.

2 *Verlass bei Gewitter sofort das Wasser!*

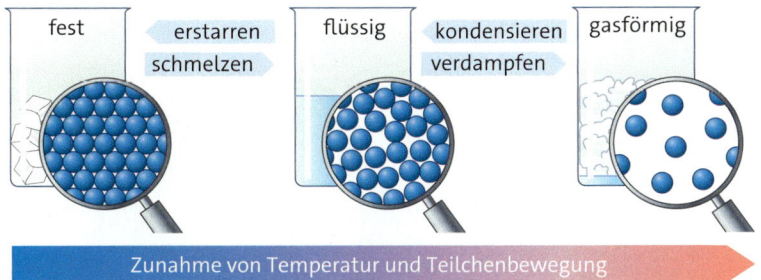

3 Die Zustandsformen von Wasser und ihre Übergänge

Aggregatzustände des Wassers

In der Natur kommt Wasser in allen drei Aggregatzuständen vor: festes Eis, flüssiges Wasser und Wasserdampf. ↗3 Im festen Zustand bewegen sich die Teilchen nur auf ihrem Platz. Erhöht man die Temperatur, bewegen sich die Teilchen immer schneller und verlassen ihren Platz. Der Stoff wird flüssig. Diesen Vorgang nennt man **Schmelzen**. Erniedrigt man die Temperatur wieder, bewegen sich die Teilchen langsamer und Wasser wird zu Eis. Das nennt man Gefrieren oder **Erstarren**. Der **Schmelzpunkt** und **Gefrierpunkt** von Wasser liegt bei **0 °C**. Erhöht man die Temperatur von flüssigem Wasser, so bewegen sich die Teilchen immer schneller. Sie entfernen sich weiter voneinander. Das flüssige Wasser wird zu gasförmigem Wasser. Das nennt man Sieden oder **Verdampfen**. Sinkt die Temperatur unter den Siedepunkt, wird das Wasser wieder flüssig. Das nennt man **Kondensieren**. Der **Siedepunkt** und **Kondensationspunkt** von Wasser liegt bei **100 °C**. Schmelzpunkt und Siedepunkt sind Stoffeigenschaften.
Temperatur und Teilchenbewegung hängen zusammen: Je niedriger die Temperatur ist, desto langsamer bewegen sich die Teilchen. Bei −273 °C bewegen sich die Teilchen nicht mehr.

4 Wasser bildet kugelförmige Tropfen.

Oberflächenspannung von Wasser

Wasser bildet kugelförmige Tropfen, weil sich die Wasserteilchen gegenseitig anziehen. Das hält die Teilchen zum Tropfen zusammen. ↗4 Der Fachbegriff dafür heißt **Oberflächenspannung**. Die Oberflächenspannung ist so groß, dass Wasser sogar eine Nähnadel tragen kann. ↗5

5 Schwimmende Nähnadel

- Wasser kann Stoffe unterschiedlich gut lösen.
- Salzlösungen leiten den elektrischen Strom.
- Der Schmelzpunkt von Wasser beträgt 0 °C, der Siedepunkt 100 °C.
- Wasser hat eine Oberflächenspannung.

AUFGABEN
1 Beschreibe, was man unter Lösefähigkeit versteht.
2 Beschreibe, wie sich die Wasserteilchen beim Übergang von Eis zu flüssigem Wasser verhalten.
3 Erkläre die Begriffe Kondensationspunkt und Schmelzpunkt.

Schnell die Limoflasche ins Gefrierfach zum Kühlen: Das funktioniert gut. Man darf sie nur nicht vergessen.

1.3 Wasser verhält sich anders

Eis braucht Platz

In der 5. Klasse hast du gelernt, dass sich Stoffe beim Abkühlen zusammenziehen. Das Bild mit der zerplatzten Flasche zeigt dir, dass dies so beim Gefrieren des Wassers nicht stimmt. Das Eis hat schließlich die Flasche gesprengt.

Wenn Wasser gefriert, ordnen sich die Wasserteilchen so an, dass sie mehr Platz brauchen als in flüssigem Wasser. Wasser dehnt sich daher beim Erstarren aus. Alle anderen Stoffe ziehen sich beim Erstarren zusammen. Nur das Wasser verhält sich beim Gefrieren nicht normal. Diese Eigenschaft nennt man die **Anomalie des Wassers**.

1 *Frostaufbruch durch Eis*

Frostschäden

Die Anomalie des Wassers verursacht Schäden. Außen liegende Wasserleitungen können gefrieren und platzen. Durch kleine Risse dringt Wasser in Teerstraßen ein. Es gefriert im Winter und wölbt den Teer. Im Frühling schmilzt es und versickert im Boden. Der gewölbte Teer bricht ein. Das nennt man Frostaufbruch. ↗1 Sogar Felsen werden durch eindringendes Wasser gesprengt, wenn das Wasser gefriert.

Eis schwimmt

Du weißt, dass Eis mehr Platz braucht als Wasser. Deswegen wiegt ein Liter Eis weniger als ein Liter Wasser. Das Eis ist leichter als Wasser. Der Fachmann sagt: Eis hat eine geringere Dichte als Wasser. Ein Eisberg schwimmt daher. ↗2 Wenn der Eisberg auftaut, braucht das flüssige Wasser so viel Platz wie der untergetauchte Teil. Der Wasserstand ändert sich nicht.

2 *Der größte Teil eines Eisbergs liegt unter Wasser.*

Wasser bei vier Grad Celsius

Wenn man 10 °C warmes Wasser schrittweise abkühlt, so bewegen sich die Wasserteilchen immer langsamer und brauchen daher weniger Platz. Am wenigsten Platz benötigen Wasserteilchen bei 4 °C. ↗3

Deswegen ist ein Liter mit 4 °C warmem Wasser schwerer als ein Liter Wasser mit einer Temperatur von 3 °C oder 5 °C. Wasser mit 4 °C sinkt daher auf den Boden eines Sees. Wasser mit einer anderen Temperatur schwimmt auf dieser Wasserschicht.

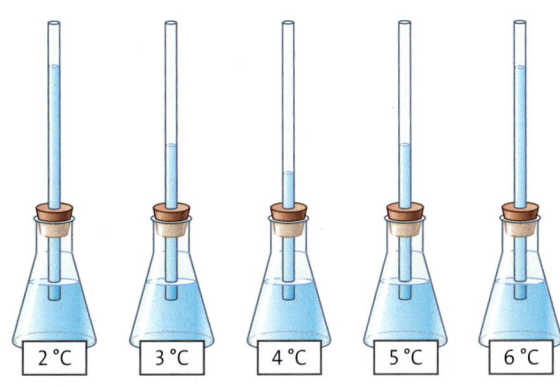

3 Wasser mit 4 °C braucht am wenigsten Platz.

Gewässer frieren von oben zu

In Bild 4 siehst du, dass sich sowohl im Winter als auch im Sommer Wasserschichten in einem Gewässer ausbilden. ↗4 Im Winter ist die oberste Schicht immer die kälteste Wasserschicht. Erreicht ihre Temperatur 0 °C, bildet sich eine Eisschicht und das Wasser friert von oben nach unten zu. Wenn Gewässer tiefer als 90 Zentimeter sind, bleibt das Wasser am Grund flüssig. So können die Wassertiere im Winter überleben.

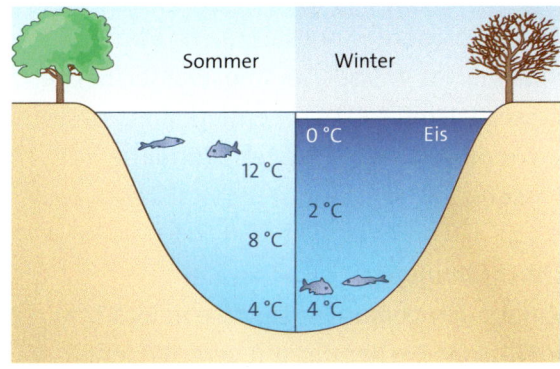

4 Wasserschichten in einem See

Im Sommer ist die oberste Wasserschicht immer die wärmste. Das erlebst du beim Schwimmen: Die oberste Schicht ist angenehm warm. Lässt du die Füße nach unten hängen, spürst du deutlich niedrigere Temperaturen.

Salz verhindert Eisbildung

Der Fluss ist längst schon mit einer dicken Eisschicht bedeckt. Die ruhige Meeresbucht ist aber immer noch nicht zugefroren, obwohl beide Wasserarten die gleiche Temperatur haben. Das Salz verhindert, dass das Meerwasser gefriert. Kommt Eis mit Salz in Berührung, so taut es auf. Das macht man sich im Winter zunutze, um Glatteis zu vermeiden. Auch hier taut das Eis auf oder entsteht erst gar nicht. ↗5

5 Salzstreuung gegen Glatteis

- Wasser dehnt sich beim Gefrieren stark aus. Das nennt man Anomalie des Wassers.
- Wasser mit einer Temperatur von 4 °C ist am schwersten.
- Die Anomalie des Wassers sichert das Überleben der Wasserlebewesen, verursacht aber auch Schäden.

AUFGABEN

1 Gib an, bei welcher Temperatur ein Liter Wasser am schwersten ist.
2 Beschreibe, wie Frostaufbrüche entstehen.
3 Erkläre, warum Fische im Winter in einem Gewässer überleben können.

PRAXIS

Was macht Wasser so besonders?

1 Leitfähigkeit verschiedener Wasserarten

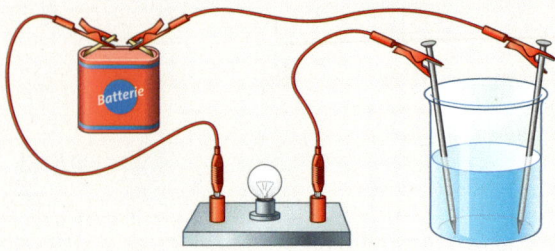

1 Versuchsanordnung zu Versuch 1

Material: Zucker, Kochsalz, Seife, Pfeffer, destilliertes Wasser, Leitungswasser, Bechergläser, Batterie, Experimentierkabel, Krokodilklemmen, 2 Nägel, Glühbirne, Fassung

Durchführung:
- Baut den Versuch so auf wie in Bild 1. ↗1
- Füllt das Becherglas mit verschiedenen Wasserarten. Spült und trocknet das Glas dann immer wieder aus.
- Übertragt die Tabelle in euer Heft und notiert eure Ergebnisse. ↗2

	Leuchtet nicht	Leuchtet schwach	Leuchtet hell
Destilliertes Wasser	???	???	???
Leitungswasser	???	???	???
Wasser mit wenig Salz	???	???	???
Wasser mit viel Salz	???	???	???
Wasser mit Zucker	???	???	???
Wasser mit Pfeffer	???	???	???
Wasser mit Seife	???	???	???

2 Leitfähigkeit verschiedener Wasserarten

Auswertung: Vergleicht die Ergebnisse in der Tabelle. Zieht Schlussfolgerungen aus euren Ergebnissen. Achtet dabei auf den gelösten Stoff und die Menge des gelösten Stoffes. Schreibt dazu zwei Merksätze auf.

2 Kann warmes Wasser mehr Salz lösen als kaltes Wasser?

Im Lexikon steht, dass 100 ml Wasser 36 g Salz lösen. Gilt das für warmes oder kaltes Wasser?

Material: Messzylinder, Spatel, Waage, 2 Bechergläser, kaltes und warmes Wasser, Kochsalz

Durchführung:
- Berechne, wie viel Gramm Salz 50 ml Wasser lösen.
- Miss 50 ml kaltes und 50 ml warmes Wasser ab und gib es in je ein Becherglas. (Achtung: Nicht zu heißes Wasser verwenden, sonst besteht Verletzungsgefahr!)
- Wiege 2 Portionen der berechneten Menge Salz ab.
- Gib sie jeweils in die Bechergläser und rühre gut um. Notiere, ob du einen Bodensatz entdeckst.
- Gib jeweils nach und nach eine Spatelspitze Salz in beide Bechergläser und notiere nach jedem Schritt, ob sich das Salz noch löst.

Auswertung: Formuliere eine Erkenntnis.

3 Wasser und Eis

Material: Eiswürfel, Becherglas, Wasser, wasserfester Filzstift, Heizplatte oder Föhn

Durchführung:
Vorsicht: Fasse den Föhn nicht mit feuchten Händen an!
- Fülle das Becherglas zur Hälfte mit Wasser. Gib Eiswürfel hinein.
- Markiere den Wasserstand mit einem Filzstift. Erwärme das Wasser.
- Markiere den Wasserstand erneut, wenn alle Eiswürfel geschmolzen sind.

Auswertung:
- Zeichne den Versuch bei Beginn und am Ende.
- Notiere deine Beobachtungen in zwei Sätzen. Gehe darauf ein, wie weit die Eiswürfel eintauchen und ob sich der Wasserstand verändert.

4 Warum wird im Winter Salz gestreut?

Material: 2 Eiswürfel, 2 Petrischalen, Salz

Durchführung:
- Lege je einen Eiswürfel in eine Petrischale.
- Gib auf einen Eiswürfel Salz.
- Beobachte, was passiert.

Auswertung: Fertige ein Versuchsprotokoll mit einer Zeichnung der Versuchsanordnung, Durchführung und Auswertung an. Beantworte die Frage in der Versuchsüberschrift.

5 Wasser löst und transportiert Stoffe

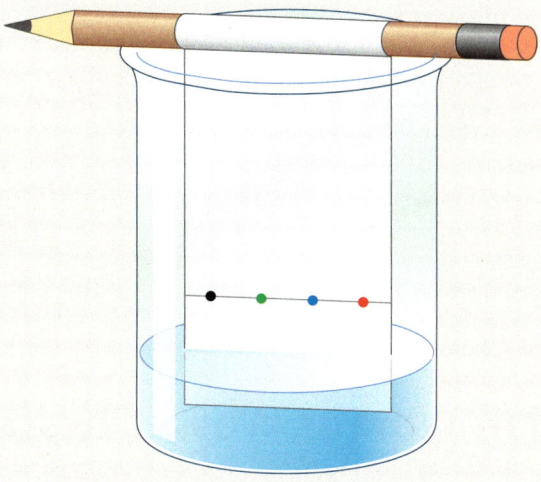

3 Versuchsanordnung zu Versuch 5

Material: Filterpapier (rechteckig), Becherglas, Wasser, wasserlösliche Filzstifte in verschiedenen Farben, Lineal, Bleistift, Klebeband

Durchführung:
- Zeichnet auf das Filterpapier eine Bleistiftlinie 2 cm vom Rand entfernt.
- Malt auf diese Linie unterschiedliche Filzstiftpunkte. Abstand halten!
- Befestigt das Filterpapier mit dem Klebeband am Bleistift und hängt es in das Becherglas. ↗3
- Füllt das Becherglas so hoch mit Wasser auf, bis das Filterpapier etwa 1 cm eintaucht.

Auswertung: Beschreibt das Versuchsergebnis. Geht dabei darauf ein, welche Farbstoffe das Wasser besonders gut löst und deshalb sehr weit transportieren kann. Geht darauf ein, ob die Filzstiftfarben reine Farben sind.

Früher glaubten die Menschen, dass es vier Elemente gibt: Feuer, Erde, Luft und Wasser. Darum spricht man auch heute noch von Wasser als dem nassen Element. Ist das richtig?

1.4 Woraus Wasser besteht

Verschiedene Arten von Wasser

In der 5. Klasse hast du gelernt, dass Reinstoffe aus lauter gleichen Teilchen bestehen, Gemische aber aus unterschiedlichen Teilchen. **Salzwasser** enthält verschiedene Teilchenarten: Wasserteilchen und Salzteilchen. Deswegen ist es ein Gemisch. Auch **Trinkwasser** ist ein Gemisch. Es enthält ebenfalls kleine Mengen gelöster Salze.

Der Reinstoff Wasser besteht nur aus Wasserteilchen. Man kann ihn durch Destillation herstellen: Dazu erhitzt man Wasser und fängt den Wasserdampf wieder auf. Die Salze bleiben zurück. Wegen der Herstellungsart heißt es auch **destilliertes Wasser**. ↗1

1 *Zum Bügeln verwendet man destilliertes Wasser.*

Zersetzung von Wasser

Wenn man durch Wasser Gleichstrom schickt, entstehen an den Elektroden Gasblasen. Die Gasblasen steigen nach oben und sammeln sich dort an. ↗2

Gleichzeitig nimmt die Menge an flüssigem Wasser ab. Da sich das Wasser bei diesem Versuch nicht erhitzt, kann dieses Gas kein Wasserdampf sein.

Der Stoff Wasser wurde durch den Strom verändert. Der Fachbegriff für die Zersetzung von Stoffen durch elektrischen Strom ist **Elektrolyse**. Man spricht darum von der elektrolytischen Zersetzung von Wasser.

An der **Minuselektrode** entsteht die doppelte Menge Gas wie an der **Pluselektrode**. Das legt nahe, dass aus dem Wasser zwei neue Stoffe entstanden sind. Diese Stoffe kann man weiter untersuchen.

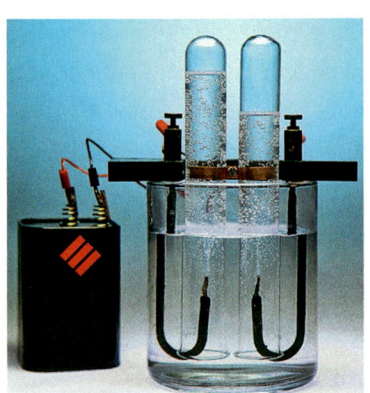

1 *Wasser wird durch Strom in Gase zersetzt.*

3 *Sauerstoffnachweis: Glimmspanprobe*   4 *Wasserstoffnachweis: Knallgasprobe*

Nachweis der gebildeten Gase

Die Gase, die bei der Zersetzung von Wasser entstehen, sind beide geruchlos und farblos. Das Gas, das an der Pluselektrode entsteht, ist schwerer als Luft. Es bringt einen glimmenden Holzspan zum Aufflammen. Diese Nachweisreaktion heißt **Glimmspanprobe** und ist typisch für das Gas **Sauerstoff**. ↗3

Das Gas, das an der Minuselektrode entsteht, ist leichter als Luft. Es lässt sich entzünden und brennt mit einer blauen Flamme. Vermischt man es mit Luft, gibt es beim Zünden ein pfeifendes oder knallendes Geräusch. Diese Nachweisreaktion heißt **Knallgasprobe** und ist typisch für das Gas **Wasserstoff**. ↗4 Aus dem flüssigem Wasser sind also die beiden Gase Sauerstoff und Wasserstoff entstanden. Es bildet sich doppelt so viel Wasserstoff wie Sauerstoff.

Weil Wasserstoff leichter ist als Luft, wurde er früher in Luftschiffen verwendet. Das war gefährlich, weil er leicht brennbar ist. ↗5

5 *1937 explodierte das Luftschiff „Hindenburg" bei der Landung.*

Elemente und Verbindungen

Sauerstoff und Wasserstoff kann man chemisch nicht weiter zerlegen. Reinstoffe, die man chemisch nicht weiter zerlegen kann, heißen **Elemente**. In der Natur gibt es insgesamt 92 Elemente. Für jedes der 92 Elemente haben Chemiker ein eigenes **Symbol** vereinbart. So können sie sich überall auf der Welt verständigen. Wasserstoff wird mit dem Symbol **H** bezeichnet, Sauerstoff mit dem Symbol **O**.

Reinstoffe, die man weiter zerlegen kann, heißen **Verbindungen**. ↗6 Bei der Zersetzung des Wassers wird Wasser in die Gase Wasserstoff und Sauerstoff zerlegt.

6 *Einteilung der Stoffe*

Wasser ist also eine Verbindung. Daher ist es fachlich falsch, vom Element Wasser zu sprechen.

Ein neues Modell

Im **Teilchenmodell** hast du dir das Wasser als untrennbares Teilchen vorgestellt. ↗7 Diese Modellvorstellung musst du jetzt verfeinern. Bei der Elektrolyse entstehen aus Wasser Sauerstoff und die doppelte Menge Wasserstoff. Das Wasserteilchen ist also aus mehreren Bausteinen zusammengesetzt, nämlich aus zwei Wasserstoffteilchen und einem Sauerstoffteilchen.

Wasserteilchen

7 *Wasser im Teilchenmodell*

Atome und Moleküle

Die kleinsten Bausteine der Elemente sind die **Atome**. Du kannst dir die Atome als winzig kleine Kugeln vorstellen. Sauerstoff enthält nur Sauerstoffatome, Wasserstoff enthält nur Wasserstoffatome. Atome können sich zu **Molekülen** verbinden. Diese Moleküle können aus **gleichen Atomen** oder **verschiedenen Atomen** bestehen. ↗8

Sauerstoffatom

Wasserstoffatom

Sauerstoffmolekül

Wasserstoffmolekül

Wassermolekül

8 *Atome und Moleküle im Modell*

Wie Chemiker schreiben

Für Verbindungen schreibt man **Formeln** auf. Dabei stehen die Symbole der Elemente nebeneinander, aus denen eine Verbindung zusammengesetzt ist. Die Zahl hinter dem Elementsymbol informiert dich darüber, wie viele Atome des Elements in der Verbindung zu finden sind.

Das Sauerstoffmolekül ist aus zwei Sauerstoffatomen aufgebaut. Die Formel heißt daher O_2 und wird so gesprochen: **O-zwei**. Das Wasserstoffmolekül ist aus zwei Wasserstoffatomen aufgebaut. Die Formel heißt daher H_2 und wird so gesprochen: **H-zwei**. Das Wassermolekül ist aus zwei Wasserstoffatomen und einem Sauerstoffatom aufgebaut. Die Formel heißt daher H_2O und wird so gesprochen: **H-zwei-O**. ↗9

Stoff	Elementsymbol	Formel	Modell
Sauerstoff	O	O_2	
Wasserstoff	H	H_2	
Wasser	–	H_2O	

9 *Verschiedene Stoffe im Modell*

- Bei der Zersetzung von Wasser entstehen Sauerstoffgas und die doppelte Menge Wasserstoffgas.
- Sauerstoff weist man mit der Glimmspanprobe nach, Wasserstoff mit der Knallgasprobe.
- Das Wasserteilchen besteht aus einem Sauerstoffatom und zwei Wasserstoffatomen.

AUFGABEN
1. Beschreibe, was du bei der Zersetzung von Wasser beobachten kannst.
2. Nenne die Gase, die bei der Wasserzersetzung gebildet werden, und gib die Namen der Nachweisreaktionen an.
3. Schreibe die Formeln für Sauerstoff, Wasserstoff und Wasser auf.

PRAXIS

Zusammensetzung des Wassers

1 Zersetzung von Wasser

1 *Zersetzungsapparat – selbst gebaut*

Weil destilliertes Wasser den elektrischen Strom nicht leitet, machst du es mit Natriumcarbonat leitfähig.

Achtung: Kein Kochsalz verwenden, es entsteht sonst giftiges Chlorgas!

Material: Schutzbrille, Plastikwanne, 2 Gummibänder, 2 Reagenzgläser, Batterie (4,5 V), Experimentierkabel mit Krokodilklemmen, 2 Graphitminen, wasserfestes Klebeband, 2 Esslöffel Natriumcarbonat, Wasser

Durchführung:
- Baue den Versuch auf wie in Bild 1. ↗1
- Fülle beide Reagenzgläser mit Wasser. Sie dürfen keine Luft mehr enthalten. Befestige sie über den Graphitminen.
- Verbinde die Experimentierkabel mit der Batterie und den Drähten.

Auswertung: Beobachte genau, was passiert. An welcher Seite kannst du mehr Gasblasen entdecken? Gib an, mit welchem Pol der Batterie sie verbunden ist.

2 Glimmspanprobe

Material: Schutzbrille, Reagenzglas mit Sauerstoff aus Versuch 1, Streichhölzer, Teelicht, Schaschlikstab

Durchführung:
- Lass etwas Sauerstoff in das Reagenzglas strömen.
- Entzünde den Schaschlikstab am Teelicht.
- Blase die Flamme aus. Der Stab sollte noch glühen.
- Halte den Schaschlikstab in das Reagenzglas.

Auswertung: Notiere deine Beobachtung.

3 Knallgasprobe

Material: Schutzbrille, Reagenzglas mit Wasserstoff aus Versuch 2, Spritze, Schale, Wasser, Spülmittel, Teelicht, Schaschlikstab

Durchführung:
- Gib in die Schale Wasser und ein paar Tropfen Spülmittel.
- Ziehe aus dem Reagenzglas Wasserstoff in die Spritze.
- Blubbere Wasserstoff in das Wasser.
- Entzünde den Schaschlikstab am Teelicht und halte den brennenden Stab an die Spülmittelblasen. Nicht eintauchen!

Auswertung: Notiere deine Beobachtung.

Früher nutzten die Menschen die Wasserkraft für das Mahlen von Getreide. Heute erzeugen viele dieser alten Mühlen Strom.

1.5 Wasser als Energiequelle

Laufwasserkraftwerke

Die heutigen Nachfolger der Mühlen sind die **Laufwasserkraftwerke**. Meist wird dabei ein Fluss gestaut. Das aufgestaute Wasser läuft in Röhren nach unten und treibt dabei eine **Turbine** an. Die Turbine treibt einen **Generator** an, der elektrischen Strom erzeugt. An bayerischen Flüssen gibt es viele Laufwasserkraftwerke. ↗1

Energie wird umgewandelt

Das Wasser eines Flusses besitzt durch den Höhenunterschied zwischen Quelle und Mündung **Lageenergie**. Je höher das Wasser aufgestaut wird, desto größer ist seine Lageenergie. Wenn der Fluss nach unten fließt, wird Lageenergie zu **Bewegungsenergie**. Im Kraftwerk überträgt das fließende Wasser Bewegungsenergie auf die Turbine. Der **Generator** wandelt diese Bewegungsenergie in **elektrische Energie** um. ↗2

Über das Stromnetz gelangt die elektrische Energie in Häuser und Fabriken. Dort wird sie wieder in andere Energieformen umgewandelt. In einer Lampe wird elektrische Energie in **Lichtenergie** umgewandelt. Im Haartrockner wird elektrische Energie in **Wärmeenergie** und **Bewegungsenergie** umgewandelt.

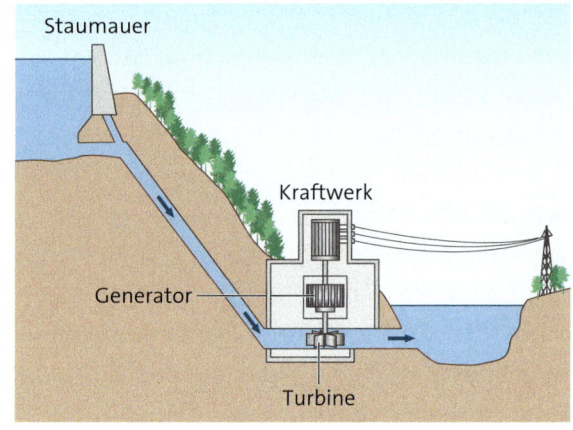

1 Aufbau eines Laufwasserkraftwerks

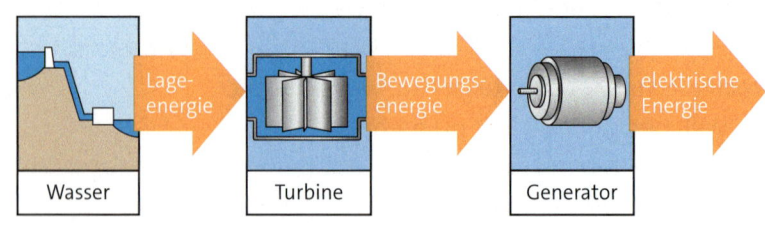

2 Energieumwandlungskette in einem Laufwasserkraftwerk

3 Pumpspeicherkraftwerk in Deutschland

4 Gezeitenkraftwerk in Frankreich

Andere Wasserkraftwerke

Bei **Speicherkraftwerken** wird das Wasser aus einem Stausee auf die Turbinen geleitet. Bei **Pumpspeicherkraftwerken** wird das abgeflossene Wasser wieder in die Höhe in einen Stausee gepumpt. Dadurch ist man von der Niederschlagsmenge und dem Wasserstand der Flüsse unabhängig. ↗3

Auch in den Meeren werden Kraftwerke gebaut. Bei **Wellenkraftwerken** wird die Bewegungsenergie der Wellen genutzt. In **Gezeitenkraftwerken** nutzt man aus, dass sich der Wasserstand durch Ebbe und Flut ändert. ↗4 Da es in den Meeren große Wasserströme gibt, werden auch **Strömungskraftwerke** gebaut. Meereskraftwerke liefern viel Energie.

Wasserkraft – pro und contra

Damit die Fische den Fluss entlangschwimmen können, werden **Fischtreppen** eingeplant. ↗5 Um zu verhindern, dass die Fische in den Turbinen getötet werden, baut man engmaschige Gitter ein. Besonders leistungsfähige Kraftwerke benötigen riesige **Staudämme**. In China wurden dafür ganze Städte umgesiedelt. Naturschützer kritisieren diese Projekte.

Trotz dieser Probleme gelten Wasserkraftwerke als umweltfreundlich. Da Wasser durch den Regen immer wieder nachgeliefert wird, zählt die Wasserkraft zu den **erneuerbaren Energiequellen**. In Bayern beträgt der Anteil an Strom aus Wasserkraft ungefähr ein Zehntel der Gesamtmenge. Hier gibt es Laufwasserkraftwerke, Pumpspeicherkraftwerke und Speicherkraftwerke.

5 Kraftwerk mit Staustufe und Fischtreppe

- **In Wasserkraftwerken wird mit Generatoren Bewegungsenergie in elektrische Energie umgewandelt.**
- **Wasserkraft ist eine erneuerbare Energiequelle.**

AUFGABEN

1 Nenne die Energieumwandlungen bei einem Laufwasserkraftwerk.
2 Zähle auf, wie bei Wasserkraftwerken Fische geschützt werden.
3 Erkläre, warum Wasserkraft eine erneuerbare Energiequelle ist.

PRAXIS

Wasserkraft

1 Wie schnell dreht sich das Wasserrad?

Material: Teelichthülle, Schere, Schaschlikstab, Waschbecken

Durchführung:
- Schneide den Rand der Teelichthülle in etwa gleichen Abständen achtmal ein.
- Klappe den Rand nun nach außen. ↗1
- Falte die abstehenden Rechtecke zu kleinen dreieckigen Schaufeln. Achte darauf, dass die Öffnungen in die gleiche Richtung schauen. Vorsicht: Verletze dich nicht an den Kanten!
- Bohre in die Mitte der Teelichthülle ein kleines Loch und stecke den Schaschlikstab durch. Achtung: Das Wasserrad muss sich frei drehen können!
- Halte nun das Wasserrad unter den Wasserhahn.
- Verändere die Wassermenge und die Fallhöhe des Wassers.

Auswertung: Beobachte, mit welcher Geschwindigkeit sich das Wasserrad dreht. Notiere, wovon die Geschwindigkeit abhängt.

2 Kann Wasser Lasten heben?

Material: Joghurtbecher, Nagel, selbst gebautes Wasserrad aus V1, Knete, 20 cm Faden, Büroklammer, gefüllte Wasserflasche, Schüssel

Durchführung:
- Bohrt mit dem Nagel zwei gegenüberliegende Löcher am oberen Rand des Joghurtbechers.
- Steckt den Holzstab mit dem Wasserrad durch die Löcher im Joghurtbecher. Befestigt nun das Wasserrad mit Knete am Stab. Das Wasserrad muss fest mit dem Stab verbunden sein und darf sich nicht mehr frei drehen. ↗2
- Bindet die Büroklammer an den Faden. Befestigt den Faden mit ein wenig Knete fest am Holzstab. Er darf sich nicht frei drehen.
- Stellt den Joghurtbecher in die Schüssel und gießt Wasser aus der Flasche auf das Wasserrad.

Auswertung: Notiert, was mit dem Faden und der Büroklammer passiert. Beantwortet die Frage aus der Überschrift.

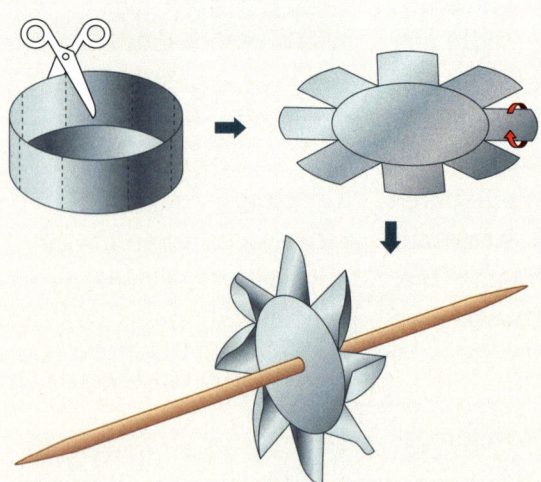

1 Bau des Wasserrads

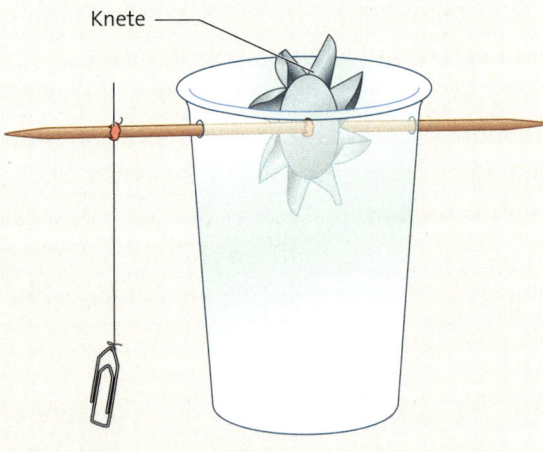

2 Versuchsaufbau zu Versuch 2

ZUSAMMENFASSUNG

Eigenschaften und Bedeutung von Wasser

Wasser ist lebenswichtig!

1 *Bedeutung und Vorkommen von Wasser*

Wasser kommt auf der Erde in unterschiedlichster Form vor. Es ist für Lebewesen von großer Bedeutung. ↗1

Wasser verhält sich anders

Wasser mit einer Temperatur von 4 °C ist am schwersten. Beim Gefrieren dehnt es sich stark aus. Das nennt man Anomalie des Wassers. Die Anomalie des Wassers sichert das Überleben der Wasserlebewesen, verursacht aber auch Schäden.

Wasser als Energiequelle

In Wasserkraftwerken wird mit Generatoren Bewegungsenergie in elektrischen Strom umgewandelt. ↗4
Wasserkraft ist eine erneuerbare Energiequelle. In Bayern gibt es Laufwasserkraftwerke und Pumpspeicherkraftwerke. Sie produzieren umso mehr Strom, je größer die Wassermenge und die Fallhöhe ist.

Eigenschaften des Wassers

Wasser löst Stoffe unterschiedlich gut. Salzlösungen leiten den elektrischen Strom. Wasser hat eine Oberflächenspannung. Der Schmelzpunkt von Wasser beträgt 0 °C, der Siedepunkt 100 °C. Der Aggregatzustand hängt von der Temperatur und von der Teilchenbewegung ab. ↗2

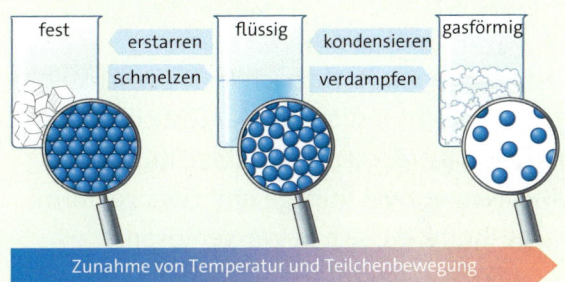

2 *Wasser – Aggregatzustände und Übergänge*

Woraus Wasser besteht

Bei der Zersetzung von Wasser entstehen Sauerstoffgas und die doppelte Menge an Wasserstoffgas. Das Wasserteilchen besteht aus einem Sauerstoffatom und zwei Wasserstoffatomen. ↗3
Sauerstoff weist man mit der Glimmspanprobe nach, Wasserstoff mit der Knallgasprobe.

3 *Moleküle im Modell*

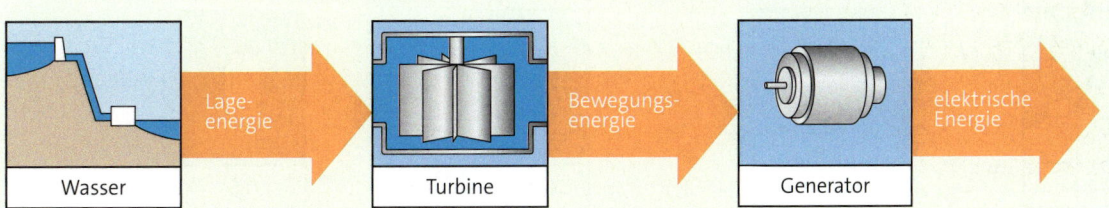

4 *Energieumwandlungskette in einem Laufwasserkraftwerk*

AUFGABEN ZUM GRUNDWISSEN

1 Wasser ist lebenswichtig!
a ▪ Übertrage die Mindmap in dein Heft und ergänze sie. ↗1
b □ Bei der Produktion von Waren wird Wasser benötigt. Nenne vier Beispiele.
c □ Gib an, wie viele Liter du täglich trinken sollst.
d ▪ Erläutere, warum Wasser unser wichtigstes Lebensmittel ist.

1 Vorkommen von Wasser in der Natur

2 Eigenschaften des Wassers
a □ Ordne die Stoffe nach ihrer Löslichkeit ein – leicht löslich, schwer löslich, unlöslich: Salz, Zucker, Kalk, Silber, Kupfer.
b □ Nenne zwei flüssige und zwei gasförmige Stoffe, die sich in Wasser lösen.
c ▪ Erkläre die Unterschiede in der Leitfähigkeit:
 – destilliertes Wasser/Trinkwasser
 – Zuckerwasser/Salzwasser
 – Trinkwasser/Salzwasser
d □ Zähle die Aggregatzustände von Wasser auf und benenne die Übergänge A–D. Bild 2 kann dir helfen. ↗2

3 Wasser verhält sich anders
a □ Nenne zwei Schäden, die die Anomalie von Wasser verursacht.
b □ Gib an, bei welcher Temperatur Wasser am schwersten ist.
c ▪ Erkläre, warum Fische auch in zugefrorenen Gewässern überleben können.
d ▪ Erkläre, warum Eisberge im Wasser schwimmen.

4 Woraus Wasser besteht
a □ Nenne die Nachweise für das Gas Wasserstoff und das Gas Sauerstoff.
b □ Gib an, aus welchen Elementen Wasser besteht.
c ▪ Zeichne das Wassermolekül in dein Heft und beschrifte es.
d ▪ Ordne die Stoffe destilliertes Wasser, Salzwasser, Sauerstoff, Wasserstoff den Begriffen zu: Element, Verbindung, Gemisch.

2 Grafik zu Aufgabe 2d

5 Wasser als Energiequelle
a □ Nenne die verschiedenen Energieformen in der Energieumwandlungskette. ↗3
b ▪ Beschreibe, wie ein Laufwasserkraftwerk aufgebaut ist.

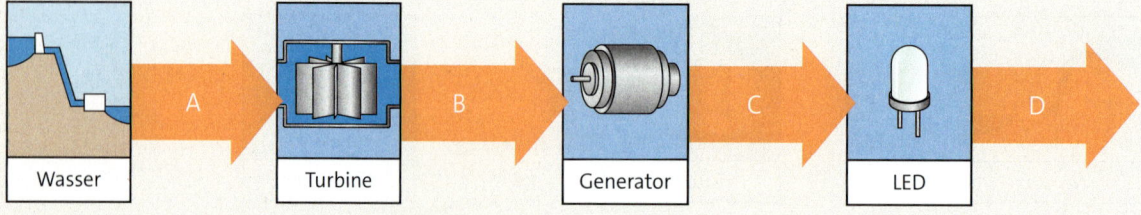

3 Energieumwandlungskette zu Aufgabe 5

AUFGABEN ZUR ANWENDUNG

6 Wasser ist kostbar
a ◪ Das Diagramm in Bild 4 zeigt die Wasserverteilung auf der Erde. Ordne Salzwasser, Süßwasser und Trinkwasser den Tortenstücken zu. ↗4

b ◪ Stelle Wasserspartipps für zu Hause zusammen.

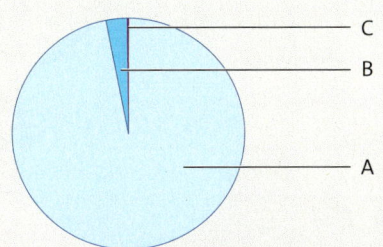

4 *Wasserverteilung auf der Erde*

7 Nachweisreaktionen bringen Klarheit
◪ Ordne den Nachweisreaktionen A bis C folgende Stoffe zu:
Zuckerwasser, destilliertes Wasser, Salzwasser, Sauerstoff, Wasserstoff, Kohlenstoffdioxid.

A Ein glühender Holzstab fängt wieder zu brennen an.

B Beim Anzünden ertönt ein fauchendes oder knallendes Geräusch.

C Die Lösung leitet den elektrischen Strom nicht. Beim Verdunsten entstehen Kristalle.

8 Zersetzung von Wasser
◪ Erläutere die Elektrolyse des Wassers anhand des Bildes. ↗5

9 Wasserkraftwerke
Wasserkraft erzeugt elektrische Energie. ↗6

a ◪ Erläutere, warum Wasser zu den erneuerbaren Energiequellen zählt.

b ◪ Große Wasserkraftwerke sind umstritten. Erkläre, warum.

c ◪ Begründe, ob die Aussagen stimmen:
A Wenn der Fluss ein großes Gefälle hat, kann mehr Strom produziert werden.
B Wenn der Fluss viel Wasser hat, kann mehr Strom produziert werden.
C Wenn es durch den Klimawandel weniger regnet, kann weniger Strom aus Wasserkraft produziert werden.

d ■ Vier Fünftel des deutschen Stroms aus Wasserkraft werden in Bayern und Baden-Württemberg produziert. Besorge dir eine physische Karte von Deutschland und versuche, Erklärungen zu finden.

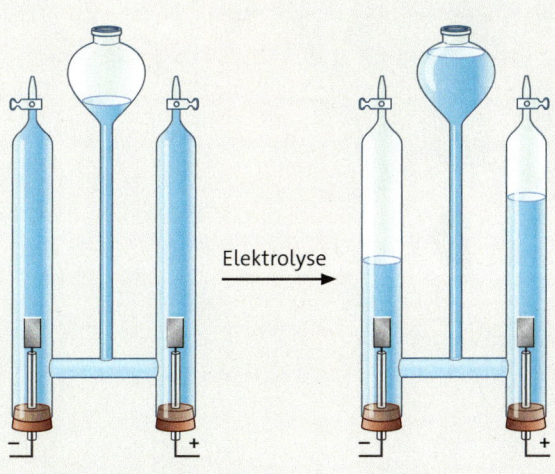

5 *Elektrolyse von Wasser*

6 *Wasserkraftwerk bei Ingolstadt*

Lebensraum Boden

1 000 000 000

In einer Handvoll Erde leben über **eine Milliarde** Lebewesen. Eines davon ist der Springschwanz. Er ist ungefähr so groß wie ein Streichholzkopf.

60

Über **sechzig Meter** hoch ist der größte Baum in Bayern: Es ist eine Douglasie in Heigenbrücken bei Aschaffenburg. Und sie wächst immer noch weiter.

900

Das größte Lebewesen der Welt ist ein Honigpilz in Amerika. Der größte Teil von ihm liegt allerdings unter der Erde: Er nimmt eine Fläche von **neunhundert Hektar** ein. Darauf haben mehr als tausend Fußballfelder Platz.

VORWISSEN

In diesem Kapitel ...
- lernst du, wie verschiedene Lebewesen des Waldes zueinander in Beziehung stehen und voneinander abhängen.
- lernst du, wie Pflanzen Nährstoffe und Sauerstoff erzeugen und welche Bedeutung sie für das Leben auf der Erde haben.
- untersuchst du, wie der Boden aufgebaut ist und welche Lebewesen ihn bewohnen.
- lernst du, welche wichtigen Aufgaben der Boden erfüllt und wie wir ihn schützen können.

FORSCHEN

Wer frisst wen?

1 Fressen und gefressen werden

Eichelhäher
Nahrung: Eicheln, Bucheckern, Früchte, Vogeleier, Jungvögel, Mäuse, Eidechsen

Buchfink
Nahrung: Samen, Beeren, Insekten, Spinnen

Waldkauz
Nahrung: Mäuse, kleine Vögel, Eichhörnchen

Habicht
Nahrung: kleine Säugetiere, Vögel

Eichhörnchen
Nahrung: Früchte, Samen, Insekten, Jungvögel, Vogeleier

Haselmaus
Nahrung: Eicheln, Bucheckern, Nüsse, Früchte, Würmer

Wildschwein
Nahrung: Früchte, Wurzeln, Insekten, Pilze, Mäuse, Jungvögel, tote Tiere

Rotfuchs
Nahrung: Früchte, Insekten, Mäuse, Regenwürmer, Jungvögel

Regenwurm
Nahrung: vermoderte Pflanzen, humusreiche Erde

Waldameise
Nahrung: Ausscheidungen von Läusen

Buche

Hasel

Eiche

1 *Lebewesen im Wald*

- Betrachte die Lebewesen in Bild 1. ↗1
- Überlege, welche Lebewesen anderen Lebewesen auf dem Bild als Nahrung dienen. Welches Tier und welche Pflanze dienen am häufigsten als Nahrung?

- Der Eichelhäher frisst Mäuse. Finde im Bild fünf weitere Paare von „Fressern" und ihrer „Nahrung".
- Vergleicht eure Lösungen in der Klasse.

2 Tiere im Wald

Du brauchst: Computer, Internet, Bestimmungsbücher

- Was frisst ein Reh? Zählt auf.
- Sucht die beiden Vögel Bussard und Rebhuhn. Vergleicht die bevorzugte Nahrung der zwei Vogelarten.
- Sucht nach Tieren im Wald, die sich nur von Pflanzen ernähren. Beschreibt, wie ihr bei der Suche vorgeht.

3 Nahrungsbeziehungen im Wald

Du brauchst: Papier, Stift

- Schreibe das Paar „Eichelhäher frisst Maus" in die Mitte. Ergänze außen herum die Pflanzen und Tiere aus Bild 1.
- Stelle dir Fragen: Ist die Maus auch für andere Lebewesen Nahrung? Frisst der Eichelhäher noch andere Lebewesen?
- Suche Paare und verbinde sie. Verknüpfe, möglichst viele Tiere und Pflanzen. Wie sieht deine Übersicht aus?

Bei einem Waldspaziergang kannst du es spüren: Im Sommer ist es kühl und dunkel. Vögel zwitschern, es raschelt geheimnisvoll. Irgendwo plätschert ein Bach. Der Waldboden federt unter deinem Schritt. Es riecht an jeder Stelle anders. Der Wald ist ein ganz besonderer Ort.

2.1 Ökosystem Wald

Vielfalt im Wald

Vielleicht bist du ja selbst schon einmal im Wald spazieren gegangen oder hast mit deiner Klasse einen Rundgang mit einem Förster gemacht. ↗1 Wenn du genau hinsiehst, fällt dir auf, dass es dort vor Lebewesen nur so wimmelt. Am auffälligsten sind die Bäume: Tannen, Fichten, Buchen oder Eichen. Dazwischen finden sich kleinere **Pflanzen** wie Büsche, Farne, Moose und Gräser.

Der Wald beherbergt auch viele **Tiere**: Manchmal kannst du ein Wildschwein, ein Reh oder einen Fuchs beobachten. In den Bäumen leben Vögel wie der Eichelhäher oder der Waldkauz. Kleinere Tiere wie Eichhörnchen, Hasen und Mäuse finden ebenfalls im Wald Unterschlupf. Am Waldboden entdeckst du Ameisen und Regenwürmer.

1 *Erkundung des Waldes*

Lebensraum Wald

Die Tiere und Pflanzen des Waldes pflanzen sich fort, fressen und werden gefressen, schlafen und bewegen sich, Tag und Nacht. Dabei wohnen und leben sie in einem für sie passenden Bereich. Der Fachausdruck dafür ist **Lebensraum**.

In jedem Lebensraum herrschen ganz bestimmte Umweltbedingungen: Es ist zum Bespiel eher hell oder dunkel, es kann feucht oder trocken sein, oder es ist windgeschützt und darum wärmer. In manchen Gegenden gibt es trockene Sandböden, an anderen Orten ist der Boden feucht und fruchtbar. Der Fachbegriff für Umweltbedingungen ist **Umweltfaktoren**. Zu den Umweltfaktoren zählen die Lichtverhältnisse, die Temperatur, die Luftfeuchtigkeit und die Bodenqualität. ↗2

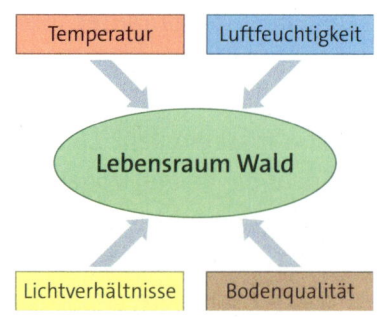

2 *In einem Lebensraum wirken verschiedene Umweltfaktoren.*

Ökosystem Wald

Manche Pflanzen mögen es hell und trocken, andere dunkler und feucht. Auch Tiere suchen sich einen Lebensraum, der für sie passt. Die Tiere und Pflanzen eines Lebensraums bilden eine **Lebensgemeinschaft** und stehen untereinander in Beziehung. Dabei sind sie auch von den Umweltfaktoren des Lebensraums abhängig. Lebensraum und Lebensgemeinschaft wirken zusammen: Sie bilden ein **Ökosystem**. Der Wald ist ein solches Ökosystem.

3 *Haselmaus mit Nuss*

Nahrungsbeziehungen im Wald

Die Haselmaus lebt vor allem in Mischwäldern. Tagsüber schläft sie in ihrem Nest. In der Nacht ist sie aktiv und sucht Futter: Sie ernährt sich von Beeren, Insekten und Samen wie der Haselnuss. ↗3

Auch der Fuchs ist abends und nachts auf der Suche nach Nahrung unterwegs. ↗4 Dabei ist er nicht wählerisch: Er frisst Beeren, Käfer, Regenwürmer oder kleine Vögel. Die Haselmaus steht ebenfalls auf seinem Speiseplan.

4 *Fuchs*

Von der Kette zum Netz

Die Haselmaus frisst also Haselnüsse, der Fuchs frisst wiederum die Haselmaus. Eine solche Beziehung lässt sich als Kette darstellen. Der Fachbegriff dafür ist **Nahrungskette**.

Pflanzen stehen am Anfang jeder Nahrungskette. Nahrungsbeziehungen sind in der Natur jedoch nie geradlinig, weil die meisten Tiere verschiedene Nahrungsquellen nutzen. So frisst nicht nur die Haselmaus Haselnüsse, sondern auch das Eichhörnchen. Nicht nur der Fuchs frisst die Haselmaus, sondern auch der Waldkauz. Die Nahrungskette verzweigt sich und die Ketten sind untereinander verknüpft. Deswegen spricht man besser von einem **Nahrungsnetz**. ↗5

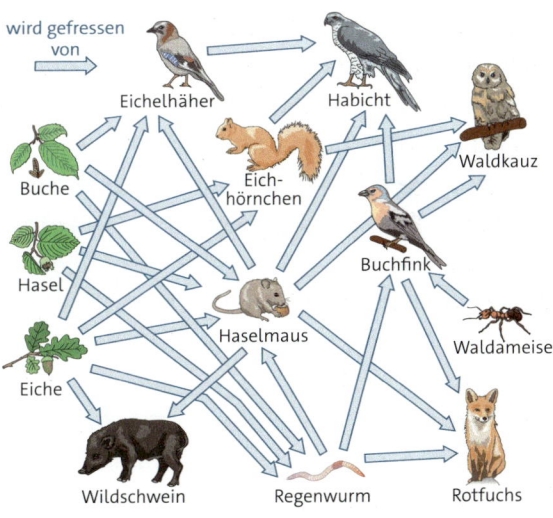

5 *Nahrungsnetz im Wald*

- Die Umweltfaktoren eines Lebensraums und die dort lebenden Tiere und Pflanzen bilden ein Ökosystem.
- Die Nahrungsbeziehungen der Tiere und Pflanzen in einem Ökosystem lassen sich als Nahrungsketten und Nahrungsnetze darstellen.

AUFGABEN

1 Nenne 5 Pflanzen und 5 Tiere aus dem Lebensraum Wald.
2 Nenne die Umweltfaktoren im Lebensraum Wald.
3 Erläutere den Unterschied zwischen Nahrungskette und Nahrungsnetz. ↗5

Ganz klein ist sie am Anfang. Und scheinbar trocken und nicht grün: die Eichel.
Aus ihr kann ein ganzer Baum wachsen, der tausend Jahre alt werden kann. Was braucht die Pflanze dazu und wie macht sie das?

2.2 Lebensgrundlage Fotosynthese

Aufbau energiereicher Stoffe

Alle Lebewesen benötigen Energie in Form von Nährstoffen zum Leben. Menschen und Tiere nehmen Nährstoffe mit der Nahrung auf. Grüne Pflanzen können ihre Nährstoffe selbst herstellen. Ihre Blätter enthalten den grünen Farbstoff **Chlorophyll**. Das Chlorophyll fängt die Strahlungsenergie des Sonnenlichts auf. Mit Hilfe dieser Energie bilden die Pflanzen aus Kohlenstoffdioxid und Wasser den energiereichen Nährstoff **Zucker** und **Sauerstoff**. Diesen Vorgang nennt man **Fotosynthese**. ↗1 Die Pflanzen wandeln die Strahlungsenergie der Sonne in einer Energieumwandlungskette in chemische Energie des Zuckers um. Die **Wortgleichung der Fotosynthese** lautet:

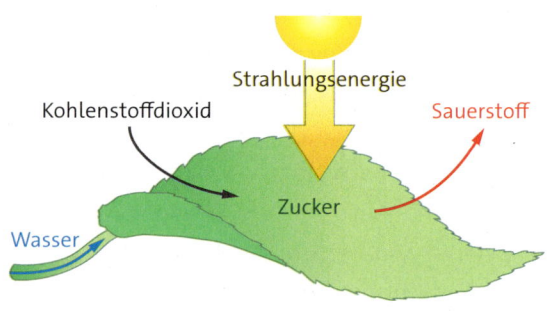

1 *Vorgänge bei der Fotosynthese*

Kohlenstoffdioxid + Wasser $\xrightarrow{\text{Licht}}$ Zucker + Sauerstoff

Nährstoffe werden gespeichert und umgebaut

Aus dem gebildeten Zucker und Mineralstoffen aus dem Boden können die Pflanzen alle Nährstoffe aufbauen, die sie zum Leben benötigen. Sie können wachsen und sich vermehren.
Zucker wird oft direkt in den Früchten gespeichert. Darum schmecken Äpfel, Kirschen oder Preiselbeeren süß. ↗2 Ein anderer Teil des Zuckers wird zu Stärke umgebaut. Er wird in den Knollen, Samen oder Wurzeln der Pflanze gespeichert, zum Beispiel in Kartoffeln oder Getreidekörnern. Andere Pflanzen speichern ihre Nährstoffe als Fette, zum Beispiel die Haselnuss.

2 *Preiselbeeren enthalten Zucker.*

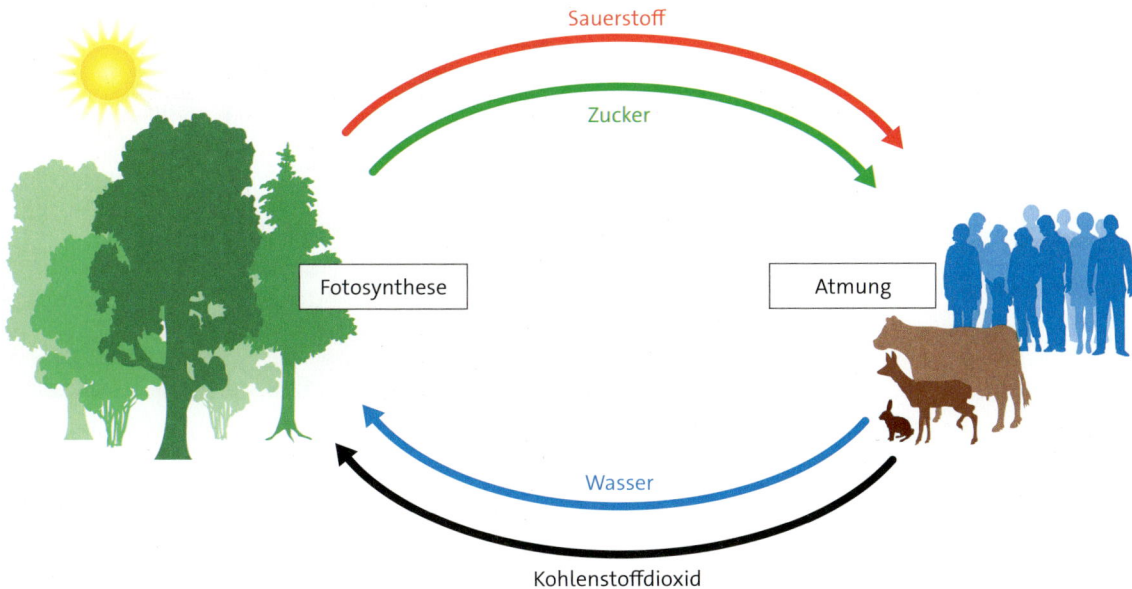

3 *Stoffe im Kreislauf*

Stoffe im Kreislauf

Aus den Stoffen Kohlenstoffdioxid und Wasser produzieren die grünen Pflanzen bei der Fotosynthese die Stoffe Zucker und Sauerstoff. Tiere und Menschen nehmen den Zucker und andere Nährstoffe mit der Nahrung auf. Den Sauerstoff atmen sie ein. Sie nutzen ihn, um aus ihrer Nahrung Energie zu gewinnen. Dabei entstehen Kohlenstoffdioxid und Wasser. Die Pflanzen nehmen das Kohlenstoffdioxid auf und setzen es bei der Fotosynthese gemeinsam mit Wasser um. So entsteht ein Kreislauf. ↗3

Kein Leben ohne Fotosynthese

Grüne Pflanzen erzeugen bei der Fotosynthese Nährstoffe und Sauerstoff für andere Lebewesen. Sie heißen daher **Erzeuger**. ↗4 Tiere und Menschen können keine Fotosynthese betreiben. Sie können ihre Nährstoffe nicht selbst erzeugen und müssen energiereiche Stoffe durch ihre Nahrung aufnehmen. ↗5 Sie heißen daher **Verbraucher**. Pflanzen, die Fotosynthese betreiben, sind die Grundlage des Lebens auf der Erde.

- **Grüne Pflanzen erzeugen aus Kohlenstoffdioxid und Wasser mit Hilfe des Sonnenlichts Zucker und Sauerstoff. Dieser Vorgang heißt Fotosynthese.**
- **Menschen und Tiere verbrauchen die von den Pflanzen hergestellten Nährstoffe.**
- **Pflanzen sind Erzeuger, Menschen und Tiere Verbraucher.**

4 *Pflanzen erzeugen Nährstoffe.*

5 *Gemüse auf dem Markt*

AUFGABEN

1. Notiere die Wortgleichung der Fotosynthese.
2. Gib an, in welchen Pflanzenteilen Nährstoffe gespeichert werden, und nenne Beispiele dazu.
3. Erkläre, warum Pflanzen Erzeuger genannt werden.

Es ist Herbst. Die Blätter der Laubbäume werden bunt und fallen dann ab. Jedes Jahr landen so riesige Mengen von Laub auf dem Waldboden. Im Frühjahr sind die Blätter verschwunden. Was ist mit ihnen geschehen?

2.3 In der Natur geht nichts verloren

Lebewesen im Boden

In einer Handvoll Waldboden leben Millionen winzige **Bodenlebewesen**. Sie ernähren sich von organischen Abfällen, also den Resten von abgestorbenen Lebewesen. Manche Bodenlebewesen sind mehrere Zentimeter groß, zum Beispiel der Regenwurm oder der Tausendfüßer. Du kannst sie mit dem Auge noch gut erkennen. Andere sind nur wenige Millimeter groß. Willst du Springschwänze, Milben oder Fadenwürmer genau betrachten, benötigst du eine Lupe. **Bakterien** sind noch kleiner. Sie kannst du nur durch ein Mikroskop sehen.

1 *Pilze wachsen auch im Verborgenen.*

Leben im Verborgenen

Auch **Pilze** ernähren sich von abgestorbenen Pflanzen und Tieren. Da sie kein Chlorophyll enthalten, können sie keine Fotosynthese betreiben. Der größte Teil des Pilzes befindet sich unter der Erde: Er hat ein Wurzelgeflecht, über das er Wasser und Nährstoffe aufnimmt. ↗1 Über der Erde ist nur ein kleiner Teil des Pilzes, sein Fruchtkörper. Manche Fruchtkörper sind essbar, zum Beispiel Champignons oder Steinpilze.

Stufenweise Zerkleinerung

Alle Bodenlebewesen arbeiten zusammen. Sie beseitigen abgestorbene Pflanzen und Tiere und schaffen so Platz für neues Leben. Dabei gewinnen sie Stoffe, die sie selbst zum Wachstum und zur Vermehrung brauchen. Bakterien und Pilze zerlegen die Reste. Am Ende bleiben Kohlenstoffdioxid, Wasser und Mineralstoffe übrig. Diesen Vorgang nennt man Zersetzung. ↗2 Die Bodenlebewesen werden daher als **Zersetzer** bezeichnet.

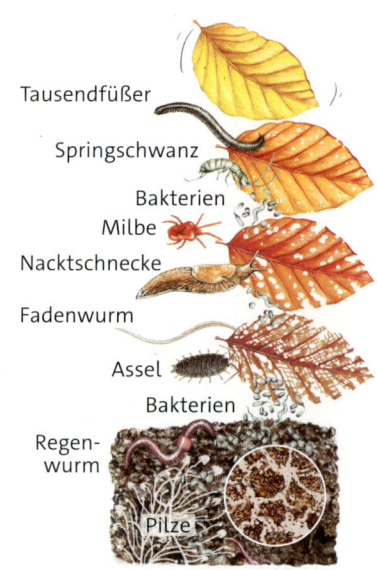

2 *Zersetzung von Laub*

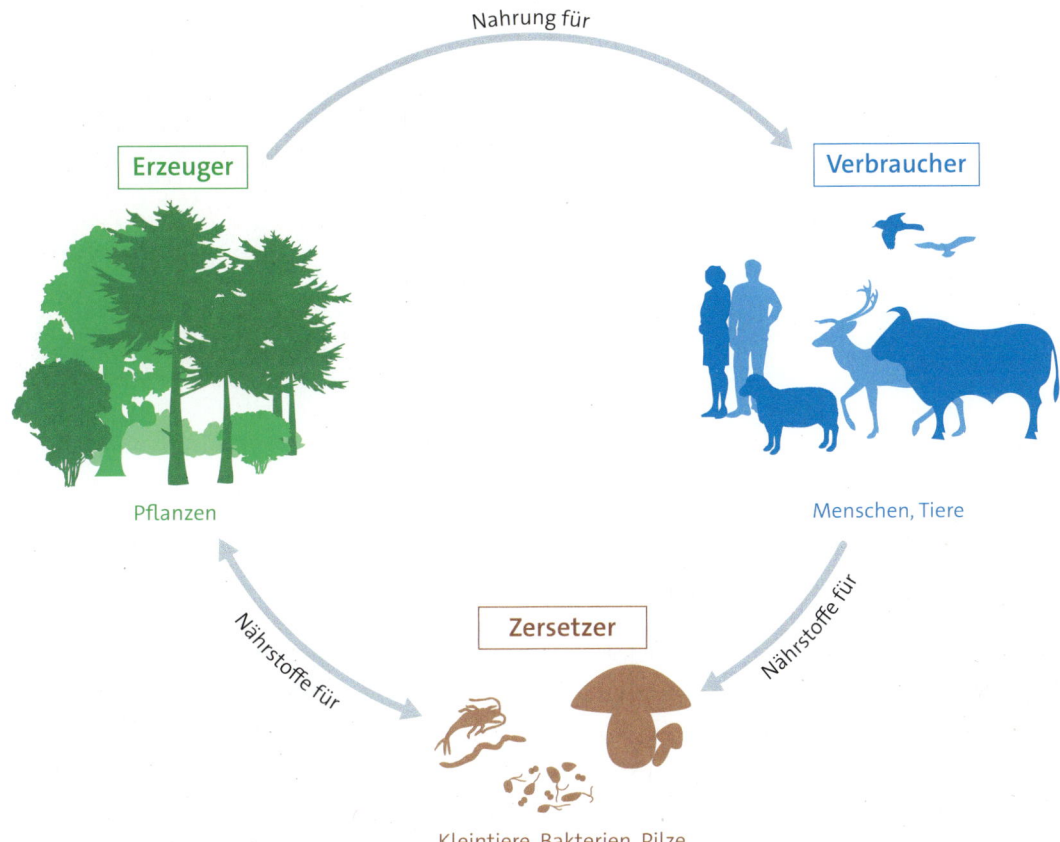

3 Nahrungsbeziehungen und Stoffkreislauf im Wald

Nahrungsbeziehungen und Stoffkreisläufe

Zwischen den grünen Pflanzen, den Tieren und Menschen, den Bakterien und Pilzen findet ein Kreislauf der Stoffe statt. ↗3 Die Pflanzen sind **Erzeuger**. Ihre Blätter und Früchte dienen den **Verbrauchern**, also den Tieren und Menschen, als Nahrung.

Wenn Pflanzen und Tiere sterben, werden sie von Pilzen, Bakterien und Kleintieren zersetzt. Die **Zersetzer** zerlegen herabgefallenes Laub und abgestorbene Lebewesen vollständig zu Kohlenstoffdioxid, Wasser und Mineralstoffen. ↗4 Bäume, Sträucher und kleinere Pflanzen nehmen Wasser und Mineralstoffe aus dem Boden wieder auf. Damit ist der Kreislauf aus Erzeugern, Verbrauchern und Zersetzern geschlossen.

4 Laub wird zu Erde zersetzt.

- Kleintiere, Pilze und Bakterien bauen organische Stoffe zu Kohlenstoffdioxid, Wasser und Mineralstoffen ab. Sie sind Zersetzer.
- Erzeuger, Verbraucher und Zersetzer arbeiten in einem Stoffkreislauf zusammen.

AUFGABEN

1 Nenne Lebewesen, die totes Material abbauen können.
2 Beschreibe den Kreislauf der Nahrungsbeziehungen im Wald. ↗3

In einem Steinbruch haben sich Bagger tief in den Boden gegraben. Hier kannst du sehen, wie es unter dem Boden im Wald aussieht. Man kann den Schichtaufbau erkennen.

2.4 Boden – Bildung und Aufbau

Gestein verwittert

Als vor vielen Milliarden Jahren die Erdoberfläche erkaltete, bildete sich die Gesteinshülle der Erde. Seit dieser Zeit wirken auf sie ununterbrochen Sonnenstrahlung, Frost, Wind und Wasser ein. Kein Gestein kann diesen Kräften auf Dauer widerstehen. Die natürliche Zersetzung von Gestein nennt man **Verwitterung**.

Durch den Wechsel von **Kälte** und **Wärme** entstehen im Gestein Spannungen. Bei Erwärmung dehnt sich das Gestein aus. Bei Kälte zieht es sich zusammen. Dabei bilden sich feine Risse, durch die **Wasser** eindringt. Wenn es bei **Frost** gefriert, dehnt es sich aus. Das Gestein wird gesprengt. ↗1

So bildet sich eine lockere Schicht aus Gesteinsbrocken, die in immer kleinere Teile zerfallen. Regenwasser dringt in das gelockerte Gestein ein. Das Wasser löst Mineralstoffe aus dem Gestein und macht es brüchig. Pflanzenwurzeln dringen in Spalten ein und sprengen diese weiter auseinander. ↗2 So wird das Gestein immer weiter zerkleinert und es entsteht der verwitterte Unterboden.

Bildung von Boden

Auf den Schichten von zerbröckelndem Gestein siedeln sich zunächst einfache Pflanzen an. Wenn diese absterben, bleiben Pflanzenreste zurück. Diese Pflanzenreste verwesen im Lauf der Zeit. Darauf können dann Gräser und kleinere Sträucher wachsen. Da immer wieder neue Pflanzen absterben und verwesen, wird diese Schicht immer dicker. So entsteht der belebte Oberboden. ↗3

1 *Dieser Stein wurde durch Frost gesprengt.*

2 *Wurzeln können große Kräfte entwickeln.*

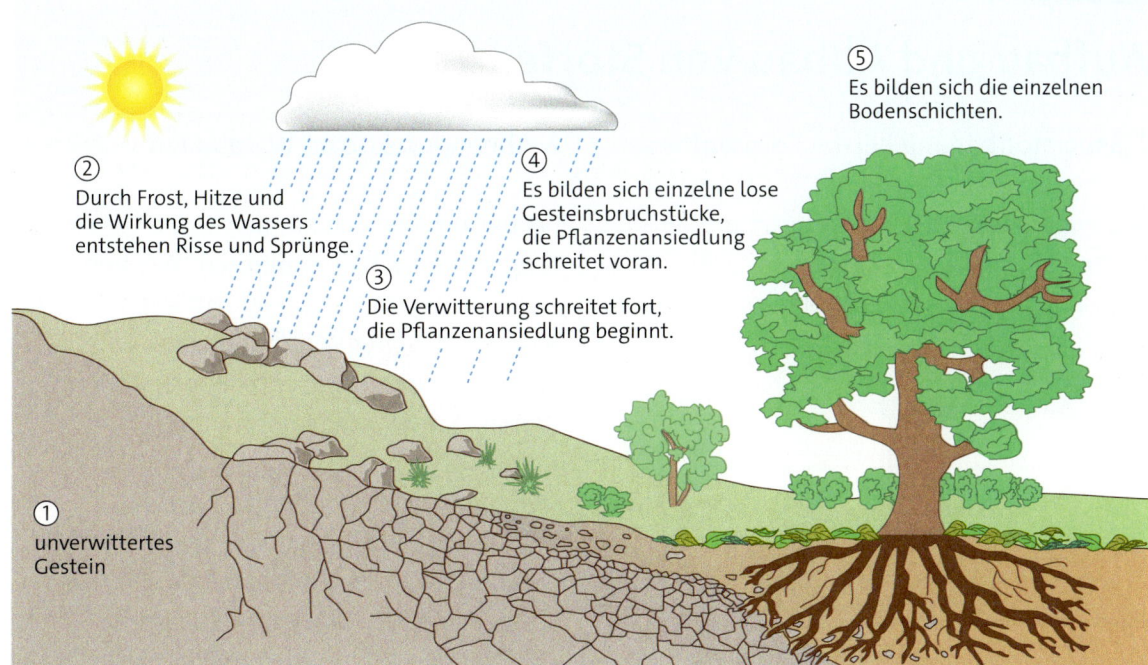

3 Bildung von Boden

Aufbau aus Schichten

Boden besteht aus mineralischen Bestandteilen wie Sand und Steinen. Außerdem enthält er lebendige und abgestorbene Bodenlebewesen. Die Hohlräume im Boden enthalten Wasser und Luft. Durch die Vorgänge bei der Bodenbildung entstehen die verschiedenen Bodenschichten. ↗4

Ganz oben liegt wie eine lockere Decke die **Streu**. Sie besteht aus gefallenem Laub und abgestorbenen Pflanzenteilen, die noch nicht zersetzt sind. An die Streu schließt sich der **belebte Oberboden** an. Er wird auch **Humus** genannt. Hier leben die meisten Bodenlebewesen. Sie zersetzen die abgestorbenen Pflanzen und Tiere zu feinen Krümeln. Die Humusschicht enthält besonders viele Nährstoffe und Mineralstoffe.

Unter der Humusschicht liegt der **verwitterte Unterboden**. Er enthält kleine und große Steine und auch noch ein wenig Humus. Die Wurzeln besonders großer Bäume reichen bis in diese Schicht. Die unterste Bodenschicht ist das **Gestein**.

4 Bodenschichten

- Durch Verwitterung wird das Gestein immer kleiner und der verwitterte Unterboden entsteht.
- Darauf siedeln sich Pflanzen an und der belebte Oberboden entsteht.
- Der Boden besteht aus den Schichten Streu, belebter Oberboden, Unterboden und Gestein.

AUFGABEN

1 Nenne die verschiedenen Bodenschichten.
2 Beschreibe den Vorgang der Verwitterung.

PRAXIS

Aufbau und Abbau von Stoffen

1 Sauerstoffbildung bei der Fotosynthese

Material: Zweige der Wasserpest, großes Glasgefäß, Trichter, Reagenzglas, Stativ, Wasser, Holzspan, Streichhölzer

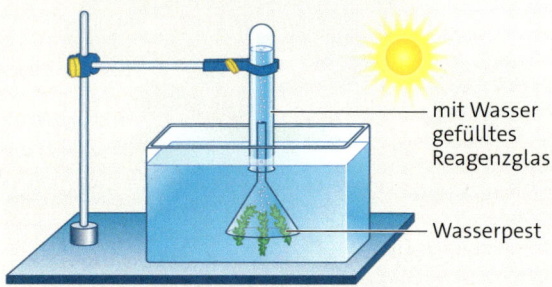

1 Versuchsanordnung zu Versuch 1

Durchführung:
- Führt den Versuch in Teamarbeit durch.
- Baut den Versuch wie in Bild 1 auf. ↗1
  Achtet darauf, dass das Stativ fest steht und das Reagenzglas sicher über dem Glasgefäß hängt.
- Der Versuch sollte über ein paar Tage laufen. Er funktioniert nur dann gut, wenn die Wasserpest direkt von der Sonne angestrahlt wird.
- Führt mit dem aufgefangenen Gas die Glimmspanprobe zum Nachweis von Sauerstoff durch (siehe Seite 29).
- Entfernt dazu den Trichter mit der Wasserpest und verschließt das Reagenzglas mit dem Daumen.
- Dreht das Reagenzglas um und führt den Glimmspan nah an die Öffnung.
- Nehmt den Daumen von der Öffnung und haltet den Glimmspan in das Gas. Beobachtet, was passiert.

Auswertung: Formuliert zwei Sätze mit den Begriffen Wasserpest, Sonne, Sauerstoff, Glimmspanprobe.

2 Abbauprozesse im Waldboden

Bei diesem Versuch handelt es sich um einen Langzeitversuch über mehrere Wochen.

Material: frischer Waldboden oder Humus, Sand, 2 Bechergläser, Löschpapierstreifen, Wasser, Kamera oder Fotohandy

Durchführung:
- Baut den Versuch auf wie in Bild 2. Achtet darauf, dass die Löschpapierstreifen an der Innenseite der Gläser gut zu sehen sind. ↗2
- Haltet den Waldboden und den Sand während der Versuchsdauer leicht feucht.
- Betrachtet einmal in der Woche den Zustand der Löschpapierstreifen und macht ein Foto davon.

Auswertung:
- Vergleicht den Zustand der Löschpapierstreifen im Verlauf von drei Wochen. Beschreibt die Unterschiede und erklärt sie.
- Bei diesem Versuch handelt es sich um einen Modellversuch. Gebt an, wofür das Löschpapier als Modell dient.

2 Versuchsanordnung zu Versuch 2

Bodenlebewesen bestimmen

1 Tiere in der Laubstreu

Bodentiere meiden Licht und Trockenheit. Sie fallen deswegen in das dunkle und feuchte Auffanggefäß.

Achtung: In der Laubstreu befinden sich zahlreiche winzig kleine Lebewesen. Behandle sie vorsichtig und verletze sie nicht!

Material: Trichter, Sieb, Schuhkarton mit Deckel, Schere, Filterpapier, Lampe, Auffanggefäß, Schaufel, Laubstreu, Wasser, Lupe

Durchführung:
- Baue den Versuch auf wie in Bild 1. ↗1
- Schalte die Lampe über dem Sieb ein und lass den Versuch über Nacht laufen.
- Betrachte und bestimme die Tiere. Verwende dazu die Lupe und Bild 2. ↗2
- Lass die Tiere nach der Bestimmung draußen frei.

Auswertung:
- Beschreibe deine Vorgehensweise bei der Bestimmung der Tiere.
- Ordne die Tiere folgenden Tiergruppen zu: Würmer, Insekten, Spinnen und Sonstige.

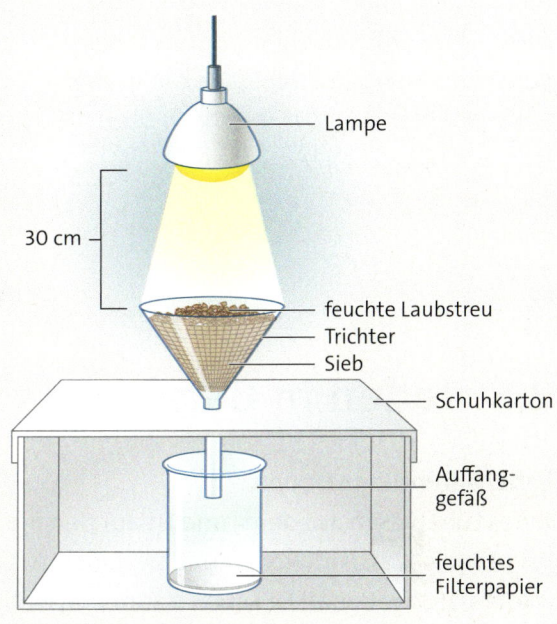

1 Versuchsanordnung

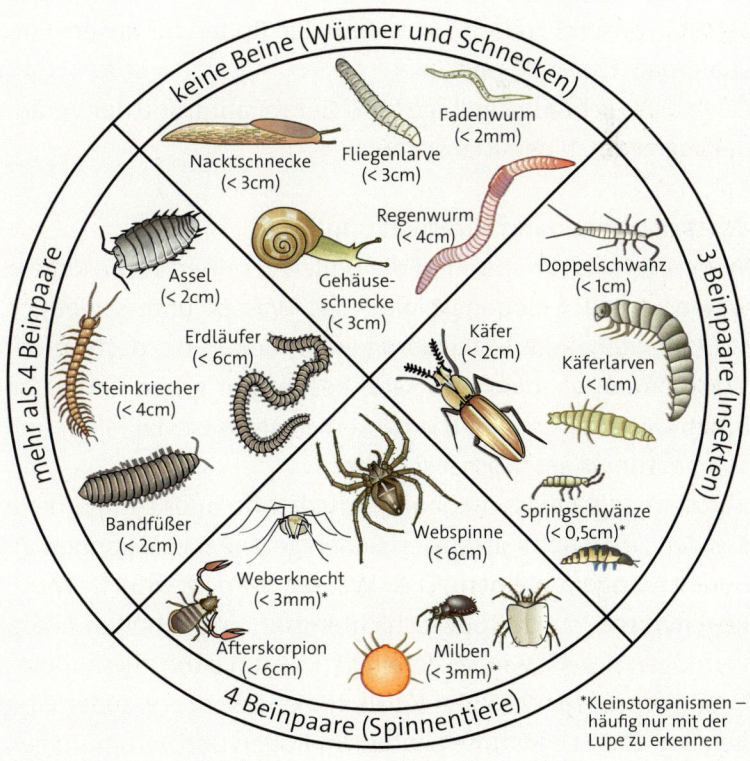

2 Bestimmungskreis: Tiere in der Laubstreu

Eine Weinbergmauer ist eingestürzt. Nach tagelangem Regen hat das Wasser große Mengen an Erde davongespült. Jetzt muss der Winzer den fruchtbaren Boden wieder vom Tal unten auf den Berg nach oben transportieren.

2.5 Boden in Gefahr

Lebensgrundlage Boden

Jedes Lebewesen auf dem Land ist auf den Boden angewiesen. Pflanzen wurzeln im Boden und beziehen aus ihm Wasser und
⁵ Mineralstoffe. Boden ist **Lebensraum** und **Nahrungsgrundlage** für Kleinstlebewesen und Tiere. ↗1
Auch für uns Menschen ist der Boden Lebensgrundlage. Wir bauen Nahrungsmittel auf ihm an. Er dient als Wohn- und Siedlungsfläche. All unsere Rohstoffe lagern im Boden und
¹⁰ selbst in unserer Freizeit nutzen wir den Boden für unsere Entspannung, für Sport und Spiel.
Doch diese Lebensgrundlage ist in Gefahr aufgrund der Veränderungen durch den Menschen.

1 *Der Regenwurm lebt im Boden.*

Wasserspeicher und Filterwirkung

¹⁵ Wie ein Schwamm speichert der Boden in seinen Poren Regenwasser. Je nach Bodenart wird das Wasser unterschiedlich stark festgehalten. Je feinkörniger ein Boden ist, desto mehr Wasser kann er speichern. Sand besitzt nur grobe Poren. Sie lassen das Wasser schnell versickern. Humus ist viel feiner und
²⁰ kann darum mehr Wasser speichern.
Mit dem Regenwasser können Schadstoffe oder Düngerreste aus der Landwirtschaft in den Boden gelangen. Sie können im Boden hängen bleiben: Das Wasser wird gefiltert. Wenn Regenwasser durch Bodenschichten mit einem hohen Filter-
²⁵ vermögen sickert, wird es gereinigt. Es kann dann als sauberes Grundwasser für die Nutzung als Trinkwasser verwendet werden. ↗2 Die Schadstoffe bleiben im Boden und verunreinigen ihn.

2 *Im Wasserschutzgebiet wird Trinkwasser gewonnen.*

Versiegelte Böden

Deutschland ist dicht besiedelt. Auch in Bayern sind teilweise große Flächen von Bauwerken wie Straßen, Schienenwegen, Gebäuden oder Parkplätzen bedeckt. Der Fachausdruck dafür ist **Bodenversiegelung**. ↗3 Versiegelter Boden kann kein Wasser speichern. Wenn es sehr lange und stark regnet, fließt das Wasser schnell über die Kanalisation in die Flüsse ab. Es kommt deswegen häufiger zu Hochwasser.

Darum ist es wichtig, die Bodenversiegelung zu vermeiden und nicht mehr als nötig zu bauen. Parkplätze oder Innenhöfe muss man nicht vollständig teeren. Man kann sie mit Gittersteinen befestigen, durch die das Wasser versickern kann.

3 *In Großstädten wie München ist ein besonders hoher Anteil des Bodens versiegelt.*

Bodenverdichtung

Mit ihren Traktoren fahren die Landwirte mehrmals im Jahr über ihre Äcker. Je schwerer die Maschinen sind, desto stärker wird der Boden durch das Gewicht verdichtet. Wasser und Luft werden aus dem Untergrund herausgepresst. Die Bodenlebewesen ersticken. Das Wasser staut sich und es entstehen Pfützen. ↗4 Bei starkem Regen kann der Boden das Wasser dann nicht mehr aufnehmen.

Darum bearbeiten Landwirte ihren Boden, wenn er weder zu trocken noch zu nass ist. Möglichst breite Reifen mindern den Druck. So verhindern sie, dass der Boden verdichtet wird.

4 *Schwere Ackergeräte verdichten den Boden.*

Bodenerosion

Wenn keine Pflanzen auf dem Boden wachsen, ist er ungeschützt. Wind und Wasser können ihn leicht forttragen. Der Fachausdruck dafür ist **Bodenerosion**. In der Landwirtschaft müssen immer weniger Bauern immer mehr Nahrungsmittel produzieren. Sie bauen darum auf sehr großen Anbauflächen nur eine Pflanzensorte an. Oft ist dabei der Boden monatelang unbedeckt. Die Landwirte ergreifen Maßnahmen gegen die Erosion: Hecken am Rand der Äcker schützen den Boden vor Erosion durch Wind. ↗5 Zwischen den Ernten pflanzen die Bauern Pflanzen an, die später zur Düngung untergepflügt werden. So halten sie den Boden länger bedeckt.

5 *Hecken bieten Windschutz.*

- Der Boden ist die Lebensgrundlage für Pflanzen, Tiere und Menschen.
- Der Boden dient als Wasserspeicher und Wasserfilter.
- Schadstoffe, Düngemittel, Bodenversiegelung, Bodenverdichtung und Bodenerosion gefährden den Boden.

AUFGABEN

1 Notiere, wofür der Boden genutzt wird.
2 Erläutere an einem Beispiel den Begriff Bodenversiegelung.
3 Erkläre, wie der Boden vor Erosion geschützt werden kann.

PRAXIS

Böden untersuchen

1 Woraus besteht Boden?

Material: frische Bodenproben, Schraubdeckelgläser (möglichst schlank, etwa 500 ml), Löffel, Wasser, Zeichenmaterial

Durchführung:
- Füllt jedes Schraubdeckelglas zu etwa einem Viertel mit der Bodenprobe.
- Füllt das Glas bis 2 cm unter den oberen Rand vorsichtig mit Wasser auf.
- Verschließt das Glas mit dem Deckel und schüttelt es kräftig durch.
- Stellt das Glas ab und beobachtet, was passiert.

Auswertung: Zeichnet, wie sich der Boden im Glas verteilt hat. Beschriftet die Schichten mit Begriffen, die das Aussehen möglichst genau beschreiben.

2 Wasserhaltevermögen und Filtervermögen von Böden

Material: 3 verschiedene Bodenproben (z. B. Sand, Blumenerde, Humus), leere saubere PET-Flaschen (0,5 l), Filterpapier, Schere, Pins, Wasser, Tinte, Becherglas, Stoppuhr, Messbecher

Durchführung:
- Schneidet die PET-Flaschen in der Mitte durch.
- Stecht mit dem Pin Löcher in die Schraubdeckel und legt ein Stück Filterpapier hinein.
- Stellt die Flaschenoberhälften kopfüber in die Flaschenunterhälften.
- Befüllt die Oberhälften bis zur Hälfte mit der Bodenprobe. ↗1
- Mischt im Becherglas 5 Tropfen Tinte und 100 ml Wasser und gießt die Mischung langsam auf die erste Bodenprobe. Stoppt, wie lange es dauert, bis kein Wasser mehr abläuft. Messt die Menge des unten gesammelten Wassers.
- Wiederholt dieses Vorgehen mit den beiden anderen Bodenproben.

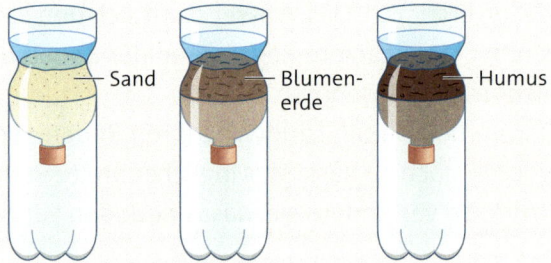

1 Versuchsanordnung zu Versuch 2

Auswertung: Legt in eurem Heft eine Tabelle an und notiert die Zeiten, die Wassermengen und die Farbe des Wassers. ↗2 Vergleicht das Wasserhaltevermögen und das Filtervermögen der verschiedenen Böden.

	Sand	Erde	Humus
Durchflussdauer in Minuten	???	???	???
gesammeltes Wasser in ml	???	???	???
aufgenommenes Wasser in ml	???	???	???
Farbe des durchgelaufenen Wassers	???	???	???

2 Tabelle zu Versuch 2

ZUSAMMENFASSUNG

Lebensraum Boden

Ökosystem Wald
Tiere und Pflanzen leben in Lebensgemeinschaften. Zusammen mit den Umweltfaktoren ihres Lebensraums bilden sie ein Ökosystem. Im Ökosystem Wald gibt es Nahrungsbeziehungen zwischen den Tieren und Pflanzen. Sie lassen sich als Nahrungsketten oder Nahrungsnetze darstellen. ↗1

1 *Einfache Nahrungskette*

Lebensgrundlage Fotosynthese
Bei der Fotosynthese erzeugen die grünen Pflanzen aus Kohlenstoffdioxid und Wasser mit Hilfe des Sonnenlichts Zucker und Sauerstoff. ↗2 Pflanzen heißen deswegen Erzeuger, Tiere und Menschen sind Verbraucher.

In der Natur geht nichts verloren
Kleintiere, Pilze und Bakterien bauen organische Stoffe zu fruchtbarem Boden ab. Sie heißen darum Zersetzer. Erzeuger, Verbraucher und Zersetzer ernähren sich voneinander und arbeiten in einem Stoffkreislauf zusammen. ↗3

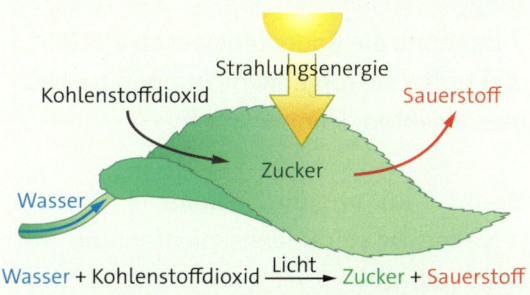

2 *Fotosynthese – Vorgänge und Wortgleichung*

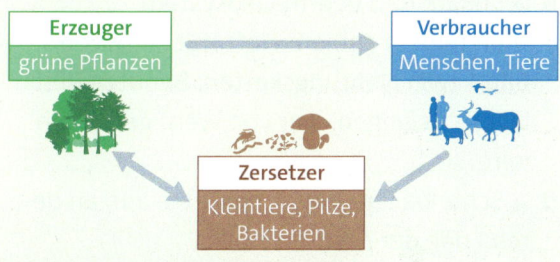

3 *Nahrungsbeziehungen im Wald*

Boden – Bildung und Aufbau
Der Boden entsteht durch Verwitterung und die Ansiedlung von Pflanzen.
Er besteht aus den Schichten Streu, belebter Oberboden, Unterboden und Gestein. ↗4

Boden in Gefahr
Der Boden ist die Lebensgrundlage für Pflanzen, Tiere und Menschen. Seine wichtigsten Aufgaben sind, Wasser zu speichern und zu filtern. Die intensive Nutzung durch den Menschen gefährdet den Boden. ↗5

4 *Bodenschichten*

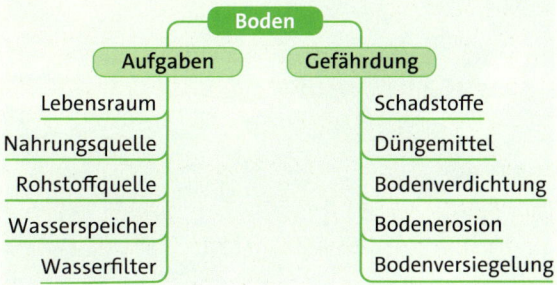

5 *Boden – Aufgaben und Gefährdung*

AUFGABEN ZUM GRUNDWISSEN

1 Ökosystem Wald

1 *Tiere und Pflanzen im Wald*

a ☐ Nenne Lebewesen, die immer am Anfang einer Nahrungskette stehen.
b ◪ Erkläre den Begriff Ökosystem.
c ◪ Erstelle in deinem Heft mit Hilfe von Bild 1 zwei Nahrungsketten. Benutze Pfeile, um zu zeigen, wer von wem gefressen wird. ↗1
d ◪ Schreibe eine Nahrungskette auf, an deren Ende der Mensch steht.

2 Lebensgrundlage Fotosynthese

a ☐ Schreibe die Wortgleichung der Fotosynthese auf.
b ◪ Erkläre, warum die Pflanzen als Erzeuger bezeichnet werden.

2 *Blätter im Sonnenlicht*

3 In der Natur geht nichts verloren

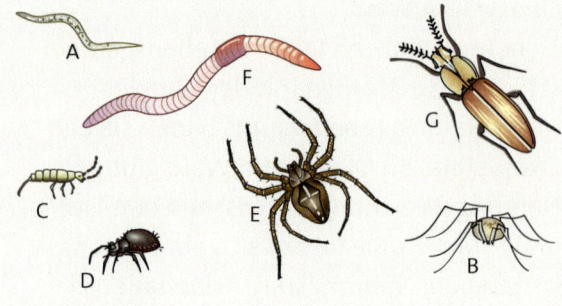

3 *Bodenlebewesen*

a ☐ Nenne jeweils drei Erzeuger, Verbraucher und Zersetzer.
b ☐ Gib an, welche Lebewesen an der Zersetzung eines gefallenen Blattes beteiligt sind. Nenne die Endprodukte dieser Zersetzung.
c ◪ Benenne die Bodenlebewesen aus Bild 3 und ordne sie folgenden Gruppen zu: Würmer, Insekten, Spinnen. ↗3

4 Boden – Bildung und Aufbau

a ☐ Nenne die vier Bodenschichten und beschreibe sie.
b ◪ Erkläre den Begriff Verwitterung.

5 Boden in Gefahr

a ☐ Nenne fünf Aufgaben des Bodens.
b ☐ Gib an, ob die Aussagen in Bild 4 richtig oder falsch sind. ↗4
c ◪ Stelle falsche Aussagen richtig.

A	Bodenlebewesen ersticken, wenn häufig schwere Traktoren über das Feld fahren.
B	In Bayern ist fast die ganze Fläche des Bodens mit Häusern und Straßen bedeckt.
C	Wenn es keine Hecken auf den Äckern gibt, kann der Wind die Erde wegblasen.
D	Ein verdichteter Boden kann große Mengen von Regenwasser aufnehmen.

4 *Richtig oder falsch?*

AUFGABEN ZUR ANWENDUNG

6 Fotosynthese

a ◨ Bei der Fotosynthese wird Energie umgewandelt. Zeichne die zugehörige Energieumwandlungskette.

b ◨ Gib an und begründe, in welchen Teilen der Pflanze keine Fotosynthese stattfinden kann. ↗5

5 Blütenpflanze

7 Komposthaufen

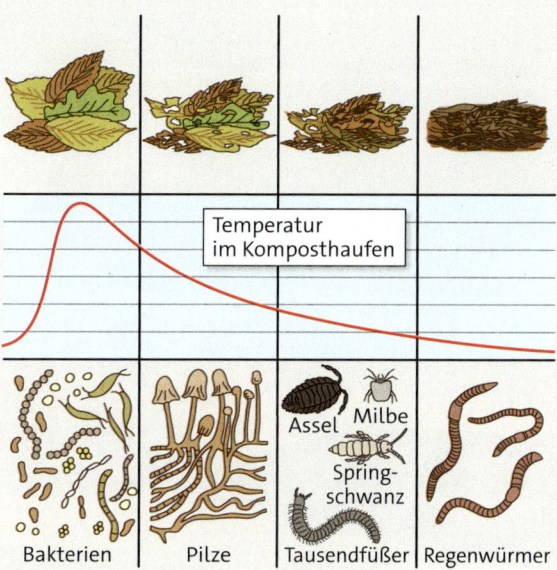

6 Vorgänge im Komposthaufen

Aus Küchenabfällen und Gartenabfällen wird auf einem Komposthaufen wertvoller Dünger.

a ◨ Recherchiere, welche Abfälle auf einen Komposthaufen gehören.

b ■ Beschreibe mit Hilfe von Bild 6 die Vorgänge im Komposthaufen. ↗6

8 Wintersport mit Folgen

7 Skipiste im Sommer

Umweltschützer sagen, dass Skipisten die Natur zerstören. Der Wintersport ist für viele Orte in den Alpen aber wichtig, weil er Geld und Arbeitsplätze bringt.

a ◻ Beschreibe die Skipiste in Bild 7. ↗7

b ◨ Erkläre mit Fachwörtern, wie Skipisten den Boden gefährden. Denke daran, dass im Winter schwere Pistenraupen über den Boden fahren. Es werden Bäume gefällt und Flächen gerodet.

c ■ Stelle Vorteile und Nachteile von Skipisten gegenüber und bewerte sie.

9 Bodenschutz

a ◻ Nenne Maßnahmen, die ein Landwirt gegen Winderosion ergreifen kann, um die Abtragung zu verhindern.

b ■ Betrachte Bild 8 und erkläre den Sinn dieser Anbauweise. ↗8

8 In manchen Regionen wird Getreide in Streifen angebaut.

55

KRÄFTE UND KRAFTWANDLER

Kräfte und Kraftwandler

263
Zweihundertdreiundsechzig Kilogramm hob der Iraner Hossein Rezazadeh im Jahre 2016 auf einmal in die Höhe.

11 Das **Elffache** ihres Körpergewichts können Blattschneiderameisen tragen. Wenn du so stark wie eine Ameise wärst, könntest du etwa fünfhundert Kilogramm tragen.

900 000
Neunhunderttausend Tonnen wiegt das größte Schiff der Welt, die Pioneering Spirit. Es geht trotzdem nicht unter.

VORWISSEN

In diesem Kapitel ...
- lernst du, wie Kräfte auf Gegenstände wirken.
- lernst du unterschiedliche Kräfte kennen.
- untersuchst du, wie man Kräfte misst.
- lernst du, wie du mit Hilfe von Werkzeugen Kraft sparen kannst.
- lernst du, wie Arbeit, Kraft und Weg zusammenhängen.

FORSCHEN

Wie kann man Kräfte messen?

1 Kräfte vergleichen – Armdrücken

1 Schüler beim Kräftevergleich

Du brauchst: 2 Stühle, Tisch, weiche Unterlage

- Legt gemeinsam in eurer Klasse Regeln fest, wie ihr durch Armdrücken feststellen wollt, wer bei euch der oder die Stärkste ist. ↗1
- Entwerft eine Übersichtstabelle, in die ihr die Ergebnisse eintragen könnt.
- Ermittelt den stärksten Jungen und das stärkste Mädchen.

2 Kräfte messen – Wassereimer heben

Du brauchst: 10-Liter-Eimer mit Henkelgriff, Messbecher 1 Liter, Zugang zu einem Wasserhahn (am besten draußen)

- Wählt ein paar Mitschüler aus, deren Kraft im Arm gemessen werden soll.
- Für diese Schüler legt ihr eine Tabelle an, in die ihr später die Messwerte eintragt.
- Füllt einen Liter Wasser in den Eimer.
- Jeder der Schüler versucht den Eimer mit dem ausgestreckten Arm zu heben. Gelingt dies, wird ein weiterer Liter Wasser eingefüllt.
- Notiert, wie viele Liter jeder Schüler maximal heben konnte.
- Vergleicht das Ergebnis dieser Messung mit dem Ergebnis aus Versuch 1. Findet Unterschiede.

3 Kräfte messen – Waage pressen

Du brauchst: mechanische Personenwaage

- Überlegt gemeinsam, wie ihr mit Hilfe der Waage in Bild 2 die Kraft verschiedener Körperteile messen könnt. ↗2
- Bildet Gruppen und legt Regeln für den Messvorgang fest.
- Führt für einige Schüler die Messung durch.
- Notiert die gemessenen Zahlenwerte für jeden Schüler.
- Was sagen diese Zahlen aus?

2 Mechanische Personenwaage

59

Was ist hier los? Ein Mensch schwebt in der Luft. Gegenstände purzeln wild durcheinander. Aber offensichtlich hat er Spaß an dem Chaos. Hier passiert gerade etwas, was es normalerweise nicht gibt. Genaugenommen fehlt hier sogar etwas. Was wohl?

3.1 Kräfte erkennen

Kraftbegriff im Alltag

Wenn du dich aufmerksam umhörst, wirst du feststellen, in welch vielfältiger Weise Menschen das Wort Kraft im Alltag benutzen. Sie beschreiben die Stärke einer Person anhand ihrer Muskelkraft und bewundern die Kreativität eines Menschen als dessen Geisteskraft oder Vorstellungskraft. Die Qualität eines Waschmittels bezeichnen sie als Waschkraft. Greifvögel können eine enorme Sehkraft besitzen.

Isaac Newton und die Erdanziehungskraft

Der berühmte englische Physiker **Isaak Newton** soll sich eines Sommertages in seinem Garten in den Schatten eines Baumes gesetzt haben. ↗1 Plötzlich fiel ihm ein Apfel auf den Kopf. Diese Beobachtung veranlasste ihn zum Nachdenken. Er fragte sich, warum der Apfel zu Boden gefallen war. Newton erkannte, dass die Ursache dafür eine Kraft ist: die Erdanziehungskraft. ↗2

1 *Isaak Newton lebte von 1642 bis 1726.*

Wirkung von Kräften

Kräfte im physikalischen Sinn kannst du nicht sehen. Du erkennst sie nur an ihren **Wirkungen** auf Körper. Wenn ein Gegenstand schneller oder langsamer wird, muss es dafür eine Ursache geben. Wir nennen diese Ursache **Kraft**.
Das kennst du vom Radfahren: Wenn du kräftiger in die Pedale steigst, wirst du schneller. Wenn du anhalten willst, betätigst du die Bremse und wirst dadurch langsamer. Durch **Beschleunigen** und **Abbremsen** ändert sich die **Geschwindigkeit** des Körpers. Dies geschieht, weil eine Kraft wirkt. ↗3

2 *Die Erdanziehungskraft lässt Äpfel vom Baum fallen.*

```
                    ┌─ Eine Kraft wirkt auf einen Körper und ... ─┐
        ┌───── ändert die Bewegung des Körpers durch ... ─────┐      ┌── ändert die Form eines Körpers ... ──┐
   Beschleunigen         Abbremsen          Richtungsänderung              elastisch              plastisch
```

3 *Wirkung von Kräften*

Kräfte können außerdem die **Bewegungsrichtung** von Gegenständen ändern. Wenn der Volleyball an deiner Hand abprallt, ändert er seine Bewegungsrichtung.

Weiterhin können Kräfte Gegenstände verformen. Das kann dauerhaft geschehen, zum Beispiel beim Kneten von Ton. Dann spricht man von einer **plastischen Verformung**. Auch ein Gymnastikband verformt sich, wenn du daran ziehst. Es kehrt aber wieder in seinen Ausgangszustand zurück. Wir nennen dies eine **elastische Verformung**. ↗3

Verschiedene Arten von Kräften

Möchtest du mit deinem Fahrrad schneller fahren, benötigst du dazu die **Muskelkraft** deiner Beine. Du kannst dich aber auch einen Berg hinunterrollen lassen und wirst so immer schneller. Jetzt beschleunigt dich die **Gewichtskraft**. ↗4 Sie heißt auch Erdanziehungskraft. Die Gewichtskraft ließ auch Newtons Apfel vom Baum zum Boden fallen.

Beim Bremsen drückst du mit der Muskelkraft deiner Arme die Bremse. Die Bremsklötze reiben an der Felge und bremsen das Rad ab. Diese Kraft nennt man deshalb **Reibungskraft**. Aber du könntest ebenso gut einfach nichts tun. Auch in diesem Fall bringt die Reibungskraft das Fahrrad irgendwann zum Stillstand.

Beim Trampolinspringen setzt du deine Gewichtskraft ein. Dabei verformen sich die Stahlfedern des Trampolins elastisch. Dank ihrer **Federkraft** kehren sie wieder in ihren Ausgangszustand zurück. ↗5

- Kräfte erkennt man an ihrer Wirkung auf Körper.
- Kräfte beschleunigen, bremsen oder ändern die Bewegungsrichtung von Körpern.
- Kräfte können Körper elastisch oder plastisch verformen.

4 *Bergab beschleunigt die Gewichtskraft den Radfahrer.*

5 *Trampolinspringen*

AUFGABEN

1. Zähle vier physikalische Kräfte auf.
2. Nenne fünf Wirkungen von Kräften und gib jeweils ein Beispiel dazu an.
3. Beschreibe den Unterschied zwischen elastischer und plastischer Verformung.

Wer möchte nicht gerne wissen, wie stark er ist? Auf Jahrmärkten oder Kinderfesten werden manchmal Maschinen angeboten, die die Kraft messen sollen. Aber was messen sie eigentlich?

3.2 Kräfte messen und darstellen

Aufbau eines Kraftmessers

Das Messgerät für Kräfte heißt **Kraftmesser** oder Newtonmeter. Zur Messung der Kraft enthält er eine Schraubenfeder. Sie ist elastisch verformbar und dehnt sich gleichmäßig aus. Je größer die Kraft ist, desto größer ist die Ausdehnung der Feder. Verdoppelt sich die Kraft, verdoppelt sich auch die Dehnung der Feder. Verdreifacht sich die Kraft, verdreifacht sich die Dehnung.

Um die Feder ist ein Röhrchen mit Skala angebracht. Feder und Skala kann man aus einem zweiten Rohr herausziehen. Auf der Skala wird die Größe der Kraft abgelesen. ↗1

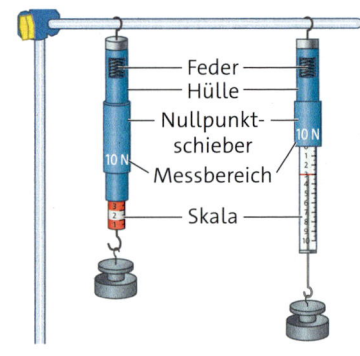

1 *Verschiedene Kraftmesser*

Masse und Gewichtskraft

Kräfte gibt man in der Einheit **Newton** an, die Abkürzung dafür ist N. Was ein Newton Kraft bedeutet, kannst du dir folgendermaßen vorstellen: Du hängst eine 100 Gramm schwere Tafel Schokolade an eine Schraubenfeder. Die Gewichtskraft zieht die Feder auseinander. In dem Moment, in dem das Gewicht ruhig hängt, hält die Feder die Schokolade mit der Kraft ein Newton fest. Hängst du einen 400 Gramm schweren Ball an die Feder, so benötigt die Feder jetzt vier Newton Kraft, um das Gewicht zu halten. Möchtest du die Feder genauso weit dehnen, wie es der Ball tut, so musst du vier Newton Muskelkraft aufwenden. ↗2

Masse und Gewicht werden im Alltag oft gleichbedeutend verwendet. In der Physik beschreiben die Begriffe aber Verschiedenes. Das Wort Gewicht bezeichnet die Kraft, mit der sich Massen gegenseitig anziehen.

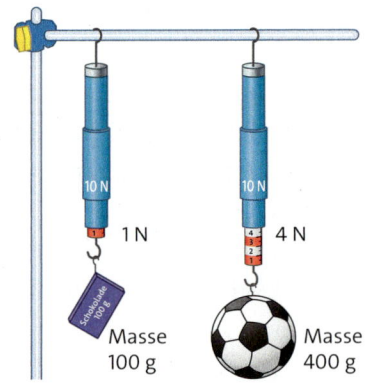

2 *Masse und Gewichtskraft*

62 KRÄFTE UND KRAFTWANDLER

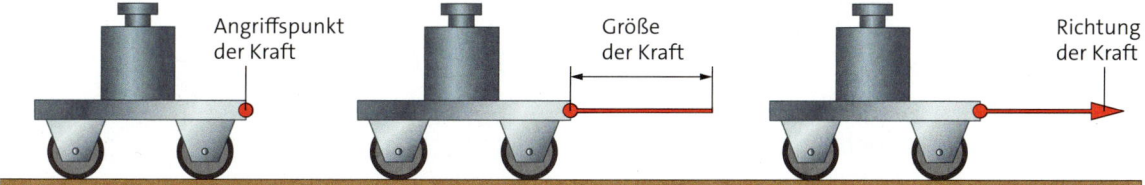

3 Darstellung von Kräften mit einem Kraftpfeil

Ein Mensch mit der Masse 50 Kilogramm hat auf der Erde ein Gewicht von etwa 500 Newton. Auf der Weltraumstation ISS ist sein Gewicht aber 0 Newton. Er ist schwerelos. Seine Masse von 50 Kilogramm besitzt er aber immer noch.

Kräfte darstellen

In Zeichnungen macht man Kräfte mit Hilfe von **Kraftpfeilen** sichtbar. ↗3 Der Pfeil beginnt an dem Punkt, an dem die Kraft wirkt: dem **Angriffspunkt** der Kraft. Die Länge des Pfeils gibt die **Größe** der Kraft an. Je länger der Pfeil ist, desto größer ist die Kraft. Die Pfeilspitze zeigt die **Richtung** an, in die die Kraft wirkt. Jeder Kraftpfeil wird mit dem Buchstaben F beschriftet, vom englischen Wort „force" für Kraft.

Kräfte treten paarweise auf

Alina stellt sich auf die Waage. Sie möchte ihre Masse bestimmen. ↗4 Die Waage zeigt 30 Kilogramm an, das bedeutet, Alina wird mit 300 Newton Kraft von der Erde angezogen. In der Waage befindet sich aber eine Feder, die mit der gleichen Kraft dagegendrückt. Beide Kräfte befinden sich im Gleichgewicht. Würde die Kraft der Feder fehlen, würde Alina Richtung Erdmittelpunkt fliegen. Natürlich drückt auch der Fußboden bei jedem Schritt von Alina mit 300 Newton Kraft gegen ihre Fußsohlen.
Die Schokoladentafel auf Bild 2 wird ebenfalls von einer gleich großen **Gegenkraft** gehalten. Es ist die Federkraft F_{Feder} der Feder im Kraftmesser. ↗5

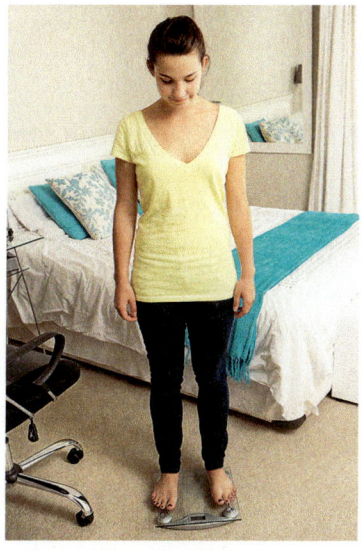

4 Alina auf der Waage

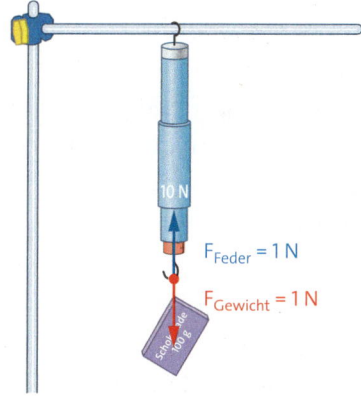

5 Kräfte im Gleichgewicht

- Zur Kraftmessung nutzt man Schraubenfedern. Je größer die Kraft ist, desto größer ist die Ausdehnung der Feder.
- Die Einheit der Kraft ist 1 Newton, Abkürzung 1 N. 1 N ist die Kraft, die man benötigt, um 100 g zu heben.
- Kräfte werden durch Kraftpfeile dargestellt. Kraftpfeile zeigen den Angriffspunkt, die Größe und die Richtung der Kraft. Die Abkürzung für Kraft ist F.
- Kräfte treten immer paarweise auf.

AUFGABEN

1 Nenne die Teile eines Kraftmessers und beschreibe, wie er funktioniert.
2 Beschreibe, was der Anfang, die Länge und die Spitze eines Kraftpfeils bedeuten.

PRAXIS

Kräfte messen und Diagramme zeichnen

1 Die Gewichtskraft richtig messen

Material: mehrere Kraftmesser mit unterschiedlichen Messbereichen, verschiedene Gegenstände

Messung vorbereiten:
- Halte den Kraftmesser senkrecht in Augenhöhe.
- Stelle den Kraftmesser so ein, dass er null Newton anzeigt. ↗1

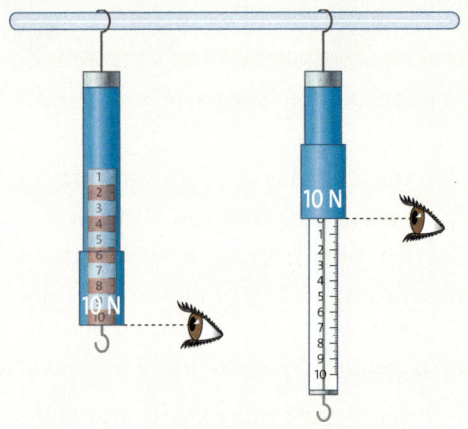

1 *Nullpunkteinstellung bei Kraftmessern*

Messung durchführen:
- Beginne deine Messung mit dem Kraftmesser, der die größte Kraft messen kann.
- Wechsle, wenn möglich, auf kleinere. ↗2 Überdehne aber niemals die Feder des Kraftmessers. Er ist dann zerstört.
- Hänge verschiedene Gegenstände an den Haken.
- Lies die Gewichtskraft in Augenhöhe ab.

Auswertung: Trage die Namen der Gegenstände und die gemessenen Gewichtskräfte in eine Tabelle ein.

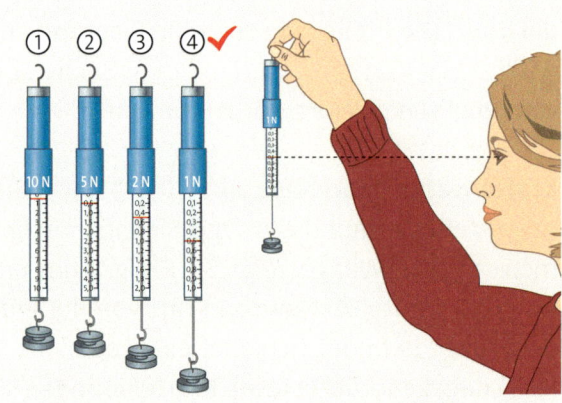

2 *Kraftmesser wählen und richtig ablesen*

2 Reibungskräfte richtig messen

Material: Holzklotz mit Befestigungshaken, Kraftmesser, verschiedene Untergründe (Papier, Holz, Plastik, Metallblech)

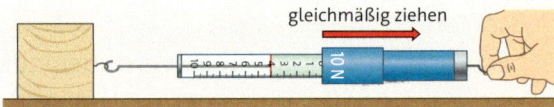

3 *Messung der Reibungskraft*

Messung vorbereiten:
- Halte den Kraftmesser **waagrecht** in Augenhöhe.
- Stelle den Kraftmesser so ein, dass er null Newton anzeigt. ↗1

Messung durchführen:
- Ziehe den Klotz mit Hilfe des Kraftmessers mit gleichbleibender Geschwindigkeit über verschiedene Untergründe. ↗3
- Lies die Reibungskräfte ab und notiere sie.

Auswertung: Ordne die Untergründe nach einem selbst gewählten System.

PRAXIS

3 Zusammenhang zwischen Federdehnung und Masse

Material: Stativmaterial, weiche Schraubenfeder, mehrere 10-Gramm-Massestücke, Lineal auf Standfuß, Papierstreifen, Klebeband, kariertes Papier, Bleistift, Lineal

Durchführung:
- Baue die Versuchsanordnung wie in Bild 4 auf. ↗4

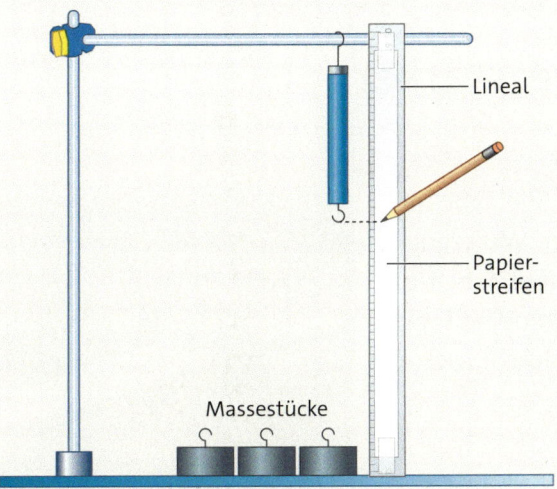

4 Versuchsaufbau zu Versuch 3

- Klebe die Skala des Lineals mit einem Papierstreifen ab.
- Markiere auf dem Papier die Unterkante der Feder mit einem Strich. Hier ist der Nullpunkt deiner Messung.
- Hänge nacheinander die Massestücke an die Feder. Markiere jeweils die Unterkante der Feder mit einem Strich.
- Lege eine Tabelle an. Miss für jedes Massestück die Federdehnung vom Nullpunkt ab und trage sie in die Tabelle ein. ↗5

Masse in g	0	10	20	30	???
Dehnung der Feder in cm	???	???	???	???	???

5 Tabelle zu Versuch 3

Diagramm zeichnen:
- Zeichne im Mathematikunterricht ein Koordinatensystem auf kariertes Papier wie in Bild 6. ↗6

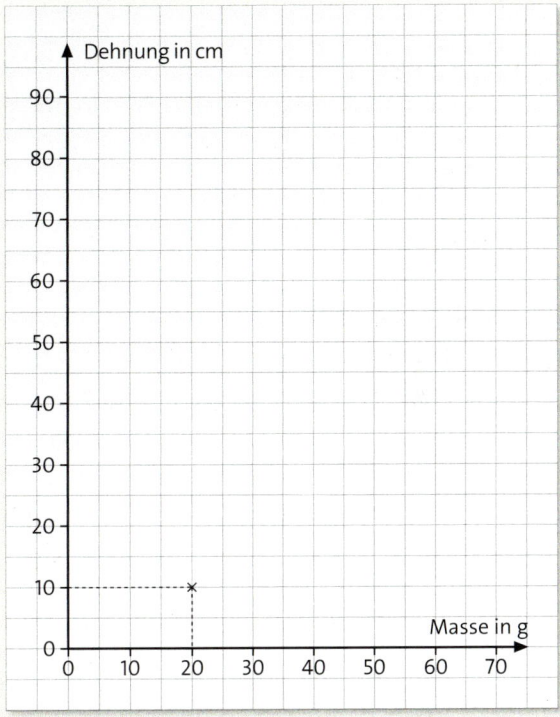

6 Koordinatensystem mit Messwert

- Trage alle Wertepaare deiner Messung in das Koordinatensystem ein. Gehe dazu von der Massezahl senkrecht nach oben und von der Dehnungszahl waagrecht nach rechts. Markiere den Schnittpunkt der Geraden mit einem Kreuz.
- Verbinde die Kreuze mit dem Lineal.

Auswertung: Vervollständige folgende Sätze:
- Je schwerer die Masse, desto …
- Je größer die Dehnung der Feder, desto …
- Verdoppelt man die Masse, so …
- Verdreifacht man die Masse, so …
- Halbiert man die Masse, so …
- Die Punkte der Messung liegen etwa auf …

Yasmin bastelt Schmuck. Dazu verwendet sie einen dicken Draht. Wie kann sie ihn bloß auf die richtige Länge kürzen? Mit der Hand geht das jedenfalls nicht.

3.3 Werkzeuge sind Kraftverstärker

Werkzeuge helfen Kraft sparen

Im Haushalt und der Werkstatt findest du eine Vielzahl verschiedenster Werkzeuge. Ein großer Teil dieser Werkzeuge dient dazu, die Muskelkraft des Benutzers bei seiner Arbeit zu vergrößern. Mit einem Seitenschneider kannst du deine Kraft so weit verstärken, dass du dicke Drähte leicht durchzwicken kannst. ↗1

1 *Draht durchschneiden*

Der Trick beim Seitenschneider

Der Trick der Kraftverstärkung liegt im besonderen Bau dieser Zange. Auf der einen Seite ist ein langer Griff, an dem du deine Kraft einsetzt. Das ist der **Kraftarm**. Auf der anderen Seite ist die kurze Schneide, an der deine Kraft wirkt. Das ist der **Lastarm**. Dazwischen ist der **Drehpunkt**. ↗2

Je länger der Kraftarm und je kürzer der Lastarm ist, desto größer ist die Kraftverstärkung. Wenn der Kraftarm doppelt so lang ist wie der Lastarm, verdoppelt sich deine Kraft. Ist der Kraftarm dreimal so lang wie der Lastarm, verdreifacht sich deine Kraft.

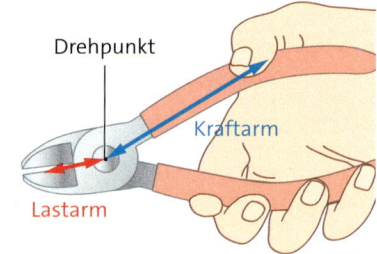

2 *Kraftarm und Lastarm am Seitenschneider*

Hebel verstärken Kraft

Ein Seitenschneider ist ein **Hebel**. Hebel helfen dir dabei, Kräfte zu verstärken. Sie erleichtern den Alltag, etwa beim Schneiden oder Nüsseknacken. Sie werden zum Beispiel bei Brechstangen, Scheren, Schraubenschlüsseln oder Flaschenöffnern genutzt. Dahinter steckt die **Hebelwirkung**: Ein langer Kraftarm und ein kurzer Lastarm bewirken eine große Kraftverstärkung. Alle Hebel haben einen Kraftarm, einen Lastarm und einen Drehpunkt.

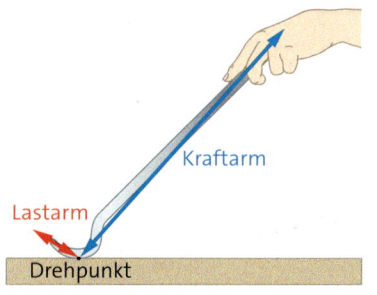
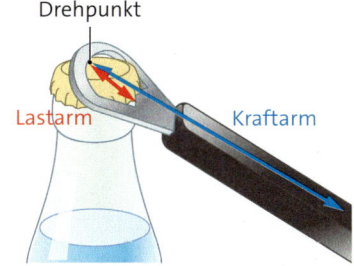
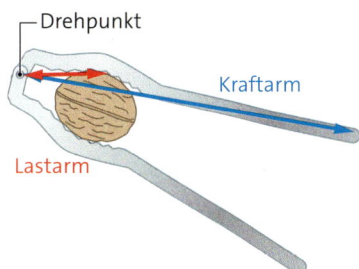

3 Das Brecheisen ist ein zweiarmiger Hebel.

4 Der Flaschenöffner ist ein einarmiger Hebel.

5 Der Nussknacker ist ein einarmiger Hebel.

Einarmige und zweiarmige Hebel

Hebel können je nach ihrem Verwendungszweck unterschiedlich aussehen. Manche Hebel sind gerade, andere sind abgewinkelt, wie das Brecheisen. ↗3 Werkzeuge, bei denen der Drehpunkt zwischen der Last und der Kraft liegt, heißen **zweiarmige Hebel**. Zu ihnen gehören Schere, Seitenschneider, Brecheisen und Waage. ↗6

Bei manchen Werkzeugen liegt der Drehpunkt am Ende der Hebelarme. Dann liegen Kraftarm und Lastarm auf der gleichen Seite, sind aber unterschiedlich lang. Sie sind **einarmige Hebel**. Zu ihnen gehören Flaschenöffner und Nussknacker. ↗4, 5

Hebelgesetz

Die Kräfte und Hebelarme hängen so zusammen:

Kraft · Kraftarm = Last · Lastarm

Dieses Gesetz gilt bei einarmigen und zweiarmigen Hebeln. Die Waage aus Bild 6 kann man so ins Gleichgewicht bringen: Da der rechte Kraftarm doppelt so lang ist wie der linke Lastarm, muss die Kraft auf der linken Seite verdoppelt werden. ↗6

6 Waage im Gleichgewicht

Gefahren

Werkzeuge mit Kraftverstärkung sind beim Arbeiten sehr nützlich. Bei Werkzeugen mit langen Hebelarmen können aber sehr große Kräfte entstehen. Ein Finger oder eine Hand ist da schnell gequetscht oder abgetrennt. Daher gilt immer äußerste Vorsicht beim Umgang mit kraftverstärkenden Werkzeugen. Allerdings schonen sie auch Muskeln und Gelenke des Arbeitenden, weil die belastenden Kräfte geringer sind.

- **Werkzeuge mit Kraftarm, Lastarm und Drehpunkt heißen Hebel. Es gibt einarmige und zweiarmige Hebel.**
- **Hebelgesetz: Je länger der Kraftarm und je kürzer der Lastarm ist, desto größer ist die Kraftverstärkung.**

AUFGABEN

1 Nenne Werkzeuge mit Drehpunkt, bei denen eine Kraftverstärkung auftritt.
2 Beschreibe, wo beim Brecheisen Kraftarm, Lastarm und Drehpunkt liegen. ↗3
3 Beschreibe den Unterschied zwischen einarmigen und zweiarmigen Hebeln.
4 Nenne das Hebelgesetz.

Leons Vater arbeitet als Pilot in einem Passagierflugzeug. Theresas Vater trägt in seiner Arbeit Ziegelsteine und Zementsäcke. Theresa behauptet: „Dein Vater arbeitet ja gar nicht richtig." Was könnte sie damit meinen?

3.4 Kraft und Arbeit

Arbeit ist nicht gleich Arbeit
Wäschewaschen, Bügeln, Staubsaugen oder Rasenmähen sind Vorgänge, die wir als Arbeit bezeichnen. Aber auch Taxifahren, Singen oder Rechnungenschreiben können Arbeit sein. ↗1 Aus Sicht der Physik ist Arbeit ein genau festgelegter Begriff, der nur manchmal mit unserem alltäglichen Begriff von Arbeit übereinstimmt.

Physikalische Arbeit
Arbeit im physikalischen Sinn hängt von zwei Größen ab:
– von der Kraft, die man bei der Arbeit benötigt,
– von der Länge des Weges, entlang dem die Kraft wirkt.
Kraft und Weg können gemessen werden. Wenn man diese Messwerte miteinander multipliziert, erhält man eine Zahl, die die Größe der verrichteten Arbeit angibt.
   Arbeit = Kraft · Weg
Die Einheit der Arbeit ist 1 Newtonmeter, wir schreiben 1 Nm. Für Newtonmeter wurde eine Ersatzbezeichnung eingeführt: das Joule (sprich: dschuhl), abgekürzt 1 J. 1000 Joule sind 1 Kilojoule, die Abkürzung dafür ist 1 kJ.

1 *Menschen bei nicht physikalischer Arbeit*

Hubarbeit
Immer wenn Dinge gegen die Schwerkraft angehoben werden, wird **Hubarbeit** verrichtet. Wenn du im Schwimmbad die Leiter auf den 5-Meter-Turm hochkletterst, verrichtest du also Hubarbeit. ↗2
Du benötigst zum Hochklettern Muskelkraft und du wendest diese Kraft entlang des Weges nach oben auf.

2 *Sprung vom 5-Meter-Turm*

> Max klettert auf den 5-Meter-Turm.
> Er wiegt 40 kg. Tipp: Um 1 kg zu heben,
> benötigt man eine Kraft von 10 N.
>
> Gegeben: Masse Max = 40 kg
> Muskelkraft Max = 400 N
> Weg = 5 m
>
> Gesucht: Hubarbeit
>
> Rechnung: Arbeit = Kraft · Weg
> Arbeit = 400 N · 5 m
> Arbeit = 2000 Nm = 2000 J
>
> Max verrichtet eine Hubarbeit von
> 2000 Nm oder 2000 J.

3 Hubarbeit berechnen

> Max springt vom 5-Meter-Turm.
> Er wiegt 40 kg. Tipp: 1 kg hat eine
> Gewichtskraft von 10 N.
>
> Gegeben: Masse Max = 40 kg
> Gewichtskraft Max = 400 N
> Weg = 5 m
>
> Gesucht: Beschleunigungsarbeit
>
> Rechnung: Arbeit = Kraft · Weg
> Arbeit = 400 N · 5 m
> Arbeit = 2000 Nm = 2000 J
>
> Die Erde verrichtet eine Beschleunigungs-
> arbeit von 2000 Nm oder 2000 J.

4 Beschleunigungsarbeit berechnen

Dabei gilt: Je höher du kletterst, desto größer ist die verrichtete Arbeit. Auf einen 10-Meter-Turm zu steigen ist also mehr Arbeit, als auf einen 5-Meter-Turm zu steigen.

Außerdem gilt: Je mehr Kraft du einsetzt, desto größer ist die verrichtete Arbeit. Ein Kind, das mehr wiegt, hat eine größere Gewichtskraft. Darum muss es mehr Muskelkraft aufwenden, um auf den Turm zu steigen.

Doppelt so hoch steigen bedeutet doppelte Arbeit zu verrichten. Doppelte Gewichtskraft bedeutet ebenfalls, doppelte Arbeit zu verrichten.

Zum Berechnen der Hubarbeit benötigst du die Gewichtskraft und die Länge des Weges nach oben. Wenn du die beiden Werte multiplizierst, erhältst du die Größe der verrichteten Arbeit. ↗3

5 Max und sein Vater auf dem Sprungturm

Beschleunigungsarbeit

Du springst jetzt vom Turm ins Wasser. Dabei wirst du von der Gewichtskraft nach unten gezogen und beschleunigt. Das heißt, du wirst immer schneller, je tiefer du fällst. Auch jetzt wird Arbeit verrichtet. Man nennt sie **Beschleunigungsarbeit**. Man berechnet sie genauso wie die Hubarbeit mit der Formel:

Arbeit = Kraft · Weg

Die wirkende Kraft ist jetzt die Gewichtskraft und der Weg ist die Höhe des Turms. Zum Berechnen der Beschleunigungsarbeit benötigst du die Gewichtskraft und die Länge des Weges nach unten. Wenn du die beiden Werte multiplizierst, erhältst du die Größe der verrichteten Arbeit. ↗4

AUFGABEN
1. Beschreibe, wie physikalische Arbeit berechnet wird.
2. Nenne zwei Einheiten für Arbeit.
3. Berechne die Arbeit von Max beim Aufstieg auf den 10-Meter-Turm.
4. Erkläre, wer in Bild 5 mehr Arbeit verrichtet hat: Max oder sein Vater. ↗5

Die Goldene Regel der Mechanik

Beim Arbeiten gilt die **Goldene Regel der Mechanik**. Was an Kraft gespart wird, muss an Weg dazugegeben werden. Das bedeutet für Max: Egal ob er mit einer Leiter steil den Turm besteigt oder gemütlich auf einer Wendeltreppe hinaufgeht, die verrichtete Arbeit ist immer gleich. Max wird zwar auf der Wendeltreppe viel Kraft sparen, sein Weg ist dafür aber auch erheblich länger. ↗ 6, 7

Du kannst die Goldene Regel der Mechanik beim Fahrradfahren gut spüren. Wenn du eine leichte Steigung im höchsten Gang hinauffährst, trittst du nur sehr langsam, benötigst aber sehr viel Kraft. Dein Fuß legt einen kleinen Weg zurück bei großem Kraftaufwand. Im kleinsten Gang ist es genau umgekehrt. Die verrichtete Arbeit aber ist immer gleich. Kraftsparende Maschinen können deshalb nur Kraft sparen, aber keine Arbeit.

6 Kurzer Weg

Energie ist gespeicherte Arbeit

Max' Muskeln haben beim Besteigen des Turms Muskelarbeit verrichtet. Diese Arbeit geht aber nicht verloren.
Die chemische Energie, die Max aus seiner Nahrung bezieht, verwandelt sich mit jedem Schritt nach oben in Lageenergie. Wenn er auf dem Turm steht, hat Max mehr Lageenergie als auf dem Boden. Die Lageenergie verwandelt sich beim Hinabspringen in Bewegungsenergie. ↗ 8 Den Prozess der Energieumwandlung bezeichnen wir als Arbeit.

7 Langer Weg

8 Energieumwandlungskette

- Wenn eine Kraft entlang eines Weges wirkt, wird Arbeit verrichtet: Arbeit = Kraft · Weg.
- Die Einheit der Arbeit ist 1 Newtonmeter oder 1 Joule: 1 Nm = 1 J.
- Bei der Arbeit gilt die Goldene Regel der Mechanik: Was an Kraft gespart wird, muss an Weg dazugegeben werden.
- Bei der Umwandlung von Energieformen wird Arbeit verrichtet.

AUFGABEN

5 Nenne die Goldene Regel der Mechanik.
6 Nenne zwei Einheiten für Energie.
7 Rechne 4 J in Nm um.
8 Erkläre, warum kraftsparende Maschinen keine Arbeit einsparen können.

KRÄFTE UND KRAFTWANDLER

PRAXIS

Hebel untersuchen – Werkzeuge verwenden

1 Wann herrscht Gleichgewicht?

Material: 12 gleiche Geldstücke, 10 farbige Papierstreifen (5 cm lang), etwa 50 cm langes Brett, sechseckiger Bleistift

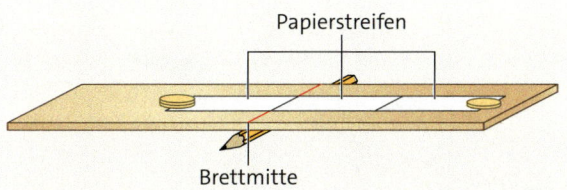

1 *Gleichgewichtszustand mit drei Münzen und drei Streifen*

Durchführung:
- Lege den Bleistift auf den Tisch.
- Platziere das Brett so auf dem Bleistift, dass Gleichgewicht herrscht. Markiere den Drehpunkt auf dem Brett mit einem Strich.
- Lege an den Strich auf der einen Seite 1 Papierstreifen und auf der anderen Seite 2 Streifen längs hintereinander an.
- Staple auf den Enden der Streifen die Münzen so, dass Gleichgewicht herrscht. Finde mehrere Möglichkeiten. ↗1
- Lege eine Tabelle an. Trage jeden Gleichgewichtszustand in die Tabelle ein. ↗2
- Verändere die Anzahl der Papierstreifen auf jeder Seite und stelle wieder ein Gleichgewicht her.

Auswertung:
- Multipliziere für jede Seite die Anzahl der Streifen mit der Anzahl der Gewichte.
- Erkläre den Zusammenhang des Versuchs mit dem Hebelgesetz.

Linke Seite Streifen · Münzen =	Rechte Seite Streifen · Münzen =
1 · ? = ?	2 · ? = ?
???	???
???	???

2 *Tabelle zu Versuch 1*

2 Schneiden – gewusst wo

Material: Schere, fester Karton, wasserlöslicher Folienstift

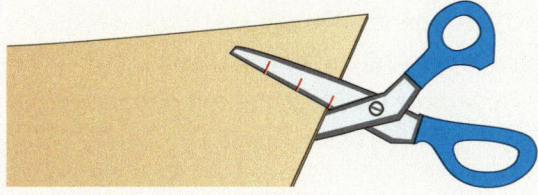

3 *Schere mit Markierungen*

Durchführung:
- Markiere mit dem Stift auf der Schneide der Schere drei Stellen: eine sehr nahe am Drehpunkt, eine in der Mitte und eine am Ende der Schneide. ↗3
- Schneide an jeder Markierung zehnmal in den Karton.

Auswertung:
- Formuliere einen Satz, der deine Beobachtungen wiedergibt.
- Drücke deine Beobachtungen in einem Je-desto-Satz aus.
- Beschreibe eine Schere, mit der du stundenlang schneiden könntest ohne Schmerzen zu bekommen.
- Welche Bedeutung könnte dieser Versuch für einen Schneider haben, der den ganzen Tag Stoffe zuschneiden muss?

PRAXIS

Versuche zur Goldenen Regel der Mechanik

1 Schiefe Ebene

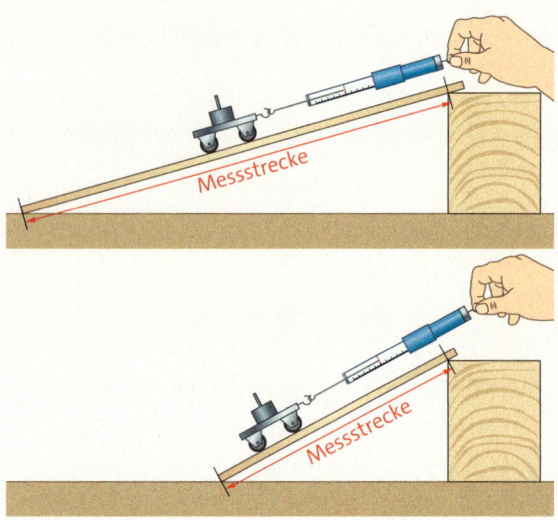

1 Schiefe Ebene

Material: 2 verschieden lange Bretter, Metermaß, Kraftmesser, Wagen mit Massestück

Durchführung:
- Lege ein Brett schräg auf eine Erhöhung wie in Bild 1. Miss die Länge der Messstrecke. ↗1
- Setze den Wagen mit der Masse auf die schiefe Ebene. Miss die Kraft, mit der du den Wagen hinaufziehen musst.
- Wiederhole die Messung mit dem anderen Brett. Notiere beide Werte.

Auswertung:
- Drücke deine Beobachtungen in einem Je-desto-Satz aus.
- Multipliziere jeweils die Länge der Messstrecke mit der für dieses Brett gemessenen Kraft. Vergleiche die beiden Ergebnisse.
- Mache eine Vorhersage über die Kraft, die du benötigst, wenn du den Wagen senkrecht hochziehst. Überprüfe deine Vermutung.

2 Feste und lose Rollen

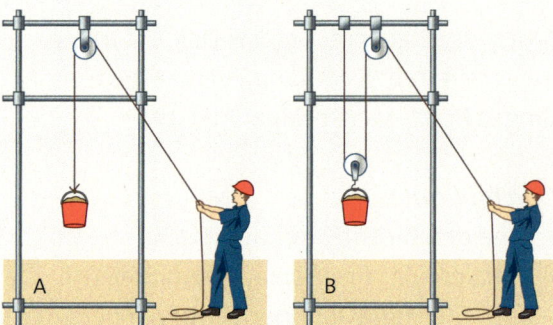

2 Feste und lose Rollen auf einer Baustelle

Material: Stativmaterial, 1 lose Rolle, 2 feste Rollen, 2 Schnüre, Gewicht mit Haken, Kraftmesser, Metermaß

Durchführung:
- Betrachte Bild 2. Beschreibe die unterschiedliche Situation auf den Baustellen. ↗2
- Beide Eimer sind gleich schwer. Stelle eine Vermutung auf, welcher Arbeiter mehr Kraft benötigt, um den Eimer hinaufzuziehen.
- Baue die Situation auf den Baustellen mit den Stativen und den Rollen nach. Die Rolle des Arbeiters übernimmt der Kraftmesser.
- Miss jeweils die Kraft, die du benötigst, um das Gewicht mit Hilfe der Rollen 20 cm hochzuziehen. Miss auch die Länge der Schnur, die herausgezogen werden muss.

Auswertung:
- Formuliere einen Je-desto-Satz, in dem die Begriffe „herausgezogene Schnur" und „Kraft" vorkommen.
- Berechne jeweils die Arbeit.
- Berechne die Arbeit, die verrichtet wird, wenn das Gewicht ohne Rolle 20 cm hochgezogen wird.
- Vergleiche alle Ergebnisse.

ZUSAMMENFASSUNG

Kräfte und Kraftwandler

Kräfte erkennen

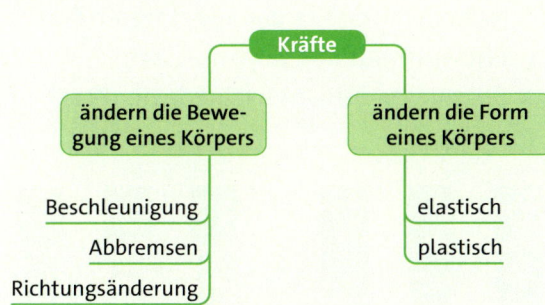

1 Wirkung von Kräften

Kräfte erkennt man an ihrer Wirkung auf Körper. Sie beschleunigen, bremsen oder ändern die Bewegungsrichtung von Körpern. Sie können Körper elastisch oder plastisch verformen. ↗1
Wir unterscheiden Muskelkraft, Gewichtskraft, Reibungskraft und Federkraft.

Kräfte messen und darstellen

Zur Kraftmessung nutzt man Kraftmesser mit Schraubenfedern. Die Ausdehnung der Feder ist ein Maß für die Kraft. Die Einheit der Kraft ist 1 Newton, Abkürzung 1 N. 1 N ist die Kraft, die man benötigt, um eine Masse von 100 g zu halten.
Kräfte werden durch Kraftpfeile dargestellt. Kraftpfeile zeigen den Angriffspunkt, die Größe und die Richtung der Kraft. Die Abkürzung für Kraft ist F. Kräfte treten immer paarweise auf. ↗2

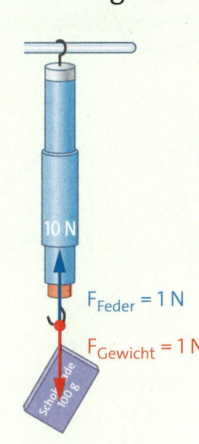

2 Kräfte messen und darstellen

Werkzeuge sind Kraftverstärker

Werkzeuge und Geräte mit Kraftarm, Lastarm und Drehpunkt heißen Hebel. Es gibt einarmige und zweiarmige Hebel.
Je länger der Kraftarm ist und je kürzer der Lastarm, desto größer ist die Kraftverstärkung.
Das Hebelgesetz lautet:
Kraft · Kraftarm = Last · Lastarm ↗3

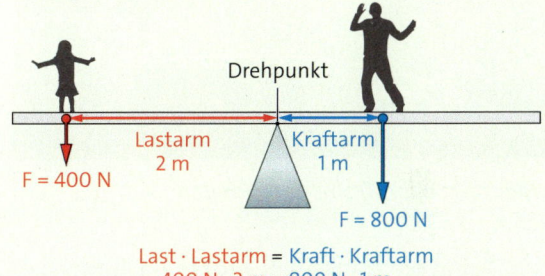

3 Hebelgesetz

Kraft und Arbeit

Wenn eine Kraft entlang eines Weges wirkt, wird Arbeit verrichtet:
Arbeit = Kraft · Weg
Die Einheit der Arbeit ist 1 Newtonmeter oder 1 Joule: 1 Nm = 1 J.
Bei der Arbeit gilt die Goldene Regel der Mechanik: Was an Kraft eingespart wird, muss an Weg dazugegeben werden. ↗4

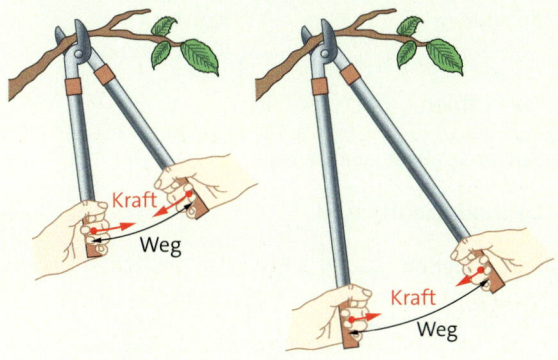

4 Goldene Regel der Mechanik

AUFGABEN ZUM GRUNDWISSEN

1 Unterschiedliche Kräfte

1 Mädchen beim Trampolinspringen

a ☐ Ordne die folgenden Kräfte nach physikalischen und nicht physikalischen Kräften: Sehkraft, Waschkraft, Federkraft, Muskelkraft, Leuchtkraft, Durchsetzungskraft, Überzeugungskraft, Gewichtskraft, Erdanziehungskraft, Windkraft.
b ☐ Zähle die 5 Wirkungen von Kräften auf.
c ▨ Beschreibe die Kräfte und ihre Wirkungen beim Trampolinspringen. ↗1
d ▨ Gib an, ob die Kräfte den Bewegungszustand oder die Form der Körper in Bild 2 ändern. Manchmal findet auch beides statt. ↗2

Beispiel	Art der Kraftwirkung
Türe öffnen	???
Butter auf Brot schmieren	???
Luftballon aufblasen	???
Ball schießen	???
um die Kurve fahren	???

2 Kräfte und ihre Wirkung

2 Kräfte messen und darstellen
Betrachte Bild 3. ↗3
a ☐ Notiere die Größe der angezeigten Gewichtskraft auf den Kraftmessern.
b ▨ Beschreibe die Unterschiede der Kraftmesser.

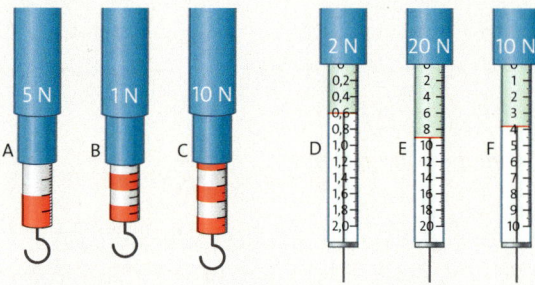

3 Kräfte ablesen

3 Werkzeuge als Kraftwandler
a ☐ Ordne die Werkzeuge in Bild 4 nach einarmigen und zweiarmigen Hebeln. ↗4
b ▨ Beschreibe die Gemeinsamkeit aller einarmigen Hebel.

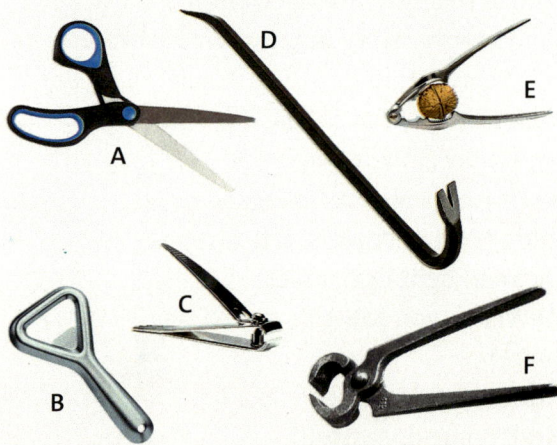

4 Verschiedene Hebel

4 Kraft und Arbeit
a ☐ Gib die Formel für die Berechnung der Arbeit an.
b ▨ Berechne die Arbeit, die verrichtet wird, wenn 20 kg Sand 5 m hochgehoben werden.

AUFGABEN ZUR ANWENDUNG

5 Im Gleichgewicht

4 Luisa auf der Wippe

a ◩ Emma ist doppelt so schwer wie ihre kleine Schwester Luisa. Erkläre, wohin sich Emma auf der Wippe setzen muss, damit die Wippe im Gleichgewicht ist. ↗4
b ◩ Jonas möchte mit seinem Vater auf dem Spielplatz wippen. Jonas wiegt 20 kg, sein Vater 80 kg. Der Vater setzt sich 1 m vom Drehpunkt auf die Wippe. Berechne, wohin sich Jonas setzen muss, damit die Wippe im Gleichgewicht ist.
c ■ Betrachte Bild 5. Beschreibe, was hier seltsam ist. Finde Erklärungen. ↗5

5 Eine Schachtel wird balanciert.

6 Rollstuhlrampe

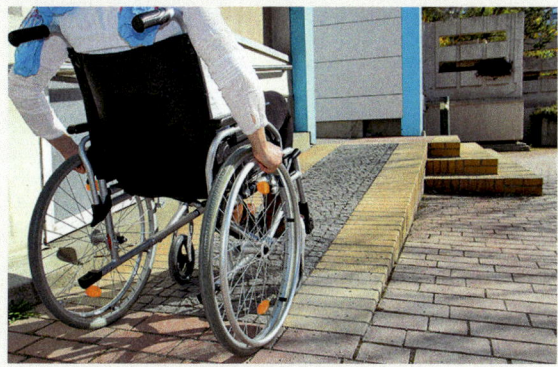

6 Rollstuhlrampe oder Treppe?

a ◩ Leonie fährt mit ihrem Rollstuhl die Rampe zur Schule hoch. Shirin trägt Leonies Büchertasche und steigt neben ihr die Treppenstufen hoch. Beide sind gleich schwer. Erkläre, wer von den beiden mehr Kraft aufwenden muss.
b ◩ Berechne die verrichtete Arbeit, wenn Leonie mit Rollstuhl 70 kg wiegt und die Treppe 0,6 m hoch ist.

7 Richtig wählen

Ralf hilft seinem Vater beim Schneiden von Hecken und Sträuchern. Der Garten ist groß und es wird länger dauern.
a ◩ Welche Schere sollte Ralf wählen? Begründe deine Wahl. ↗7
b ◩ Ralfs Vater nimmt die Gartenschere. Am nächsten Tag tut ihm sein Handgelenk weh. Erkläre.

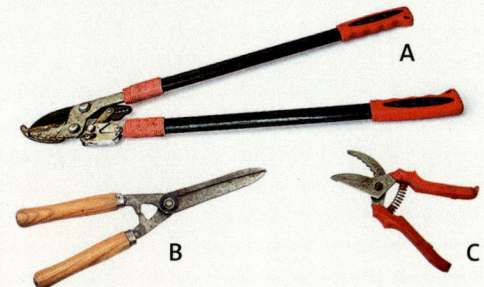

7 A Astschere, B Heckenschere und C Gartenschere

Bewegung und Geschwindigkeit

37,5

Über **siebenunddreißig** Kilometer pro Stunde läuft der schnellste Mensch der Welt beim Hundertmeterlauf. Der Läufer legt dabei etwa zehn Meter in einer Sekunde zurück.

7

Weinbergschnecken legen in einer Minute **sieben** Zentimeter zurück. Sie sind bei Weitem nicht die langsamsten Schnecken. Für fünfundzwanzig Meter brauchen sie eine Stunde.

4

Viermal so lang wird der Weg bis zum Stillstand eines Fahrzeugs, wenn der Fahrer die Geschwindigkeit verdoppelt.
Bei einem Unfall misst die Polizei die Bremsspur. So kann sie die Geschwindigkeit ermitteln.

VORWISSEN

In diesem Kapitel ...
- lernst du, was Geschwindigkeit ist und wie man sie berechnet.
- lernst du, welche Kräfte bei Geschwindigkeitsänderungen wirken.
- untersuchst du, wie die Trägheit von Fahrzeugen deren Fahrt beeinflusst.
- lernst du, wie du den Anhalteweg von Fahrzeugen abschätzen kannst und worauf du im Straßenverkehr aufpassen musst.

FORSCHEN

Wie kann man Geschwindigkeit bestimmen?

1 Blindes Hasenfangen in Zeitlupe

Du brauchst: Tücher zum Verbinden der Augen

1 Blindes Hasenfangen

- Geht auf den Pausenhof oder Sportplatz und bildet Vierergruppen.
- In jeder Gruppe ist ein Schüler Fänger. Ihm werden die Augen verbunden.
- Ein Schüler der Gruppe ist Hase. Er darf sich nur ganz langsam bewegen.
- Die übrigen Schüler rufen dem Fänger zu, wie er den Hasen fangen kann.
- Welche Informationen benötigt der Fänger über den Hasen?

2 Wettlauf

Du brauchst: Laufbahn

- Bildet Vierergruppen. Findet heraus, wer von eurer Gruppe der Schnellste ist.
- Findet gemeinsam eine zweite Möglichkeit, wie ihr den Schnellsten bestimmen könnt.

3 Messen

Du brauchst: Laufbahn, langes Maßband, Hütchen, Stoppuhr, Blatt, Stift

- Lauft nicht gleichzeitig, sondern nacheinander. Wie könnt ihr herausfinden, wer jetzt der Schnellste ist? Auch hier gibt es wieder zwei Möglichkeiten. Verwendet dazu die angebotenen Materialien.
- Was bleibt bei eurer Messung gleich, was verändert sich?

4 Wer ist der Schnellste?

- Betrachte die Bilder A bis C. ↗2
- Finde heraus, wer der schnellste ist.

2 Wer ist schneller?
A Segelfisch, B Gepard, C Wanderfalke

Sicher hast du schon einmal auf dem Fahrersitz eines Autos gesessen und gestaunt über die vielen Schalter, Hebel, farbigen Lichter und Anzeigen. Eine Anzeige ist der Tacho. Was genau zeigt so ein Tacho eigentlich an?

4.1 Geschwindigkeiten ermitteln

Wer fährt schneller?
Tom fährt morgens mit dem Fahrrad zur Schule, Chiara mit dem Roller. ↗1 Chiara behauptet, dass sie schneller fährt, weil sie weniger Zeit braucht. Hat sie Recht?

Gleiche Strecke – gleiche Zeit
Um herauszufinden, wer wirklich schneller ist, machen Tom und Chiara eine Wettfahrt. Auf der Hundertmeterbahn fahren sie gleichzeitig in ihrem üblichen Tempo und messen die Zeit. Chiara erreicht nach 40 Sekunden das Ziel, Tom nach 20 Sekunden. Weil Tom für die gleiche Strecke weniger Zeit braucht, fährt er schneller. Er hat darum eine höhere Geschwindigkeit.

1 *Wer ist schneller?*

Es gibt noch eine andere Möglichkeit, festzustellen, wer schneller ist: Beide fahren eine Minute lang. Dabei legt Chiara eine Strecke von 150 Metern zurück. Tom schafft 300 Meter. Weil Tom in der gleichen Zeit eine längere Strecke zurücklegt, fährt er schneller. Er hat eine höhere Geschwindigkeit.

Geschwindigkeit
Die Geschwindigkeit ist das **Maß** für die **Schnelligkeit** oder das **Tempo** eines Gegenstands. Sie gibt an, welche Wegstrecke er innerhalb einer bestimmten Zeit zurücklegt. Die Geschwindigkeit wird mit v abgekürzt, der zurückgelegte Weg mit s und die Zeit mit t.

2 *Ein Tachometer am Fahrrad misst die Geschwindigkeit.*

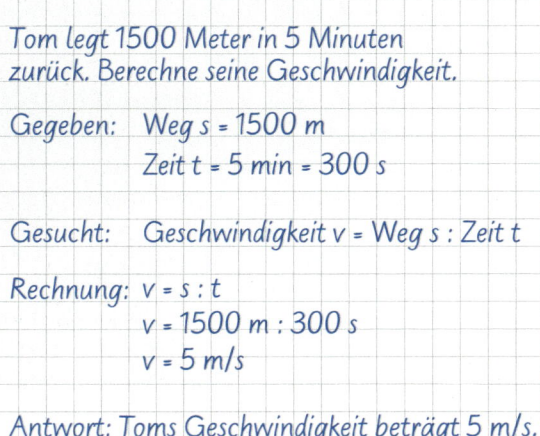

3 Beispiel: Geschwindigkeit berechnen

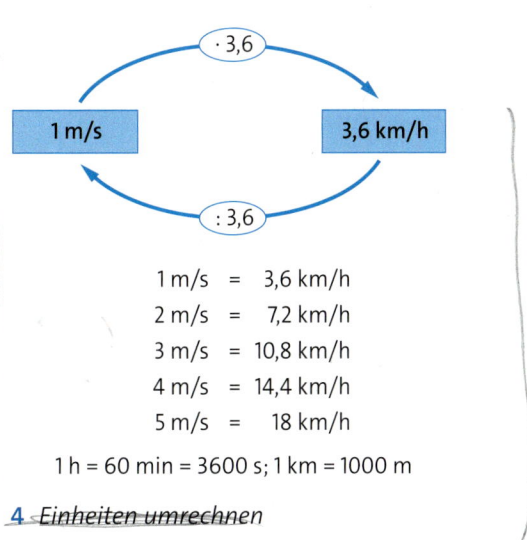

4 Einheiten umrechnen

Geschwindigkeiten berechnen

Um die Geschwindigkeit zu berechnen, benötigst du die Länge des zurückgelegten Weges und die dafür benötigte Zeit. Die Geschwindigkeit v wird berechnet, indem du den Weg s durch die Zeit t teilst. ↗3

Geschwindigkeit = Weg durch Zeit

$v = s : t$

Geschwindigkeiten werden in Metern pro Sekunde (m/s) oder Kilometern pro Stunde (km/h) angegeben. Ein Kilometer pro Stunde bedeutet, dass in einer Stunde ein Kilometer zurückgelegt wird. Beide Einheiten kann man ineinander umrechnen. ↗4

1 m/s = 3,6 km/h

Weg und Zeit berechnen

Wenn du die Geschwindigkeit v und den zurückgelegten Weg s kennst, kannst du die Zeit t berechnen, die du dafür benötigst. Dazu verwendest du die Formel:

Zeit = Weg durch Geschwindigkeit

$t = s : v$

Der Weg s lässt sich berechnen, wenn Geschwindigkeit v und Zeit t bekannt sind und du die Formel umstellst.

Weg = Geschwindigkeit mal Zeit

$s = v \cdot t$

- Die Geschwindigkeit v gibt an, welchen Weg s man in einer bestimmten Zeit t zurücklegt.
- Geschwindigkeit gibt man in Metern pro Sekunde m/s oder Kilometern pro Stunde km/h an: 1 m/s = 3,6 km/h.

Tier	Geschwindigkeit
Faultier	1,9 km/h
Spinnenassel	0,4 m/s
Fächerfisch	110 km/h
Makohai	22 m/s
Elefant	11 m/s
Biene	29 km/h
Känguru	64 km/h

5 Höchstgeschwindigkeiten verschiedener Tiere

AUFGABEN

1 Bilde einen sinnvollen Satz mit folgenden Begriffen: gleiche Zeit, längerer Weg, zurücklegen, schneller.

2 Berechne Chiaras Geschwindigkeit. ↗1

3 Rechne die Geschwindigkeiten von Tom in km/h um. ↗3, 4

4 Ordne die Tiere aus Bild 5 nach ihrer Geschwindigkeit. ↗5

Vielleicht hast du schon einmal von einer Brücke aus den Verkehr auf der Autobahn beobachtet. Manche Autos fahren ganz gleichmäßig. Bei anderen ändert sich die Geschwindigkeit: Sie bremsen ab und beschleunigen dann wieder.

4.2 Arten von Bewegung

Gleichmäßige Geschwindigkeit

Tom begleitet seine Eltern beim Sonntagsspaziergang mit dem Roller. ↗1 Ihr gemeinsames Ziel ist die Eisdiele. Gleichzeitig verlassen sie den Hof. Nach einer Minute erreichen die Eltern den hundert Meter entfernten Kiosk. Nach zwei Minuten haben sie zweihundert Meter zurückgelegt, nach vier Minuten vierhundert Meter. Die Geschwindigkeit der Eltern bleibt immer gleich.

Es gilt: doppelte Zeit – doppelter zurückgelegter Weg
dreifache Zeit – dreifacher zurückgelegter Weg

Wenn die Geschwindigkeit immer gleich bleibt, spricht man von einer **gleichförmigen Bewegung**.

1 Tom hat es eilig.

Abbremsen und Beschleunigen

Tom ist nach zwei Minuten bereits am 400 Meter entfernten Skatepark. Er bremst ab und unterhält sich mit seinen Freunden. Lange nachdem seine Eltern vorbeigegangen sind, fährt er hinterher. An der Fußgängerampel muss er kurz warten. Damit er zusammen mit seinen Eltern an der Eisdiele ankommt, beschleunigt er und fährt schneller. Sobald er sie erreicht, bremst er ab und rollt in ihrem Tempo weiter, sodass alle nach zehn Minuten gemeinsam die Eisdiele erreichen. ↗2

Tom fährt und stoppt, er fährt schneller und langsamer, später bremst er ab. Seine Bewegung ist **nicht gleichförmig**.

Zeit	Weg Eltern	Weg Tom	Ort Tom
0 min	0 m	0 m	Hoftor
1 min	100 m	100 m	Kiosk
2 min	200 m	400 m	Skatepark
4 min	400 m	400 m	Skatepark
6 min	600 m	400 m	Skatepark
6:30 min	650 m	600 m	Ampel Rot
7 min	700 m	600 m	Ampel Grün
8:30 min	850 m	850 m	Tom erreicht seine Eltern
10 min	1000 m	1000 m	Eisdiele

2 Sonntagsspaziergang

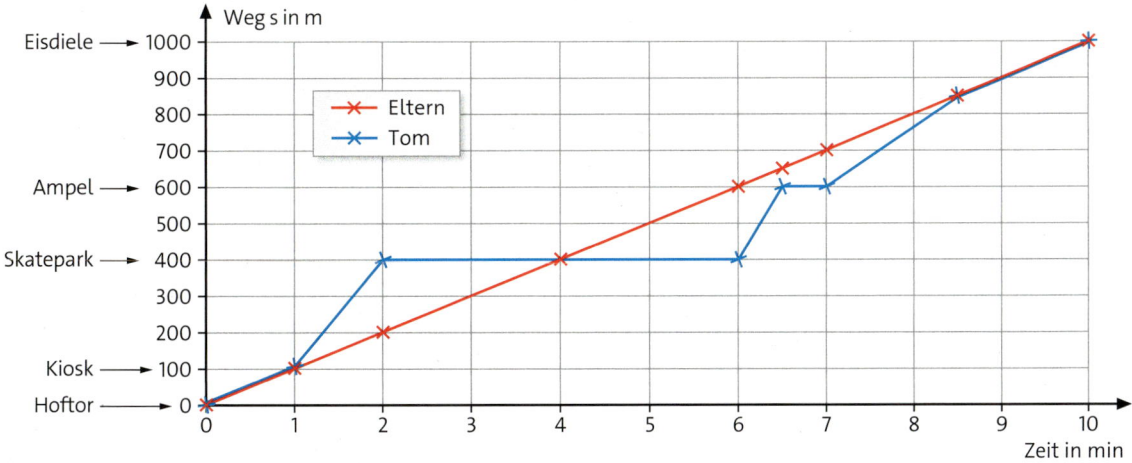

3 Weg-Zeit-Diagramm des Sonntagsspaziergangs

Kräfte sind die Ursache für Bewegungsänderungen

Toms Geschwindigkeit ändert sich mehrmals. Mit seiner Muskelkraft beschleunigt er und wird deswegen schneller. Wenn er auf die Bremse tritt, wirkt die Reibungskraft und er wird langsamer. Kräfte ändern also die **Geschwindigkeit** der Bewegung. Wenn ein Gegenstand schneller wird, nennen wir das **positive Beschleunigung**. Wird er dagegen langsamer, sprechen wir von **negativer Beschleunigung**.
Auch beim Lenken wirkt die Reibungskraft. Durch sie ändert sich die **Richtung** der Bewegung.

Bewegung im Weg-Zeit-Diagramm

Diesen Sonntagsspaziergang kann man in einem Weg-Zeit-Diagramm darstellen. ↗3 An der Hochachse wird der Weg eingetragen. Hier siehst du die Stationen des Spaziergangs. An der Rechtsachse ist die Zeit eingetragen.
Die gleichförmige Bewegung der Eltern ist eine Gerade. Toms Geschwindigkeit hat sich mehrmals geändert. Deswegen hat der Graph Knicke. Je steiler der Graph ist, desto größer ist die Geschwindigkeit. Je flacher der Graph ist, desto geringer ist die Geschwindigkeit. Verläuft der Graph waagrecht, ist die Geschwindigkeit null.

4 Am Ziel an der Eisdiele

- **Bei einer gleichförmigen Bewegung bleibt die Geschwindigkeit immer gleich.**
- **Positive Beschleunigung lässt einen Körper schneller werden. Negative Beschleunigung bremst einen Körper.**
- **Der Graph einer gleichförmigen Bewegung ist im Weg-Zeit-Diagramm eine Gerade.**

AUFGABEN

1. Gib an, welche Wirkungen Kräfte auf einen bewegten Gegenstand haben können.
2. Lies aus dem Diagramm ab, wie weit vom Hof entfernt die Ampel steht. ↗3
3. Lies aus dem Diagramm ab, auf welchem Stück Tom am schnellsten war. ↗3

Diagramme zeichnen: Weg-Zeit-Diagramm

Mit Hilfe von Diagrammen kann man Messergebnisse veranschaulichen und verschiedene Werte einfacher vergleichen. Bei **Punktdiagrammen** trägt man einzelne Messwerte gegeneinander auf. Oft verbindet man diese Punkte zu einem **Liniendiagramm**. Ein Weg-Zeit-Diagramm ist ein Liniendiagramm.

1 Weg-Zeit-Diagramm zweier Läufer
Eine Schülergruppe hat die Geschwindigkeit zweier Läufer gemessen. Bild 1 zeigt die Wertetabelle dazu. ↗1

Weg s	Zeit t von Läufer 1	Zeit t von Läufer 2
0 m	0 s	0 s
25 m	8 s	9 s
50 m	16 s	22 s
75 m	24 s	30 s
100 m	32 s	40 s
125 m	40 s	48 s
150 m	48 s	60 s
175 m	56 s	68 s
200 m	64 s	79 s

1 Wertetabelle zu Versuch 1

Material: kariertes Papier, Lineal, Stift

Achsen zeichnen:
- Plane mindestens 10 Zentimeter Platz für jede Achse ein.
- Zeichne mit dem Lineal zwei senkrecht aufeinanderstehende Achsen und zeichne Pfeilspitzen an die Achsenenden. ↗2
- Beschrifte die Rechtsachse mit „Zeit in s".
- Beschrifte die Hochachse mit „Weg in m".

Achsenmaßstab wählen:
- Suche in der Wertetabelle den größten Wert. Wähle die Einheit so, dass der Wert möglichst am Ende der Achse liegt.
- Unterteile die Achsen jeweils in gleiche Abschnitte und beschrifte sie.

Diagramm zeichnen:
- Übertrage für jedes Wertepaar von Läufer 1 ein Kreuz in das Diagramm.
- Gehe dabei so vor: Denke dir eine senkrechte Hilfslinie durch den Zeit-Wert und eine waagrechte Hilfslinie durch den Weg-Wert. Markiere die Stelle, wo sich die Hilfslinien schneiden, und zeichne dort ein Kreuz ein. Nun hast du ein Punktdiagramm. ↗2
- Verbinde die Kreuze mit einem Lineal zum Liniendiagramm.
- Wiederhole das Ganze für Läufer 2.

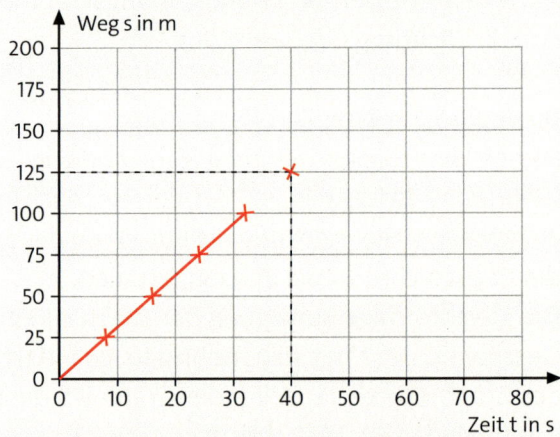

2 Weg-Zeit-Diagramm zeichnen

Auswertung:
- Lies aus dem Diagramm ab, welcher Läufer schneller ist. Begründe deine Entscheidung.
- Beschreibe, woran du im Diagramm eine gleichförmige Bewegung erkennst.

FORSCHEN

Wie wirkt Geschwindigkeitsänderung auf Körper?

1 Warum haben Autos Sicherheitsgurte?

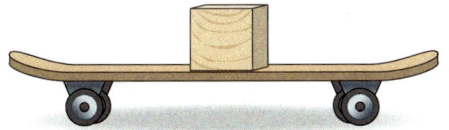

1 Skateboard

Du brauchst: Skateboard, Holzklotz, Gummiband, Schnur

- Lege den Holzklotz auf das Skateboard. Schiebe das Skateboard vorsichtig an und lass es gegen ein Hindernis fahren. Beobachte den Holzklotz und beschreibe sein Verhalten.
- Schiebe das Skateboard ruckartig an und beobachte wieder.
- Binde eine Schnur um die vordere Achse des Skateboards und ziehe es hinter dir her, dann lass es eine Kurve fahren.
- Wiederhole die Versuche und verwende ein Gummiband als „Sicherheitsgurt" für den Holzklotz.
- Versuche, eine Erklärung für deine Beobachtungen zu finden. Tauscht euch auch untereinander aus.

2 Zaubertrick mit Münze

Du brauchst: 10 gleiche Münzen, Tisch mit glatter Oberfläche, Geodreieck

- Baue aus den Münzen einen geraden Turm.
- Entferne jetzt die unterste Münze aus dem Turm, ohne dass du ihn berührst.
- Ist es dir gelungen? Warum stürzt der Turm nicht ein?
- Wiederhole den Versuch mit schrittweise weniger Münzen. Versuche, deine Beobachtung zu erklären.

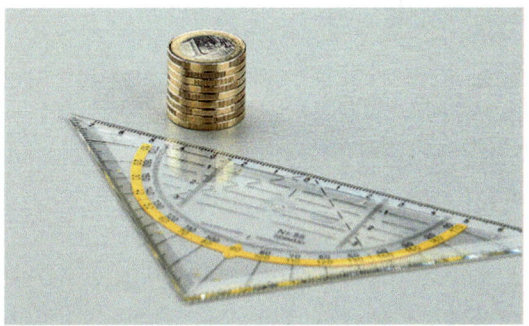

2 Münzturm

3 Welche Rolle spielt der Untergrund beim Bremsen?

Du brauchst: Sicherheitsausrüstung zum Rollerfahren, Roller, verschieden raue Untergründe, Sand, Wasser

- Lege die Sicherheitsausrüstung an.
- Stoße dich zweimal ab und steige dann fest auf die Bremse.
- Schätze den Weg zwischen Beginn des Bremsens und Stillstand des Rollers ab.
- Wiederhole den Versuch auf verschiedenen Untergründen. Kannst du Unterschiede feststellen?
- Streue Sand aus und wiederhole den Versuch. Beschreibe, wie der Sand wirkt.
- Schütte Wasser aus und wiederhole den Versuch. Beschreibe, wie Wasser das Ergebnis verändert.
- Vergleicht eure Ergebnisse in der Klasse.

Wer eine Vollbremsung macht, kann nach vorne über den Lenker fliegen. Warum ist das so?

4.3 Körper sind träge

Bremsen und Beschleunigen
Du bist mit dem Fahrrad unterwegs und musst plötzlich bremsen. Du ziehst fest an der Vorderradbremse. Das Vorderrad bremst und blockiert. Auf das Fahrrad und deinen Körper wirkt keine Bremskraft. Sie behalten also ihre Geschwindigkeit bei. Das Hinterrad steigt auf und du überschlägst dich.
Vielleicht hast du das ja auch schon einmal erlebt: Du stehst im Bus und der fährt plötzlich los. Auf den Bus wirkt die Kraft des Motors. Dadurch ändert der Bus seine Geschwindigkeit: Er wird beschleunigt. Auf deinen Körper wirkt keine Beschleunigungskraft. Du fällst deswegen nach hinten. ↗1

1 *Festhalten beim Anfahren und Bremsen*

Richtung ändern
Das Auto in Bild 2 fährt zunächst geradeaus und biegt dann schnell um die Kurve. Die Kiste, die auf dem Autodach steht, fliegt weiter geradeaus. Sie macht die Richtungsänderung nicht mit, weil sie nicht gut befestigt ist. ↗2

Körper sind träge
Der Radfahrer, der Passagier im Bus und der Karton auf dem Autodach haben etwas gemeinsam: Auf sie werden keine Kräfte ausgeübt. Darum ändert sich ihre Geschwindigkeit oder die Richtung ihrer Bewegung zunächst nicht.
Man sagt, die Gegenstände oder Körper sind träge und spricht darum von **Trägheit**. Trägheit im physikalischen Sinn ist nicht Faulheit. Man versteht darunter, dass ein Gegenstand in Ruhe bleibt oder sich geradeaus weiterbewegt, wenn keine Kräfte auf ihn wirken.

2 *In der Kurve fliegt die Kiste vom Autodach.*

3 Masse und Trägheit

Masse und Trägheit

Um Gegenstände mit großer Masse zu beschleunigen oder abzubremsen, benötigst du viel Kraft. Ein leerer Einkaufswagen lässt sich wesentlich leichter beschleunigen, bremsen oder um die Kurve schieben als ein voller. ↗3 Je größer die Masse eines Körpers ist, desto träger ist dieser. Doppelte Masse bedeutet zugleich auch doppelte Trägheit.

Sicherung der Ladung

Die Trägheit wirkt auf alle Gegenstände in einem Auto. Vielleicht hast du schon erlebt, dass beim Bremsen ein Einkaufskorb vom Beifahrersitz gekippt ist. Auch beim Fahren einer Kurve wirkt die Trägheitskraft, und der Einkaufskorb auf dem Beifahrersitz fällt um. Jeder transportierte Gegenstand muss deshalb sicher verstaut und befestigt werden. Besonders sorgfältig müssen Fahrräder und andere Gegenstände auf dem Dachträger oder schwere Lasten im Fahrzeug gesichert werden. ↗4

4 Ladung sichern

Sicherheitsgurte und Handschlaufen

Die Trägheit wirkt auch auf alle Personen in einem Fahrzeug. In jedem Auto muss deshalb für jeden Sitzplatz ein Sicherheitsgurt vorhanden sein. Er muss unbedingt angelegt werden. Für Kinder müssen passende Kindersitze verwendet werden. ↗5 Stehplätze in Bussen müssen mit Handschlaufen und Möglichkeiten zum Festhalten ausgestattet sein.

5 Angurten ist Pflicht!

- Jeder Körper ist träge. Er bleibt in Ruhe oder bewegt sich mit unveränderter Geschwindigkeit geradeaus weiter, solange keine Kraft auf ihn einwirkt.
- Je größer die Masse eines Körpers ist, desto träger ist er.
- Personen, Tiere und Lasten in Fahrzeugen müssen durch Sicherheitsgurte und Lastbänder richtig gesichert werden.

AUFGABEN

1. Trägheit ist nicht Faulheit – erkläre.
2. Erkläre, warum sich ein voller Einkaufswagen schwerer um die Kurve schieben lässt als ein leerer.
3. Erkläre, warum du einen Sicherheitsgurt anlegen musst.

Plötzlich rollt ein Ball auf die Straße – jetzt heißt es schnell reagieren. Kann das Auto noch rechtzeitig anhalten?

4.4 Geschwindigkeit und Anhalteweg

Reagieren und bremsen

Ein Auto fährt vor dir aus der Ausfahrt. Der Fahrer hat dich nicht gesehen und muss eine Vollbremsung machen. Ob es zum Unfall kommt, hängt davon ab, wie schnell du auf die Gefahr reagierst und wie lange es dauert, bis du stehst.

Reaktionsweg

Zunächst erschrickst du und es vergeht Zeit, bis du die Bremse betätigst. Diese Zeit heißt **Reaktionszeit**. Man sagt dazu auch Schrecksekunde. Diese dauert je nach Fahrer zwischen 0,5 und 2 Sekunden. In dieser Zeit fährst du weiter und legst mit unverminderter Geschwindigkeit den **Reaktionsweg** zurück. ↗1 Der Reaktionsweg hängt von der Geschwindigkeit ab. Du kannst ihn so abschätzen:

$$\text{Reaktionsweg} = \frac{\text{Geschwindigkeit}}{10} \cdot 3$$

Es gilt: doppelte Geschwindigkeit – doppelter Reaktionsweg
dreifache Geschwindigkeit – dreifacher Reaktionsweg

Bremsweg

Wenn du den Bremshebel ziehst, fährst du noch einige Meter weiter, bis du stehst. Diese Strecke ist der **Bremsweg**. ↗1 Auch der Bremsweg hängt von der Geschwindigkeit ab. Du kannst ihn so abschätzen:

$$\text{Bremsweg} = \frac{\text{Geschwindigkeit}}{10} \cdot \frac{\text{Geschwindigkeit}}{10}$$

Es gilt: doppelte Geschwindigkeit – vierfacher Bremsweg
dreifache Geschwindigkeit – neunfacher Bremsweg

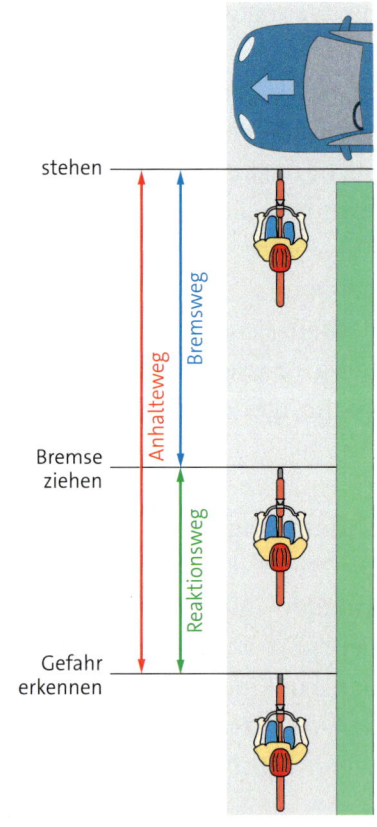

1 *Anhalteweg*

2 Wer abgelenkt ist, reagiert langsam.

3 Abgefahrene Reifen verlängern den Bremsweg.

Weitere Einflüsse

Die Reaktionszeit kann durch Ablenkung, Müdigkeit, Alkohol sowie Drogen- und Medikamenteneinnahme verlängert werden. ↗2 Dadurch wird der Reaktionsweg deutlich länger.
Die Beschaffenheit von Fahrbahn, Bremsen und Reifen beeinflussen den Bremsweg. ↗3 Besonders lang wird er, wenn die Straße nass oder vereist ist. ↗4

Anhalteweg

Der **Anhalteweg** setzt sich aus dem Reaktionsweg und dem Bremsweg zusammen. ↗1 Wenn du die Geschwindigkeit kennst, kannst du den Anhalteweg abschätzen. Du musst erst den Reaktionsweg und dann den Bremsweg abschätzen und schließlich beide addieren:

Anhalteweg = Reaktionsweg + Bremsweg

Bei einer Geschwindigkeit vom 20 km/h ergibt sich ein Anhalteweg von zehn Metern. ↗5

4 Bremsweg bei 60 km/h

Reaktionsweg	+ Bremsweg	= Anhalteweg
$\frac{20}{10} \cdot 3$	$+ \frac{20}{10} \cdot \frac{20}{10}$	
$2 \cdot 3$	$+ 2 \cdot 2$	
6 m	+ 4 m	= 10 m

5 Anhalteweg bei 20 km/h

- Der Anhalteweg ergibt sich aus dem Reaktionsweg und dem Bremsweg.
- Der Bremsweg ist besonders abhängig von der Geschwindigkeit und der Fahrbahnbeschaffenheit.

AUFGABEN

1 Erkläre den Begriff Anhalteweg.
2 Schätze den Anhalteweg eines Autos ab, das mit einer Geschwindigkeit von 50 km/h fährt.

Unfälle im Straßenverkehr können zufällig passieren. Meist aber geht einem Unfall ein fehlerhaftes Verhalten voraus. „Fair, sicher, gelassen!" ist ein bewährter Tipp zur Teilnahme im Straßenverkehr.

4.5 Sicher unterwegs im Straßenverkehr

Angepasste Geschwindigkeit

Du weißt bereits, dass der Bremsweg stark von der Beschaffenheit des Untergrunds abhängt. Wenn es glatt oder rutschig ist, verlängert sich der Bremsweg.

Bei Nässe verdoppelt sich der Bremsweg, bei Schnee ist er viermal und bei Eis zehnmal so lang wie auf trockener Fahrbahn. Im Winter, aber auch bei Regen und bei Laub auf der Fahrbahn muss darum angepasst gefahren werden. Im Zweifelsfall ist die angepasste Geschwindigkeit ein sehr langsames Schritttempo. ↗1

1 Winterliche Straßenverhältnisse verlangen angepasste Geschwindigkeit.

Sehen und gesehen werden

Verkehrsteilnehmer wie Fußgänger, Radfahrer oder Motorradfahrer werden leicht übersehen. Besonders bei Nebel, dichtem Regen und einer tief stehenden Sonne kann die Sicht stark eingeschränkt sein.

In der Nacht ist es sehr schwierig, einen unbeleuchteten Verkehrsteilnehmer zu erkennen. Deshalb musst du dich immer deutlich sichtbar machen. Warnwesten und Reflektorstreifen sowie eine funktionierende Beleuchtung helfen dabei, von anderen Verkehrsteilnehmern gesehen zu werden. ↗2

2 Helm und Reflektoren erhöhen die Sicherheit im Straßenverkehr.

Ausreichender Schutz

Bei einem Sturz vom Fahrrad ist der Schädelknochen auch bei niedriger Geschwindigkeit kein ausreichender Schutz für den Kopf und das Gehirn. Daher solltest du unbedingt einen Fahrradhelm tragen. Ein Helm kann zwar keinen Unfall verhindern, aber vor schweren Kopfverletzungen schützen.

3 Gefährliche Situationen

Vorausschauendes Fahren

Vorausschauendes Fahren bedeutet, aufmerksam die Umgebung zu überblicken. Dabei versuchst du, das Verhalten der anderen Verkehrsteilnehmer einzuschätzen und vorherzusehen. So kannst du frühzeitig auf Gefahren reagieren. ↗3
Wer vorausschauend auf einen Zebrastreifen zufährt, achtet auf Fußgänger, die sich in der Nähe befinden. Auch Fußgänger, die mit ihrem Handy beschäftigt sind oder Kopfhörer tragen, werden vom vorausschauenden Fahrer bemerkt. Senioren, spielende Kinder am Fahrbahnrand oder frei laufende Tiere musst du ebenfalls besonders beachten.

Verkehrssichere Fahrzeuge

Skateboards, Einräder, Inlineskates, Hoverboards und Roller sind keine verkehrssicheren Fahrzeuge. Mit ihnen darfst du nicht auf der Straße fahren.
Viele BMX-Räder und Dirtbikes haben gar keine oder keine zuverlässige Bremsanlage. Außerdem fehlen die Beleuchtung und die nötigen Reflektoren. ↗4 Diese Fahrräder dürfen deshalb nicht im öffentlichen Straßenverkehr gefahren werden. Sobald an deinem Fahrrad eine der beiden Bremsen kaputt ist, ist es verkehrsuntauglich. Bei Dunkelheit brauchst du eine funktionierende Beleuchtung.

4 Nicht verkehrssicheres Fahrrad

- Angepasste Geschwindigkeit und vorausschauendes Fahren können Unfälle verhindern.
- Reflektoren und Helme schützen im Straßenverkehr.
- Fahrzeuge müssen verkehrssicher sein.

AUFGABEN
1 Zähle auf, wie du deine Sicherheit im Straßenverkehr erhöhen kannst.
2 Betrachte die Bilder. ↗3 Beschreibe, welche Gefahren drohen und wie ein vorausschauender Fahrer handelt.
3 Begründe, warum das Fahrrad in Bild 4 nicht verkehrssicher ist. ↗4

PRAXIS

Projekt: Verkehrssicheres Fahrrad

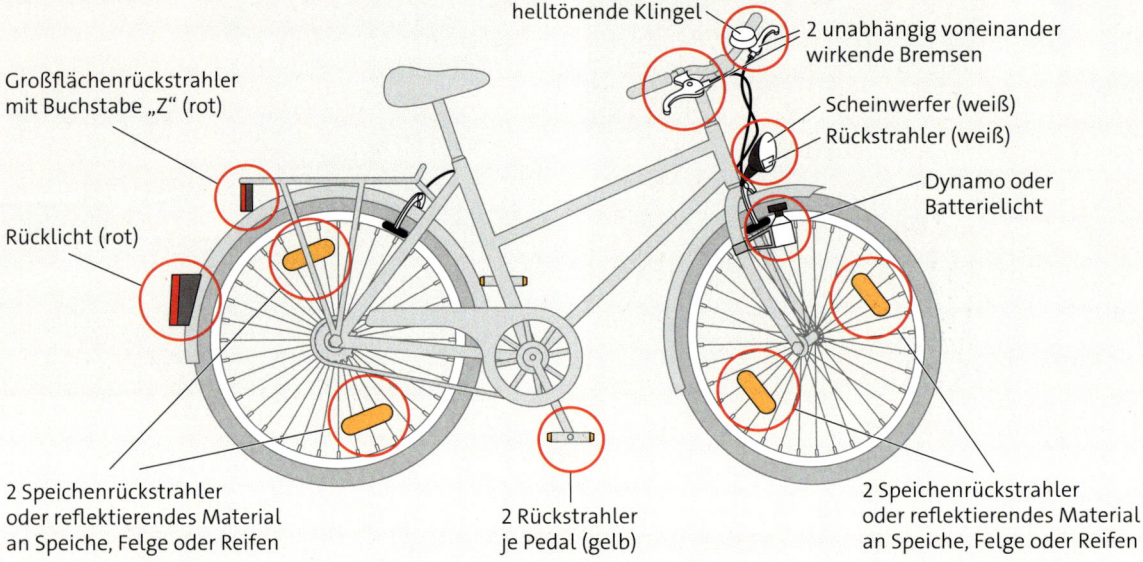

1 Anforderungen an ein verkehrssicheres Fahrrad

Seit der Fahrradprüfung in der 4. Klasse sind zwei Jahre vergangen. Ein Auto muss alle zwei Jahre technisch auf seine Verkehrstauglichkeit und Sicherheit überprüft werden. Was spricht dagegen, eine Fahrradüberprüfung an eurer Schule durchzuführen? Der Verkehrserziehungslehrer eurer Schule, die Verkehrswacht und die Polizei unterstützen euch sicher dabei. Auch der örtliche Radsportverein oder Fahrradverbände helfen euch gerne bei dieser Aktion.

Durchführung:
- Kontaktiert Fachleute und bittet sie um Unterstützung.
- Entwerft im Kunstunterricht ein Plakat, damit alle Mitschüler auf eure Aktion aufmerksam werden.
- Lasst euch vom Verkehrslehrer, dem Polizisten oder der Verkehrswacht darin schulen, wie man ein verkehrstaugliches Fahrrad erkennt.
- Entwerft einen Prüfbogen, auf dem ihr für jedes Fahrrad die Mängel notiert. Haltet zusätzlich auf einer Strichliste die Anzahl und Art der Mängel fest. ↗2
- Führt die Aktion durch.
- Jeder Mitschüler erhält den Prüfbogen, um die Mängel an seinem Fahrrad zu beheben.
- Wertet im Mathematikunterricht die Strichliste aus. Fertigt ein Diagramm an.

festgestellte Mängel	
Rücklicht kaputt	////
Vorderlicht kaputt	//
Speichenreflektoren fehlen	/
Klingel fehlt	//
Bremsen kaputt	//// /
zu wenig Luft	
...	

2 Strichliste

ZUSAMMENFASSUNG

Bewegung und Geschwindigkeit

Geschwindigkeiten ermitteln
Die Geschwindigkeit v gibt an, welchen Weg s man in einer bestimmten Zeit t zurücklegt.

Geschwindigkeit = Zeit : Weg   v = s : t
Weg = Geschwindigkeit · Zeit   s = v · t
Zeit = Weg : Geschwindigkeit   t = s : v

Man gibt die Geschwindigkeit in Metern pro Sekunde m/s oder Kilometern pro Stunde km/h an: 1 m/s = 3,6 km/h. ↗1

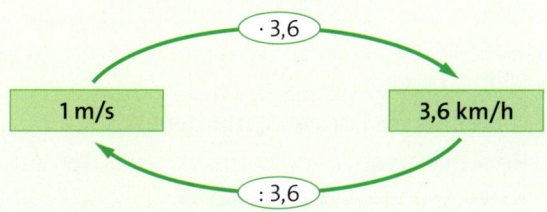

1 Geschwindigkeiten umrechnen

Arten von Bewegung
Positive Beschleunigung lässt einen Körper schneller werden. Negative Beschleunigung bremst den Körper ab. Bei einer gleichförmigen Bewegung bleibt die Geschwindigkeit immer gleich. Bewegungen lassen sich in einem Weg-Zeit-Diagramm darstellen. Der Graph einer gleichförmigen Bewegung ist im Weg-Zeit-Diagramm eine Gerade. Je steiler die Gerade ist, desto größer ist die Geschwindigkeit. ↗2

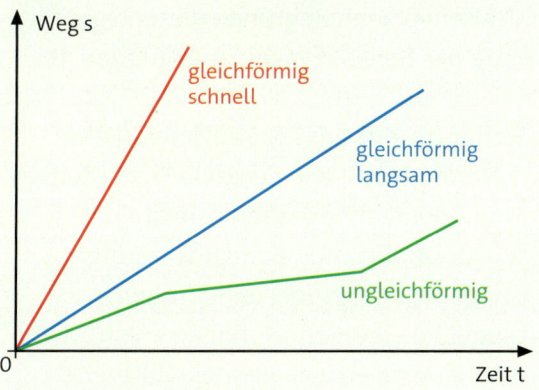

2 Arten von Bewegung

Köper sind träge
Jeder Körper ist träge. Er bleibt in Ruhe oder bewegt sich mit unveränderter Geschwindigkeit geradeaus weiter, solange keine Kraft auf ihn einwirkt. Je größer die Masse eines Körpers ist, desto träger ist er.
Personen, Tiere und Lasten in Fahrzeugen müssen wegen ihrer Trägheit durch Sicherheitsgurte und Lastbänder richtig gesichert werden.

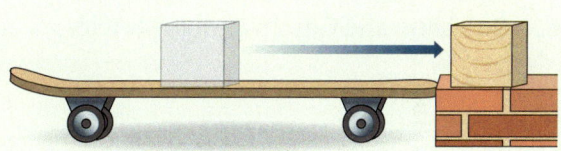

3 Trägheit beim Bremsen

Geschwindigkeit im Straßenverkehr
Der Anhalteweg ist die Summe aus dem Reaktionsweg und dem Bremsweg. ↗4
Ablenkung, Müdigkeit, Alkohol, Drogen und Medikamente verlängern den Reaktionsweg. Der Bremsweg ist besonders abhängig von der Geschwindigkeit und der Fahrbahnbe-

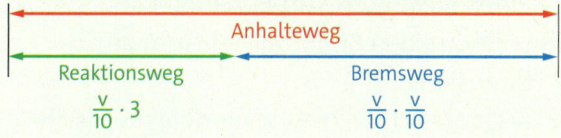

4 Anhalteweg

schaffenheit.

Sicher unterwegs im Straßenverkehr
Angepasste Geschwindigkeit und vorausschauendes Fahren können Unfälle verhindern. Fahrzeuge müssen verkehrssicher sein. Reflektoren und Helme schützen im Straßenverkehr.

AUFGABEN ZUM GRUNDWISSEN

1 Geschwindigkeiten ermitteln

a ◪ Vervollständige die Sätze schriftlich:
– Je mehr Zeit ein Läufer für 100 m benötigt, desto ... läuft er.
– Je weniger Zeit ein Läufer für 100 m benötigt, desto ... läuft er.
– Je länger die Strecke ist, die ein Läufer in 60 s läuft, desto ... läuft er.
– Je kürzer die Strecke ist, die ein Läufer in 60 s läuft, desto ... läuft er.

c ☐ Betrachte Bild 1. Finde, ohne zu rechnen, heraus, welches das schnellste und welches das langsamste Fahrzeug ist. ↗1

d ◪ Berechne alle Geschwindigkeiten in Bild 1. ↗1

Fahrzeug	1	2	3
Weg s	100 m	100 m	200 m
Zeit t	8 s	4 s	24 s
Geschwindigkeit v	? m/s	? m/s	? m/s
Geschwindigkeit v	? km/h	? km/h	? km/h

1 *Verschiedene Geschwindigkeiten*

2 Arten von Bewegung

a ☐ Gib an, welche Wirkung eine Kraft auf einen bewegten Körper haben kann.

b ◪ Erkläre den Begriff gleichförmige Bewegung.

c ◪ Ordne folgende Bewegungen in gleichförmige und ungleichförmige: Ausdauerlauf, Rolltreppe, 100-m-Sprint, Förderband auf der Baustelle, Fahrradweg zur Schule, Serpentinenfahrt bergauf, Skateboardfahrer auf der Halfpipe, elektrische Modelleisenbahn, Gehen auf einer Slackline, Serpentinenfahrt bergab. Begründe deine Entscheidung.

3 Körper sind träge

a ☐ Vervollständige den Satz: Je ... die Masse eines Körpers ist, desto träger ist er.

b ◪ Du stehst im Bus und hältst dich nicht fest. Beschreibe mit Fachbegriffen, was in den genannten Situationen geschieht.
A Der Bus fährt an.
B Der Bus bremst plötzlich.
C Der Bus biegt nach rechts ab.

c ◪ Im Stadtbus gibt es Stehplätze mit Handschlaufe und Anlehnplätze. Begründe, welchen Platz du wählst.

4 Anhalteweg

a ☐ Nenne die Formeln, mit denen du den Reaktionsweg, den Bremsweg und den Anhalteweg abschätzen kannst.

b ◪ Übertrage die Tabelle in dein Heft und berechne Reaktionswege, Bremswege und Anhaltewege. ↗2

Geschwindigkeit in km/h	10	20	50	100	130
Reaktionsweg	???	???	???	???	???
Bremsweg	???	???	???	???	???
Anhalteweg	???	???	???	???	???

2 *Tabelle zu Aufgabe 4b*

c ◪ „Mindestens halber Tacho Abstand" ist eine Regel zum Sicherheitsabstand im Straßenverkehr. Begründe diese Regel mit Hilfe der Berechnungen aus Aufgabe 4b.

5 Sicher unterwegs im Straßenverkehr

a ☐ Nenne Tipps, wie du deine Sicherheit im Straßenverkehr erhöhen kannst.

b ◪ Hier ist alles durcheinandergeraten. Bringe in die richtige Reihenfolge: tauglige – Verkehrs – haben – von – Fahr – abhängige – zwei – ander – immer – zeuge – ein – un – Bremsen.

AUFGABEN ZUR ANWENDUNG

6 Rechnen mit Geschwindigkeiten

	Geschwindigkeit
Regentropfen	8 m/s
Schneeflocken	4 m/s
Hagel	20 m/s
Schall in der Luft	343 m/s
Fußgänger	5 km/h
Fallschirmspringer	18 km/h
Verkehrsflugzeug	950 km/h

3 *Verschiedene Geschwindigkeiten*

Löse mit Hilfe von Bild 3: ↗3
a ▨ Wie lange muss ein Fußgänger gehen, um 100 km zurückzulegen?
b ▨ Kann ein Fallschirmspringer einen Regentropfen / eine Schneeflocke / ein Hagelkorn überholen? Begründe deine Antworten mit Berechnungen.
c ■ Wie weit ist der Blitzeinschlag entfernt, wenn man den Donner nach 4 Sekunden hört?
d ■ Überlege dir zwei Aufgaben zur Geschwindigkeit von Verkehrsflugzeugen in Bild 3 und löse sie.

7 Arbeiten mit dem Weg-Zeit-Diagramm

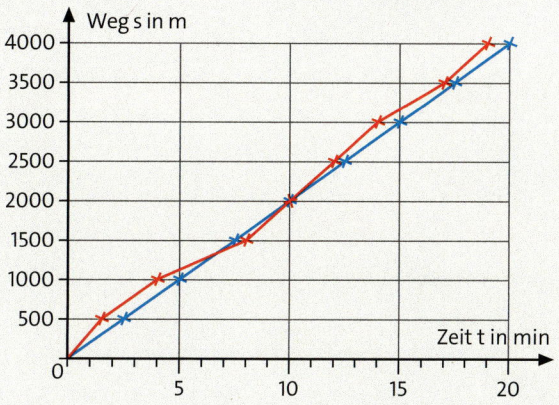

4 *Weg-Zeit-Diagramm der Läufer*

Bild 4 zeigt die Weg-Zeit-Diagramme zweier Läufer. ↗4
a ▨ Finde Unterschiede und Gemeinsamkeiten der beiden Graphen. Erkläre und verwende Fachbegriffe.
b ▨ Gib die Zeiträume an, in denen der rote schneller ist als der blaue Läufer und umgekehrt. Begründe deine Antwort.
c ▨ Die Graphen kreuzen sich zweimal. Erkläre.
d ■ Berechne mit Hilfe des Weg-Zeit-Diagramms die ungefähre Geschwindigkeit des blauen Läufers.

8 Vorsicht – flüssige Ladung!

a ☐ Ordne den Bildern A bis C folgende Vorgänge zu:
Tankwagen fährt an – Tankwagen fährt gleichförmig – Tankwagen bremst ab. ↗5
b ▨ Begründe deine Zuordnung.

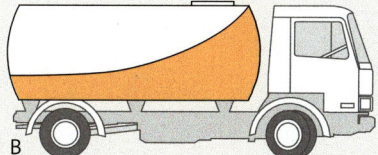
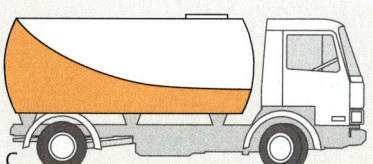

5 *Tanklaster mit flüssiger Ladung*

Lebensraum Gewässer

30 000

Bei manchen Libellenarten befinden sich bis zu dreißigtausend Einzelaugen im Facettenauge. Jedes Einzelauge kann nur einen Punkt des gesamten Bildes sehen. Dafür ist das Blickfeld der Libelle umso größer.

10 000

Nach einer erfolgreichen Paarung legen die Frösche ihre Eier in den meist ruhigen Gewässerzonen ab. Bei einem Teichfrosch können das bis zu zehntausend Eier sein.

2

Zu den Bewohnern im Gewässer gehören auch die Blutegel. Durch ihren Biss übertragen sie heilende Sekrete auf die Wunde. Von dem Blut, das sie im Gegenzug trinken, können sie sich bis zu zwei Jahren ernähren.

VORWISSEN

In diesem Kapitel ...
- lernst du Tiere und Pflanzen kennen, die am und im Süßwasser leben und wie sie zueinander in Beziehung stehen.
- lernst du, wie Fische an das Leben im Wasser angepasst sind.
- untersuchst du die Qualität von Gewässern und lernst, wie wir sie schützen können.
- untersuchst du Lebewesen und ihre Zellen unter dem Mikroskop.

FORSCHEN

Sind alle Gewässer gleich?

1 Einheimische Gewässer

1 Badesee

2 Gebirgsbach

Wasser begegnet uns in der Natur auf verschiedene Art und Weise. ↗1, 2

- Zähle unterschiedliche Gewässer auf.
- Überlege, worin sich die Gewässer unterscheiden. Wo kommt das Wasser her? Gibt es einen Anfang und ein Ende? Bewegt es sich? Ist es tief oder eher flach?

- Versuche, die Gewässer in Gruppen zu ordnen. Finde einen Oberbegriff für jede Gruppe.
- Notiere die Namen von Gewässern aus deiner Umgebung und ordne sie den Gruppen zu.
- Vergleicht die gefundenen Namen in der Klasse. Habt ihr alle die gleichen Gruppen?

2 Das Biotop im Gurkenglas

Du brauchst: Gurkenglas (etwa 5 Liter), Sand, kleine Steine, kleine Wasserpflanzen (zum Beispiel Wasserpest), Teichmuscheln, Wasser

- Spüle das Gurkenglas gründlich aus und fülle zwei Zentimeter Sand ein.
- Setze vorsichtig die Pflanzen ein. Beschwere ihre Wurzeln mit den Steinen.
- Bedecke den Grund mit Papier, damit der Sand nicht so aufgewirbelt wird. Fülle vorsichtig mit Wasser auf.
- Entferne anschließend das Papier und stelle das Glas an einen hellen Platz. Nach etwa zwei Tagen können die Muscheln eingesetzt werden.
- Beobachte dein Biotop und überlege, warum du kein Futter brauchst.

Vielleicht wohnst du in der Nähe eines Flusses oder Sees. Hast du bemerkt, wie viel Leben sich in der Umgebung eines Sees und in ihm selbst abspielt?

5.1 Pflanzen am und im Wasser

Verschiedene Gewässer

Gewässer bieten Lebensräume für zahlreiche Lebewesen. Welche Tiere und Pflanzen vorkommen, hängt von den dort herrschenden Lebensbedingungen oder **Umweltfaktoren** ab. In **Fließgewässern** wie Bächen oder Flüssen ist das Wasser ständig in Bewegung. In **stehenden Gewässern** wie Seen oder Teichen steht das Wasser nahezu still. Die Fließgeschwindigkeit ist ein Umweltfaktor. Die Wassertemperatur, der Sauerstoffgehalt, die Lichtverhältnisse am Boden und die im Wasser gelösten Stoffe sind weitere Umweltfaktoren.

1 *Uferzone*

Lebensräume am und im See

Ein See ist kein einheitlicher Lebensraum. Mehrere Zonen bieten für Lebewesen unterschiedliche Lebensbedingungen. ↗1

2 *Pflanzen im Lebensraum See*

Pflanzen in Ufernähe

Am Ufer des Gewässers wachsen Pflanzen, die sehr feuchte Böden bevorzugen. Dazu gehören Bäume wie die Erle und die Weide. Wenn der Wasserspiegel des Sees steigt, halten ihre kräftigen Wurzeln die zeitweilige Überschwemmung gut aus. Hier findest du auch Seggen, Sumpfdotterblumen und Blutweiderich. ↗ 2, 3

Im flachen Wasser wachsen Pflanzen mit hohen Halmen wie Schilfrohr, Rohrkolben und Schwertlilien. Die Wurzeln und ein Teil der Stängel dieser Pflanzen stehen ständig im Wasser. Zahlreiche Luftkanäle versorgen die Wurzeln mit Sauerstoff.

3 *Blutweiderich am Seeufer*

Pflanzen im Wasser

Seerose und Teichrose sind typische **Schwimmblattpflanzen**. Sie sind fest im Boden verwurzelt. Ihre Blätter besitzen zahlreiche Luftkammern und schwimmen daher auf der Wasseroberfläche. Sogar ein Frosch kann sich auf die Blätter setzen, ohne dass diese untergehen. ↗ 4

Pflanzen wie die Wasserpest oder das Laichkraut sind **Tauchblattpflanzen**. Sie bleiben komplett untergetaucht. Die kräftigsten Blätter befinden sich in der Nähe der Wasseroberfläche, wo es ausreichend Licht und Wärme gibt.

Pflanzen, die nicht im Boden verankert sind, heißen **Schwimmpflanzen**. Zu ihnen gehören der Froschbiss und die Wasserlinse. In allen Gewässern leben **Algen**. Sie können frei im Wasser schwimmen oder auf Steinen oder anderen Pflanzen sitzen. Am Grund besonders tiefer Seen ist es für die meisten Pflanzen zu dunkel und kalt.

4 *Frosch auf Seerosenblatt*

- Fließgewässer und stehende Gewässer bieten Lebensräume für zahlreiche Lebewesen.
- Wasserpflanzen kann man in verschiedene Gruppen einteilen. Sie sind an die Lebensbedingungen angepasst.

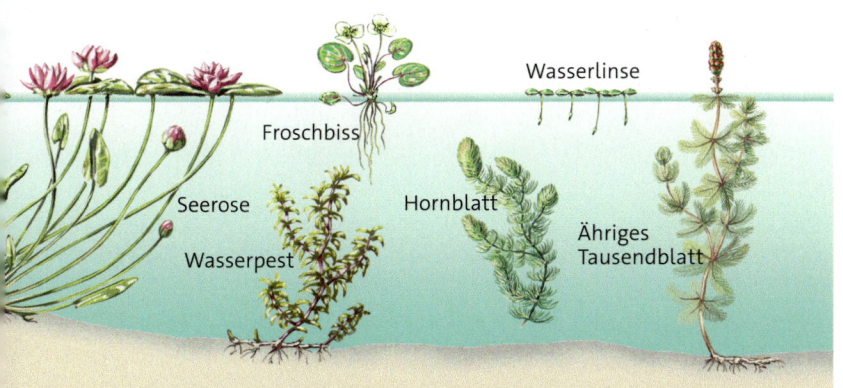

AUFGABEN
1. Nenne verschiedene Gruppen von Wasserpflanzen.
2. Finde zu jeder Gruppe eine typische Pflanzenart.
3. Erkläre, wie sich der Rohrkolben an seinen Lebensraum angepasst hat.

Ein See lädt meist zum Baden ein. Doch Vorsicht! Für viele Tiere ist der See ein wichtiger Lebensraum. Hier finden sie Unterschlupf und Nahrung. In den Randbereichen des Sees befinden sich oft versteckte Nistplätze seltener Vogelarten. Unter Wasser finden Fische und Frösche geschützte Laichplätze.

5.2 Tiere am und im Wasser

Viele Vögel leben am Wasser

Am Rand von Gewässern finden Vögel wie die Bachstelze und der Teichrohrsänger gut geschützte Nistplätze. Auf den Schilfstängeln bauen Rohrdommeln, Haubentaucher und Stockenten ihr Nest. ↗1, 2 Viele Vögel ernähren sich von den umherfliegenden Insekten und ihren Larven. Manche fressen auch Schnecken, Frösche oder kleine Fische und Krebse.

Der Körperbau dieser Vögel ist an ihre Lebensweise angepasst. Von ihren Federn perlt das Wasser ab. So sind sie vor Nässe und Kälte geschützt. Die Schwimmhäute an den Füßen dienen zur besseren Fortbewegung im Wasser.

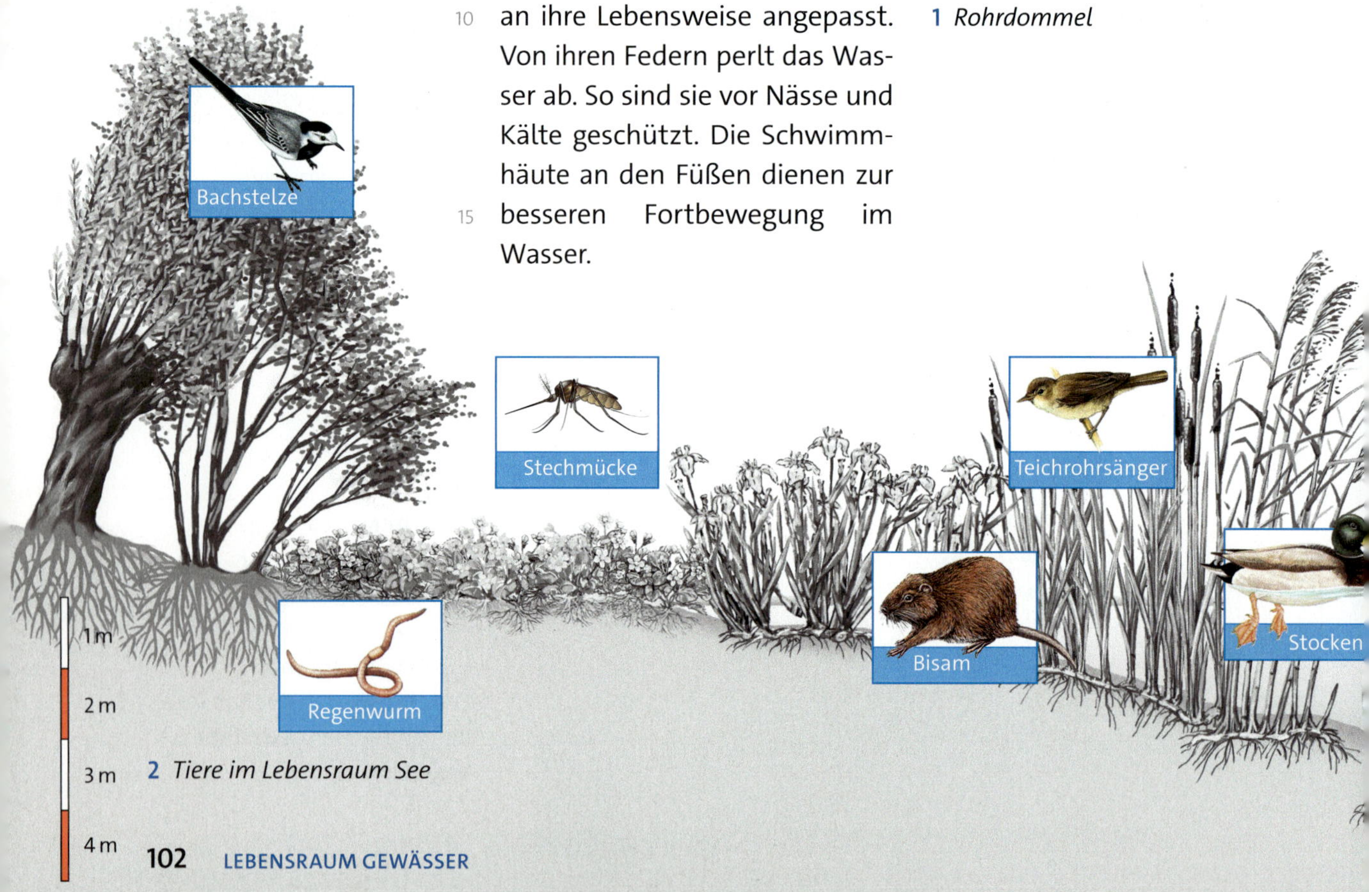

1 *Rohrdommel*

2 *Tiere im Lebensraum See*

102 LEBENSRAUM GEWÄSSER

Säugetiere am Wasser

Bisamratten und Biber sind große Nagetiere. Beide sind sehr gute Schwimmer und fressen Wurzeln, Blüten und Pflanzentriebe. **Bisamratten** bauen ihre Nester am Ufer oder graben Wohnhöhlen. ↗2 **Biber** bauen Dämme und Burgen im Wasser. Dazu fällen sie mit ihren nachwachsenden Nagezähnen sogar Bäume. Ihre Dämme können ganze Bäche aufstauen. ↗3

3 *Biber an seiner Burg*

Insekten und andere Bewohner

Viele Insekten legen ihre Eier in das flache Wasser. Aus den Eiern schlüpfen die Larven, die sich später in Insekten umwandeln. **Stechmücken**, **Libellen** und **Köcherfliegen** haben sich an den Lebensraum Wasser angepasst. ↗4 Ein Tänzer auf dem See ist der Wasserläufer. Mit seinen langen, behaarten Beinen bewegt er sich leicht über die Wasseroberfläche. So nutzt er die Wasseroberflächenspannung aus und geht nicht unter. Die **Wasserspinne** hat einen besonderen Trick, um unter Wasser zu atmen: Beim Untertauchen bleiben an den feinen Härchen Luftblasen hängen, die sie in ihrem Netz unter Wasser sammelt. Zu den Bewohnern von Gewässern gehören auch **Schnecken**, **Krebse**, **Muscheln** und **Fische**.

4 *Blaue Libelle und ihre Larve*

Tiere in zwei Lebensräumen

Die Larven von **Fröschen**, **Kröten** und **Molchen** leben zunächst nur im Wasser. Nach der Entwicklung zu einem erwachsenen Tier können sie das Wasser verlassen. Tiere, die in zwei Lebensräumen leben, nennen wir Amphibien. ↗5

- Ein See bietet Lebensraum für eine Vielzahl von Vögeln, Insekten, Fischen und anderen Lebewesen.
- Sie sind auf unterschiedliche Weise an das Leben im und am Wasser angepasst.

5 *Teichfrosch*

AUFGABEN

1. Nenne typische Vögel, die am Wasser leben.
2. Formuliere eine Frage zur Lebensweise eines Säugetiers am Wasser und beantworte sie.
3. Erkläre, wie der Wasserläufer und die Wasserspinne an ihren Lebensraum angepasst sind.

PRAXIS

Einen Steckbrief erstellen: Wasserpflanzen

Forscher erstellen einen Steckbrief, um Tiere oder Pflanzen möglichst kurz, verständlich und treffend zu beschreiben. Wenige Stichpunkte enthalten alle wichtigen Informationen und Kennzeichen des betreffenden Lebewesens.

So gehst du vor:
- Wähle eine Wasserpflanze aus. Manche Wasserpflanzen stehen unter Naturschutz. Man darf sie nicht ausreißen.
- Notiere den Namen der Wasserpflanze.
- Betrachte die Wasserpflanze von allen Seiten.
- Beschreibe die wichtigsten Merkmale der Pflanze wie Größe der Pflanze, Größe und Farbe der Blüten, Blattform und Blattstellung. ↗1
- Zeichne die Wasserpflanze mit Bleistift. Achte auf die richtigen Größenverhältnisse. Beschrifte Stängel, Blatt und Blüte.
- Informiere dich über weitere Besonderheiten deiner Pflanze. Suche auch nach Bildern und vergleiche deine Zeichnung mit den Abbildungen. Nutze dazu Fachzeitschriften, die Bibliothek oder das Internet. Achte auf vertrauenswürdige Seiten. Trage auch hier nur wichtige Daten in Stichpunkten zusammen.

STECKBRIEF

Name: Sumpfdotterblume
Standort: Sumpfwiesen, Quellen, Bäche, Gräben, Auenwälder
Wuchshöhe: 15 bis 60 cm
Stängel: hohl, kahl, oben verzweigt
Blattform: herzförmig bis nierenförmig
Blattfarbe: dunkelgrün
Blüte: mehrere Blüten pro Stängel; fünf gelbe Blätter bilden die Blüte; Blüten sind nicht zusammengewachsen
Blütezeit: April bis Juni
Besonderheit: größere Blätter weiter unten am Stängel mit Stiel; weiter oben fast ohne Stiel

2 Beispiel: Steckbrief der Sumpfdotterblume

- Wähle nur Informationen aus, die für die Beschreibung deiner Pflanze wichtig sind. Suche Oberbegriffe, lege ihre Reihenfolge für fest und ordne die Informationen zu. ↗2
- Wähle für deinen Steckbrief das Format DIN A4 (eine normale Heftseitengröße).
- Teile die Fläche deines Steckbriefs gut ein. Plane genügend Platz für deine Zeichnung ein.

Blattform

 pfeilförmig | länglich | schwertförmig | spatelförmig |  nierenförmig |  herzförmig

Blattstellung

 kreuzgegenständig |  quirlständig

eiförmig | oval | rund | gelappt | gefingert | gefiedert | gegenständig |  wechselständig

1 Blattform und Blattstellung

LEBENSRAUM GEWÄSSER

FORSCHEN

Wie schwimmt ein Fisch im Wasser?

1 Können Äpfel oder Kartoffeln schwimmen?

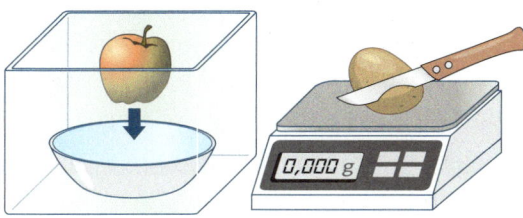

1 Versuchsaufbau

Du brauchst: Apfel, Kartoffel (ähnliches Gewicht), Messer, digitale Waage, kleine Schüssel, große Plastikwanne

- Stelle eine Vermutung auf: Können der Apfel oder die Kartoffel schwimmen?
- Schneide von Apfel oder Kartoffel etwas ab, bis ihr Gewicht gleich ist.
- Stelle nun die kleine Schüssel in die Plastikwanne und fülle sie randvoll mit Wasser.
- Lege den Apfel vorsichtig ins Wasser. Beobachte sein Verhalten.
- Wiederhole den Versuch mit der Kartoffel.
- Überlege, wie du die verschiedenen Beobachtungen erklären kannst. Mit Hilfe der Waage kannst du eine Lösung finden.

2 Schweben im Wasser

Du brauchst: Gefäß mit Wasser gefüllt, Schlauch (etwa 30 Zentimeter lang), Luftballon, Glaskolben, Bindfaden, Schere

- Stülpe die Öffnung des Luftballons über ein Schlauchende und binde den Ballon fest.
- Stecke das Schlauchende mit dem Ballon in den Glaskolben. Drücke beides unter Wasser, bis der Kolben vollständig mit Wasser gefüllt ist. ↗2
- Blase genügend Luft in den Ballon, bis der Glaskolben schwebt.
- Welchen Zusammenhang zu den Fischen kannst du erkennen?
- Überlege, welches Organ den Fischen beim Schweben im Wasser hilft.

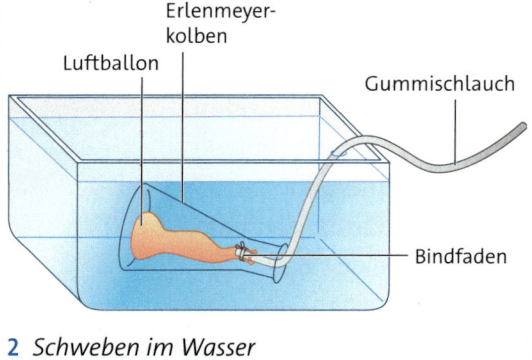

2 Schweben im Wasser

„Munter, wie ein Fisch im Wasser." Das sagen wir, wenn es uns gut geht und wir uns in unserer Umgebung wohlfühlen. Warum fühlt sich ein Fisch in seiner Umgebung wohl?

5.3 Fische im Lebensraum Wasser

Körperbau

Der Körper eines Fisches ist lang gezogen und seitlich flach. Diese Form ist sehr vorteilhaft, da sie dem Wasser wenig Widerstand bietet. ↗1 Der gesamte Körper ist mit **Schuppen** bedeckt. Sie liegen wie Dachziegel übereinander. Die Schuppen sind mit einer zähen Schleimschicht überzogen, die den Körper leichter durch das Wasser gleiten lässt. Besonders auffällig sind die **Flossen**. Mit der Schwanzflosse bewegt sich der Fisch schnell vorwärts. Mit Bauchflossen und Brustflossen kann er bremsen, lenken und rückwärtsschwimmen. Rückenflosse und Afterflosse verhindern, dass der Fisch umkippt. ↗2

1 Forellen haben einen spindelförmigen Körper.

Fische sind Wirbeltiere

Alle Tiere, die eine Wirbelsäule haben, werden als **Wirbeltiere** bezeichnet. Die Wirbelsäule stabilisiert den Körper der Fische. Von den Wirbeln gehen dünne **Gräten** aus. Wie die Rippen schützen sie die inneren Organe.

Bei der Fortpflanzung legt das Weibchen seine Eier, den **Laich**, im Wasser ab. Das Männchen spritzt seine Samenflüssigkeit darüber. Aus den befruchteten Eiern entwickeln sich kleine Fischlarven.

2 Merkmale der Fische

Atmung durch Kiemen

Auch Fische brauchen Sauerstoff zum Atmen. Ihre Atmungsorgane sind die **Kiemen**. Mit ihnen nehmen die Fische Sauerstoff auf, der im Wasser gelöst ist. Die Kiemen liegen unter dem schützenden Kiemendeckel am Kopf. Der Fisch atmet Wasser durch das Maul ein. Das Wasser strömt an den Kiemen vorbei. Die Kiemen sind mit vielen Blutgefäßen durchzogen. Dort wird der Sauerstoff ins Blut aufgenommen. Gleichzeitig wird Kohlenstoffdioxid ins Wasser abgegeben. Durch die offenen Kiemendeckel strömt das Wasser wieder aus. ↗3

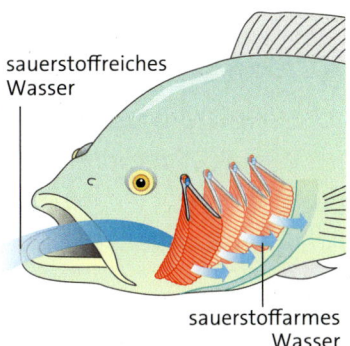

3 *Atmung durch Kiemen*

Orientierung unter Wasser

Die Augen des Fischs besitzen kein Augenlid und sind stark gewölbt. Durch die große Pupille gelangt auch in dunklen Gewässern genügend Licht ins Auge. An jeder Seite des Fisches siehst du eine dünne Linie: das **Seitenlinienorgan**. ↗4 Damit nimmt der Fisch Veränderungen der Wasserbewegung wahr. So erkennt er auch in der Dunkelheit Strömungsverhältnisse, Hindernisse, Beutetiere oder Feinde.

4 *Seitenlinienorgan*

Schweben im Wasser

Wenn du im Wasser untertauchst und dich dann ruhig verhältst, treibst du wieder nach oben. Die Kraft, die dich nach oben zieht, heißt **Auftriebskraft**. Im Gegensatz zu dir können viele Fische ihre Position unter Wasser halten, ohne die Flossen zu bewegen. Das nennt man Schweben. Diese Fische besitzen eine **Schwimmblase**, die das Schweben ermöglicht. Sie ist ein Hautsack unterhalb der Wirbelsäule. Die Schwimmblase ist mit Gas, meist Luft, gefüllt. Fische können diese Gasmenge verändern. Wenn ein Fisch im Wasser schwebt, ist seine Auftriebskraft genauso groß wie seine Gewichtskraft. Sobald er tiefer geht, wird die Schwimmblase vom zunehmenden Wasserdruck zusammengepresst. Der Fisch gibt dann mehr Gas in die Schwimmblase, damit ihr Volumen gleich bleibt. Tut er das nicht, ist er schwerer als Wasser und sinkt nach unten. ↗5

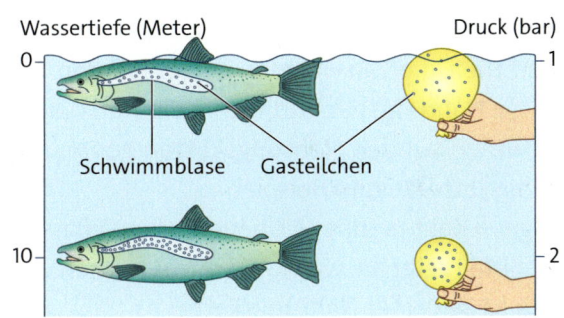

5 *Schweben in unterschiedlichen Wassertiefen*

- Fische sind Wirbeltiere, die an das Leben im Wasser angepasst sind.
- Fische atmen durch Kiemen und können mit Hilfe der Schwimmblase im Wasser schweben.

AUFGABEN
1 Zähle auf, wie Fische besonders an das Leben im Wasser angepasst sind.
2 Nenne die verschiedenen Flossen und ihre Aufgaben.
3 Im Wasser fühlst du dich leichter. Finde die Ursache.

Der Graureiher ist ein geschickter Fischjäger. Blitzschnell fängt er die Fische, die sich zu nahe an die Wasseroberfläche wagen. Dieser große Fisch sieht gut genährt aus, denn auch er hat zuvor eine üppige Mahlzeit gehabt.

5.4 Nahrungsbeziehungen im See

Fressen und gefressen werden

Eine kleine Kaulquappe schabt hungrig die Algen an den Wasserpflanzen ab. ↗1 Doch sie sollte sich vorsehen, denn es lauert schon eine Libellenlarve zwischen den Steinen. Sie schnappt sich die Kaulquappe, wenn sie in ihre Nähe kommt. Aber auch die Libellenlarven sind eine schmackhafte Beute für die Frösche. Diese wiederum stehen auf dem Speiseplan von kleinen Barschen, die von Hechten gejagt werden. ↗2

Diese Nahrungsbeziehungen zwischen den verschiedenen Lebewesen werden **Nahrungsketten** genannt. Eine solche Nahrungskette ist zum Beispiel:

Alge → Kaulquappe → Libellenlarve → Barsch → Hecht

Der Pfeil zeigt an, wer von wem gefressen wird. Jedes Lebewesen ist Teil einer Nahrungskette. ↗3

Verzweigte Nahrungsketten

Lebewesen haben verschiedene Vorlieben bei ihrer Nahrungssuche. So fressen Kaulquappen Algen oder Wasserflöhe. Libellenlarven ernähren sich neben Kaulquappen auch von Kleinkrebsen und Mückenlarven. Die Stockente frisst außer Wasserpflanzen auch Wasserflöhe, Libellenlarven und Kaulquappen. Die einzelnen Nahrungsketten verzweigen sich zu einem **Nahrungsnetz**. ↗3 Nahrungsketten und Nahrungsnetze kennst du vom Ökosystem Wald (↗ Seite 40).

Tiere, die unterschiedliche Nahrungsquellen nutzen, haben einen Vorteil: Sie können leichter überleben. Wenn zu wenig Kaulquappen vorhanden sind, frisst die Libellenlarve mehr Wasserflöhe oder Mückenlarven.

1 *Kaulquappe beim Fressen (zweifach vergrößert)*

2 *Hecht mit Beute*

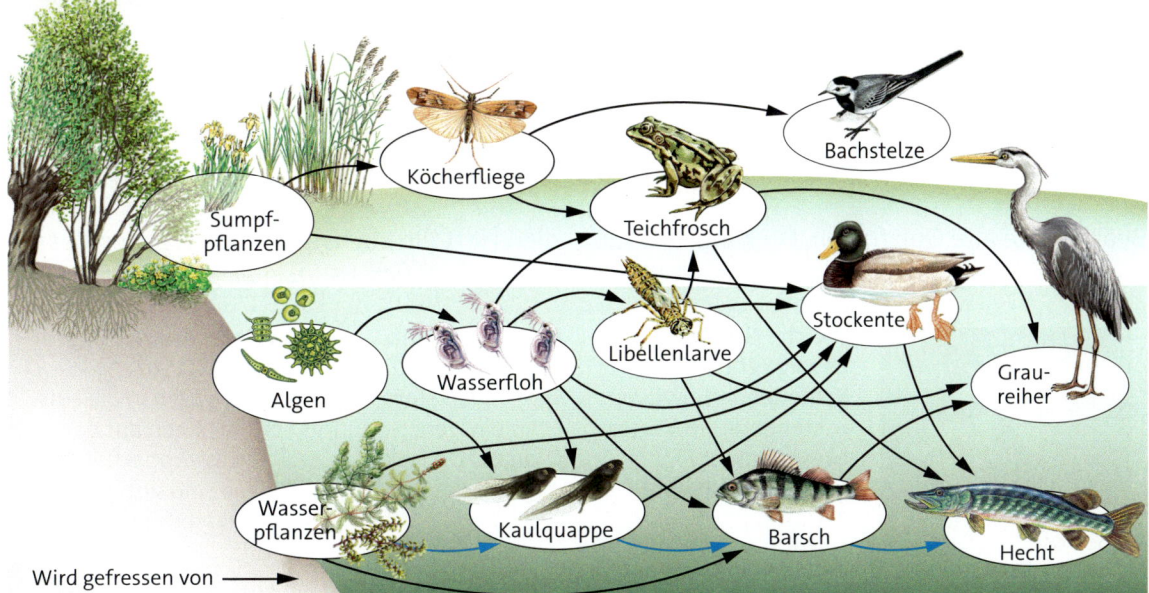

3 Nahrungsbeziehungen in einem See

Erzeuger und Verbraucher

Auch in Gewässern steht eine große Masse grüner Pflanzen am Anfang der Nahrungskette. Sumpfpflanzen, Wasserpflanzen und Algen sind **Erzeuger**. Sie erzeugen die Stoffe, die sie zum Leben brauchen, durch die Fotosynthese.

Köcherfliege, Wasserfloh und Kaulquappe sind Pflanzenfresser. Ihre Anzahl ist geringer als die Zahl der Pflanzen. Pflanzenfresser werden von noch weniger Fleischfressern wie Stockente, Barsch und Libellenlarve gefressen. Alle Tiere sind **Verbraucher**.

Tote Lebewesen werden auch in Gewässern von **Zersetzern** wie Bakterien abgebaut. ↗4

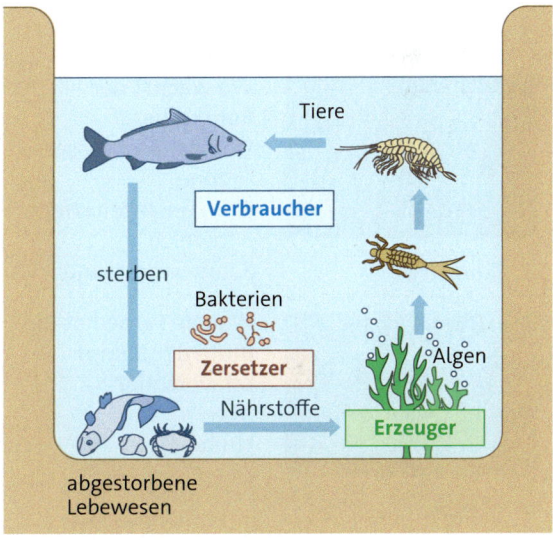

4 Kreislauf in einem Gewässer

Modell und Wirklichkeit

Nahrungsketten sind einfache Modelle für die Nahrungsbeziehungen in einem Ökosystem. Modelle erklären Zusammenhänge verständlich, bilden aber immer nur einen kleinen Ausschnitt der Wirklichkeit ab. In der Natur sind Nahrungsbeziehungen verzweigter und verändern sich ständig. Nahrungsnetze kommen der Wirklichkeit schon näher.

- **Lebewesen in einem See werden von anderen Lebewesen gefressen. Es entstehen Nahrungsketten.**
- **Am Anfang jeder Nahrungskette stehen grüne Pflanzen.**
- **Nahrungsketten verzweigen sich zu einem Nahrungsnetz.**

AUFGABEN

1 Suche aus Bild 3 drei Nahrungsketten heraus und schreibe sie auf. ↗3
2 Erkläre an einem Beispiel den Begriff Nahrungskette.
3 Erkläre den Unterschied zwischen einem Modell und der Wirklichkeit.

PRAXIS

Quiz: Wasserpflanzen erkennen

Beantworte alle Quizfragen. Du kannst dazu auch im Internet recherchieren. Notiere in dein Heft die Buchstaben. Sie ergeben das Lösungswort. Du findest es auf Seite 152.

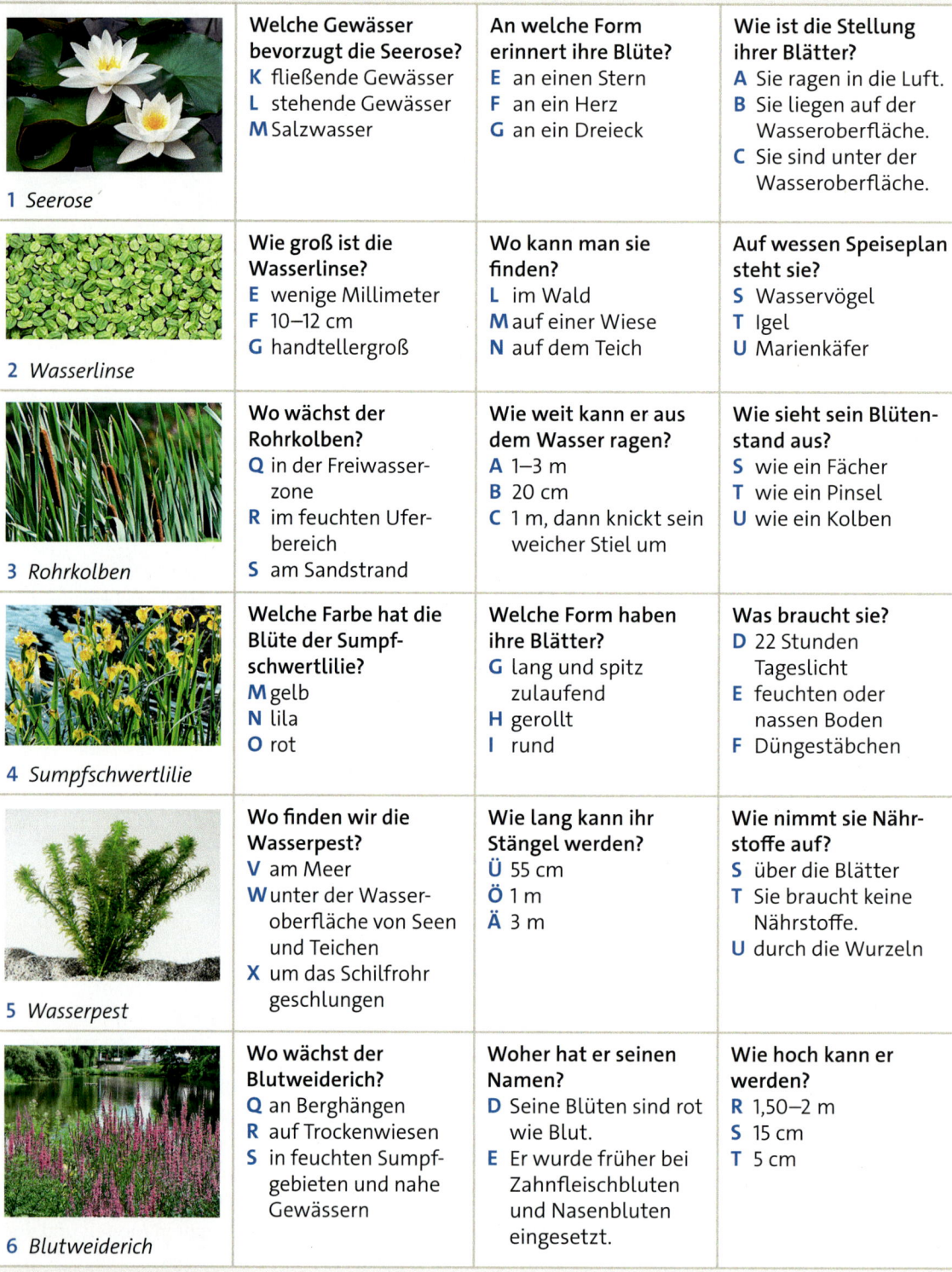

1 Seerose

Welche Gewässer bevorzugt die Seerose?
- K fließende Gewässer
- L stehende Gewässer
- M Salzwasser

An welche Form erinnert ihre Blüte?
- E an einen Stern
- F an ein Herz
- G an ein Dreieck

Wie ist die Stellung ihrer Blätter?
- A Sie ragen in die Luft.
- B Sie liegen auf der Wasseroberfläche.
- C Sie sind unter der Wasseroberfläche.

2 Wasserlinse

Wie groß ist die Wasserlinse?
- E wenige Millimeter
- F 10–12 cm
- G handtellergroß

Wo kann man sie finden?
- L im Wald
- M auf einer Wiese
- N auf dem Teich

Auf wessen Speiseplan steht sie?
- S Wasservögel
- T Igel
- U Marienkäfer

3 Rohrkolben

Wo wächst der Rohrkolben?
- Q in der Freiwasserzone
- R im feuchten Uferbereich
- S am Sandstrand

Wie weit kann er aus dem Wasser ragen?
- A 1–3 m
- B 20 cm
- C 1 m, dann knickt sein weicher Stiel um

Wie sieht sein Blütenstand aus?
- S wie ein Fächer
- T wie ein Pinsel
- U wie ein Kolben

4 Sumpfschwertlilie

Welche Farbe hat die Blüte der Sumpfschwertlilie?
- M gelb
- N lila
- O rot

Welche Form haben ihre Blätter?
- G lang und spitz zulaufend
- H gerollt
- I rund

Was braucht sie?
- D 22 Stunden Tageslicht
- E feuchten oder nassen Boden
- F Düngestäbchen

5 Wasserpest

Wo finden wir die Wasserpest?
- V am Meer
- W unter der Wasseroberfläche von Seen und Teichen
- X um das Schilfrohr geschlungen

Wie lang kann ihr Stängel werden?
- Ü 55 cm
- Ö 1 m
- Ä 3 m

Wie nimmt sie Nährstoffe auf?
- S über die Blätter
- T Sie braucht keine Nährstoffe.
- U durch die Wurzeln

6 Blutweiderich

Wo wächst der Blutweiderich?
- Q an Berghängen
- R auf Trockenwiesen
- S in feuchten Sumpfgebieten und nahe Gewässern

Woher hat er seinen Namen?
- D Seine Blüten sind rot wie Blut.
- E Er wurde früher bei Zahnfleischbluten und Nasenbluten eingesetzt.

Wie hoch kann er werden?
- R 1,50–2 m
- S 15 cm
- T 5 cm

PRAXIS

Quiz: Wassertiere erkennen

Beantworte alle Quizfragen. Du kannst dazu auch im Internet recherchieren. Notiere in dein Heft die Buchstaben. Sie ergeben das Lösungswort. Du findest es auf Seite 152.

1 Teichfrosch	**Wie bewegt sich der Teichfrosch an Land fort?** R kriechend S durch kräftige Hinterbeine T gar nicht	**Wo findet die Entwicklung der jungen Teichfrösche statt?** B unter der Erde C im Wasser D auf einem Seerosenblatt	**Warum ist seine Haut grün?** G durch Zufall H Weil er sich so gut tarnen kann. I Weil Grün seine Lieblingsfarbe ist.
2 Libelle	**Wie bezeichnet man die besonderen Augen der Libellen?** K Kassettenaugen L Facettenaugen M Manschettenaugen	**Was macht sie Besonderes mit ihren Flügeln?** Z Saltos in der Luft A plötzliche Richtungswechsel B Luft zufächeln	**Libellen …** K stechen. L fressen Ameisen. M legen ihre Eier im Wasser ab.
3 Wasserspinne	**Wie viele Beine hat die Wasserspinne?** M acht N zwei Paare O sechs	**Wo lauert sie auf Beute?** R an der Oberfläche S zwischen Wasserpflanzen T auf dem Boden des Sees	**Wie kann sie unter Wasser atmen?** B Sie schluckt Luft. C An ihren behaarten Beinen bleibt Luft hängen. D gar nicht
4 Hecht	**Wovon ernährt sich der Hecht?** G von Wasserpflanzen H von Fischen I von Brot	**Wie lässt sich sein Maul beschreiben?** L zahnlos M breit und kurz N lang und schmal	**Der Hecht ist ein …** E Raubfisch. F Friedfisch. G Lurch.
5 Karpfen	**Wo lebt der Karpfen?** B in der Nordsee C in Seen und Flüssen D nur noch in Aufzuchtbecken	**Wie ernährt er sich?** J Er frisst andere Fische. K Er durchwühlt den Boden nach Nahrung. L Er schnappt sie von der Wasseroberfläche.	**Wie atmet er unter Wasser?** D Gar nicht, er schnappt nach Luft. E mit Kiemen F Er schnappt aufsteigende Luftblasen auf.

An vielen bayerischen Flüssen kannst du Angler beobachten. Je nachdem, wo sie angeln, fangen sie verschiedene Fische. Woran könnte das liegen?

5.5 Qualität von Gewässern

Umweltfaktoren
Gewässer sind nicht alle gleich. Sie unterscheiden sich in den **Umweltfaktoren**. Manche Gewässer sind klar, andere trüb. Einige fließen schnell, andere langsam oder gar nicht. Auch der Grund der Gewässer ist verschieden: Er kann steinig, sandig oder schlammig sein. Gewässer unterscheiden sich außerdem im Sauerstoffgehalt und in der Temperatur. Nach den Umweltfaktoren Sauberkeit, Sauerstoffgehalt, Mineraliengehalt und Pflanzenbewuchs legt man die **Güteklasse** fest.

1 *Bachforelle*

Pflanzen und Tiere geben uns Auskunft
Bachforellen benötigen besonders klare und sauerstoffreiche Fließgewässer mit Kiesboden. ↗1 Wenn sich der Sauerstoffanteil im Wasser verringert, dann gibt es weniger Bachforellen. Fachleute ziehen daraus einen Rückschluss auf die Wasserqualität. So wie die Bachforelle zeigen auch andere Tiere und Pflanzen die Gewässergüte an. Sie heißen deshalb **Zeigerorganismen**. Zeigerorganismen benötigen bestimmte Umweltbedingungen, um zu überleben. Für eine eindeutige Bestimmung der Gewässergüte sind mehrere Zeigerorganismen nötig.

2 *Köcherfliegenlarve (zweifach vergrößert)*

Zeigerorganismen für hohe Wasserqualität
In sauerstoffreichem, klarem Wasser kommen Forelle, Steinfliegenlarven, Flohkrebse und Köcherfliegenlarven vor. Auch das Krause Laichkraut und die Mondalge sind Zeigerorganismen für saubere Gewässer. Wenn der Sauerstoffgehalt abnimmt, dann kommen diese Arten nicht mehr vor. ↗2, 3

3 *Krauses Laichkraut*

112 LEBENSRAUM GEWÄSSER

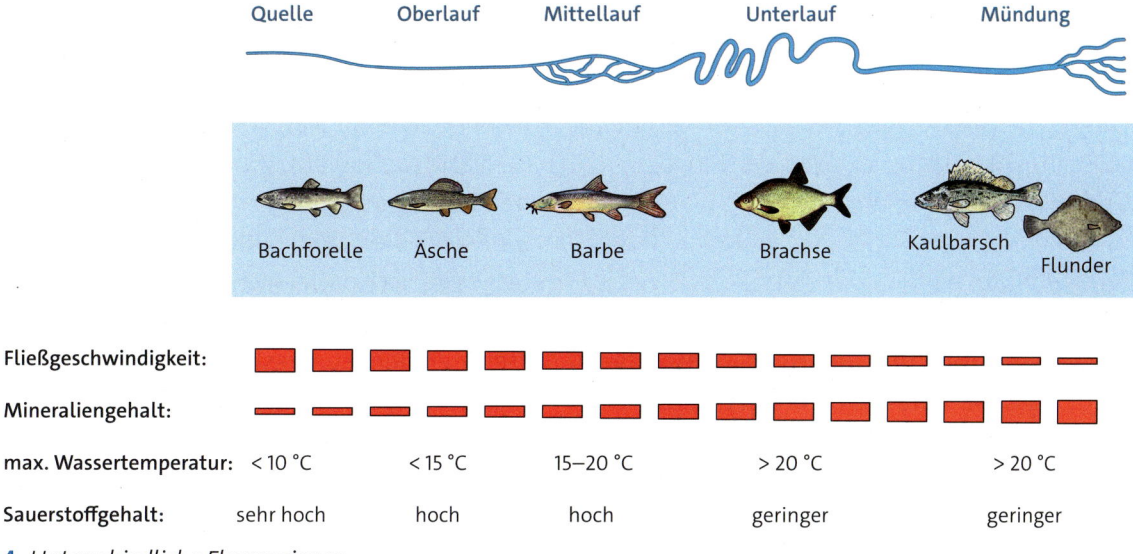

4 Unterschiedliche Flussregionen

Zeigerorganismen für niedrige Wasserqualität

Manche Gewässer sind durch Abwässer und Dünger verschmutzt. Die Wasserqualität ist schlecht. Das Wasser ist trüb und riecht faulig. Es enthält wenig Sauerstoff und viele Mineralstoffe. Hier gibt es andere Tiere und Pflanzen, die unter diesen Bedingungen leben können. In solchen Gewässern findest du Zuckmückenlarven, Schlammröhrenwürmer, Rattenschwanzlarven und Wasserasseln. Manche Lebewesen besitzen ein Atemrohr zum Atmen über Wasser. ↗5

Der Flutende Hahnenfuß kommt in mineralhaltigen Fließgewässern vor und kann durch die Nährstoffe kräftig wachsen. Er verbessert die Wasserqualität, weil er das Wasser filtert und Sauerstoff produziert. ↗6

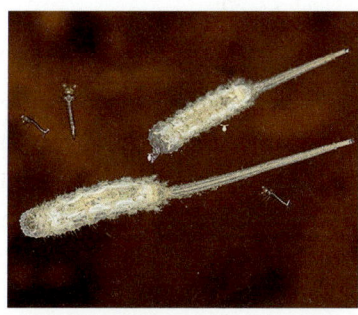

5 Rattenschwanzlarven

Von der Quelle zur Mündung

Quellwasser gehört meist zur höchsten Güteklasse. Es ist kühl und sauber, enthält viel Sauerstoff, aber wenig Mineralien und Pflanzen. Im weiteren Verlauf eines Flusses ändern sich die Umweltfaktoren. Der Sauerstoffgehalt nimmt ab, wenn sich der Fluss erwärmt oder langsamer fließt. Der Untergrund wird schlammiger. Hier leben andere Tiere und Pflanzen. ↗4

6 Flutender Hahnenfuß

- Die Wasserqualität ist von folgenden Umweltfaktoren abhängig: Sauberkeit, Sauerstoffgehalt, Mineraliengehalt und Pflanzenbewuchs.
- Zeigerorganismen kennzeichnen die Wasserqualität.
- Im Verlauf eines Flusses ändert sich die Wasserqualität.

AUFGABEN

1 Zähle fünf Zeigerorganismen auf.
2 Erkläre den Begriff Zeigerorganismus.
3 Nenne typische Bewohner von Oberlauf, Mittellauf und Unterlauf eines Flusses.

PRAXIS

Gewässergüte bestimmen

Material: feinmaschiges Sieb, kleiner Kescher, weiße Plastikbehälter mit Wasser, Pinsel, Lupe, Pinzette, Schreibmaterial

Durchführung:
- Verhaltet euch im Uferbereich eines Fließgewässers umsichtig und ruhig. Achtet darauf, dass die Tiere nicht verletzt werden, wenn ihr sie fangt. Gebt genügend Wasser in eure Auffangbehälter, sonst sterben die Tiere.
- Nehmt einige Steine vom Uferbereich des Flusses auf. Streift mit dem Pinsel die Lebewesen von der Unterseite des Steins in die Plastikdose.
- Zwischen den Blättern von Wasserpflanzen können Kleinstlebewesen sitzen. Fahrt dazu vorsichtig mit dem Kescher von unten nach oben durch die Pflanzen.
- Mit dem Sieb und einer Achterbewegung lassen sich schwimmende Lebewesen aus dem freien Wasser herausfischen. Gebt sie in eine andere Plastikdose mit Wasser.
- Nehmt mit dem Sieb vorsichtig etwas Gewässerboden auf. Wascht mit kreisenden Bewegungen den Schlamm heraus und setzt die Tiere in Plastikdosen um. Verletzt die Tiere dabei nicht.
- Wählt zum genauen Betrachten und Bestimmen der Lebewesen einen schattigen Platz, weil diese Tiere die Helligkeit meiden. So sind sie geschützt und das Wasser erwärmt sich nicht zu stark.

Auswertung:
- Betrachtet die gefundenen Kleinlebewesen mit der Lupe und fertigt Skizzen an.
- Vergleicht eure Skizzen mit Bild 1. Ordnet die gefundenen Lebewesen der betreffenden Güteklasse zu. ↗1
- Bestimmt mit Hilfe der Zeigertiere die Gewässergüte. Das untersuchte Gewässer gehört zu der Güteklasse, für die ihr die meisten Zeigerorganismen gefunden habt.
- Lasst die Tiere nach der Bestimmung wieder frei.

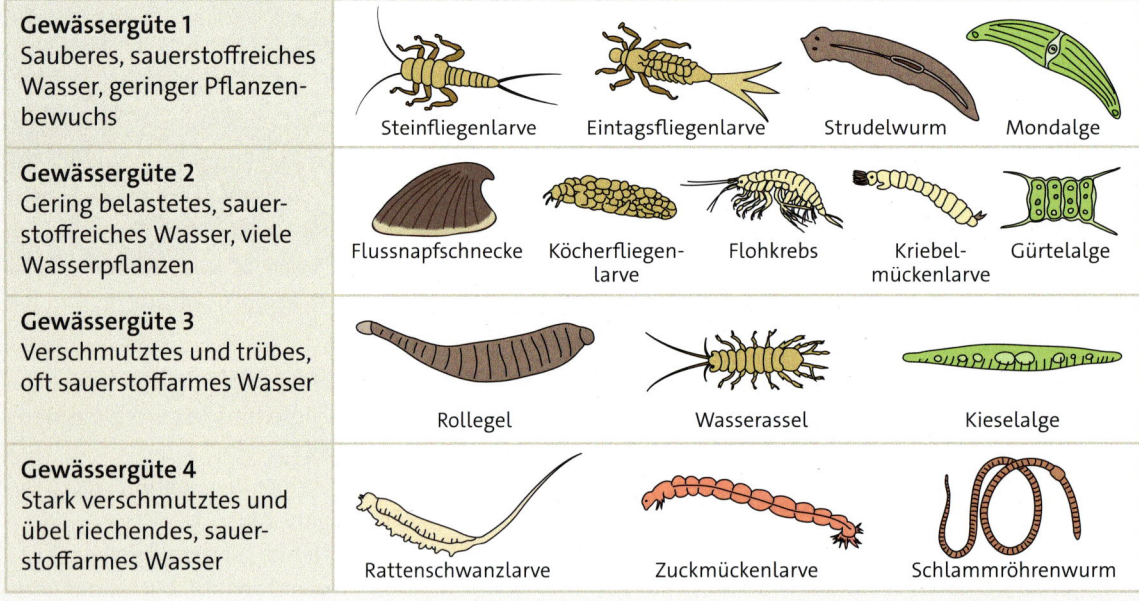

Gewässergüte 1 Sauberes, sauerstoffreiches Wasser, geringer Pflanzenbewuchs	Steinfliegenlarve	Eintagsfliegenlarve	Strudelwurm	Mondalge	
Gewässergüte 2 Gering belastetes, sauerstoffreiches Wasser, viele Wasserpflanzen	Flussnapfschnecke	Köcherfliegenlarve	Flohkrebs	Kriebelmückenlarve	Gürtelalge
Gewässergüte 3 Verschmutztes und trübes, oft sauerstoffarmes Wasser	Rollegel	Wasserassel	Kieselalge		
Gewässergüte 4 Stark verschmutztes und übel riechendes, sauerstoffarmes Wasser	Rattenschwanzlarve	Zuckmückenlarve	Schlammröhrenwurm		

1 *Gewässergüte und Zeigertiere*

FORSCHEN

Kleines ganz groß

1 Augen auf und hingeschaut

Du brauchst: Lupe, Zeichenmaterial

- Betrachte mit einer Lupe verschiedene Dinge: Jeansstoff, Auge deines Nachbarn, Radiergummi, Hautoberfläche deiner Hand, Brotscheibe, Papiertaschentuch ... ↗1
- Beschreibe die Oberfläche der betrachteten Dinge.
- Geht hinaus in die Natur: auf den Schulhof, eine Wiese, den Spielplatz ...
- Betrachtet verschiedene Dinge mit der Lupe: Blätter, Baumrinden, Federn, Blüten ... Es lässt sich vieles entdecken.

1 *Jeansstoff unter der Lupe*

- Fertige von einer besonderen Entdeckung eine Skizze an.
- Zeigt euch gegenseitig die Skizzen. Erratet, was gezeichnet wurde.

2 Wer kann es erraten?

Betrachte die Bilder. Es sind Vergrößerungen. Finde heraus, was hier abgebildet wurde. ↗2

Die Lösung findest du auf Seite 152.

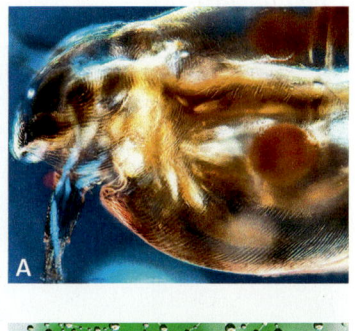

2 *Was verbirgt sich jeweils dahinter?*

115

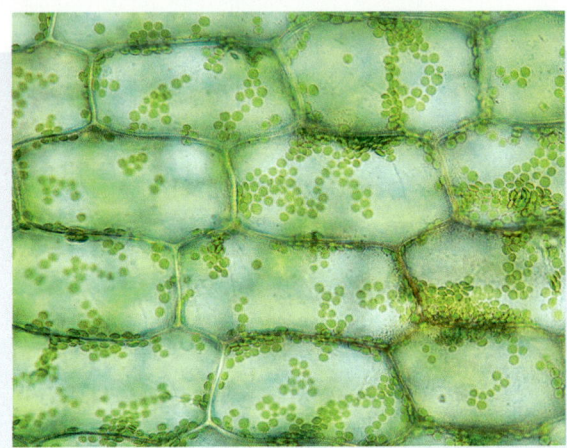

Ein Blick durch das Mikroskop lädt uns zum Staunen ein. Hier sehen wir Einzelheiten, die wir nicht einmal mit der Lupe erkennen können. So sieht die Wasserpest unter dem Mikroskop aus. Schau genau hin: Was kannst du alles entdecken?

5.6 Zellen von Lebewesen

Kleinstlebewesen auf der Spur

Lebewesen bestehen aus kleinsten Bausteinen: den **Zellen**. Unter dem Mikroskop kann man diese Zellen erkennen.

Viele winzige Lebewesen im Wasser bestehen aus nur einer einzigen Zelle. Sie werden **Einzeller** genannt. In dieser einzigen Zelle laufen alle Lebensvorgänge ab: Nahrungsaufnahme, Bewegung, Atmung und Fortpflanzung.

Einzellige Tiere

Mit 0,3 Millimetern Größe ist das **Pantoffeltierchen** ein Riese unter den Einzellern. Es ist schon bei zwanzigfacher Vergrößerung unter dem Mikroskop zu erkennen. Es trägt den Namen, weil seine Körperform an einen Pantoffel erinnert. Mit den Wimpern an der Zellaußenseite bewegt es sich fort und wedelt Nahrung herbei. ↗1

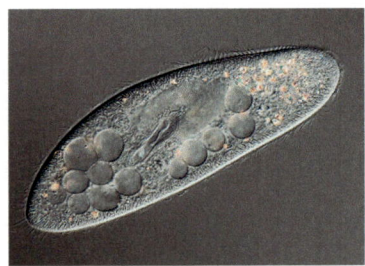

1 *Pantoffeltierchen*

Die **Amöbe** hat keine feste Körperform und kann ihre Gestalt verändern. Sie stülpt ihre Zelle an einer Seite aus und zieht den restlichen Teil nach. So bewegt sie sich fort. Zum Fressen umschließt die Amöbe ihre Nahrung und nimmt sie in den Körper auf. ↗2

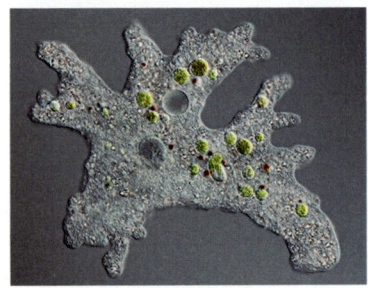

2 *Amöbe*

Einzellige Pflanzen

Auch bei den Pflanzen gibt es Einzeller. Die **Euglena** gehört dazu. Sie kann sogar Licht wahrnehmen und sich fortbewegen. Ihre grüne Färbung kommt von den Chlorophyllkörnchen. ↗3

Wenn eine Euglena eine bestimmte Größe erreicht hat, teilt sie sich. Es entstehen zwei Lebewesen. Nach dieser Zellteilung wachsen sie wieder. So vermehren sich alle Einzeller.

3 *Euglena*

  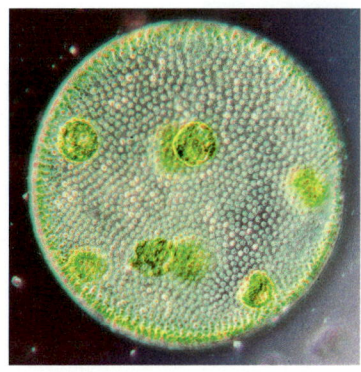

4 Einzellige Grünalge   *5 Fadenalge*   *6 Kugelalge Volvox*

Vom Einzeller zum Vielzeller

Bei den Grünalgen gibt es ebenfalls Einzeller. ↗4 Die **Fadenalge** besteht schon aus mehreren Zellen. ↗5 Die **Kugelalge** Volvox hat bereits bis zu 20 000 Zellen. ↗6

Menschen, Tiere und Pflanzen sind Vielzeller. Die Zellen sind auf verschiedene Aufgaben spezialisiert und wirken als Organe zusammen. Es gibt Sinnesorgane, Verdauungsorgane, Atmungsorgane und noch mehr.

Bau von Pflanzenzelle und Tierzelle

Pflanzenzellen besitzen eine **Zellwand**. Diese umschließt den Zellkörper und macht die Zelle stabil. Dicht an der Zellwand befindet sich die **Zellmembran**. Tierische Zellen haben keine feste Zellwand. Sie haben nur eine Zellmembran und sind darum verformbar. ↗7

Alle Zellen sind mit **Zellplasma** gefüllt. Es besteht hauptsächlich aus Wasser. Der **Zellkern** steuert alle Vorgänge in der Zelle und enthält die Erbanlagen.

Pflanzenzellen enthalten außerdem **Chlorophyllkörnchen** für die Fotosynthese.

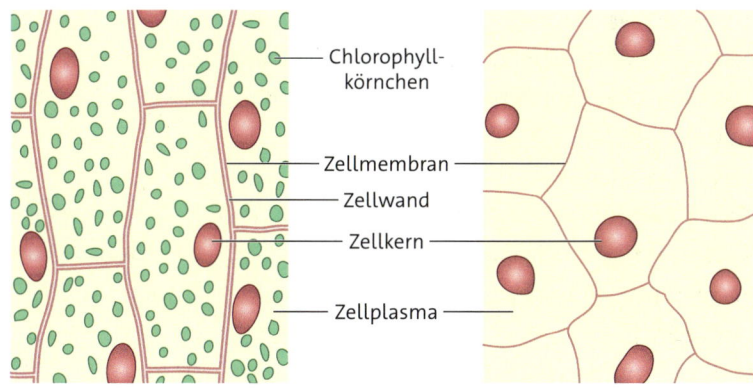

7 Pflanzliche und tierische Zelle im Vergleich

- Alle Lebewesen sind aus Zellen aufgebaut. Sie sind Grundbausteine des Lebens.
- Es gibt pflanzliche und tierische Zellen. Sie besitzen eine Zellmembran, einen Zellkern und Zellplasma.
- Einzeller bestehen aus einer einzigen Zelle.
- Höher entwickelte Lebewesen sind Vielzeller.

AUFGABEN
1. Nenne drei Einzeller.
2. Vergleiche die Bestandteile von pflanzlichen und tierischen Zellen. Nenne Gemeinsamkeiten und Unterschiede.

PRAXIS

Mikroskopieren: Lebewesen in Gewässern

1 Mikroskop kennenlernen

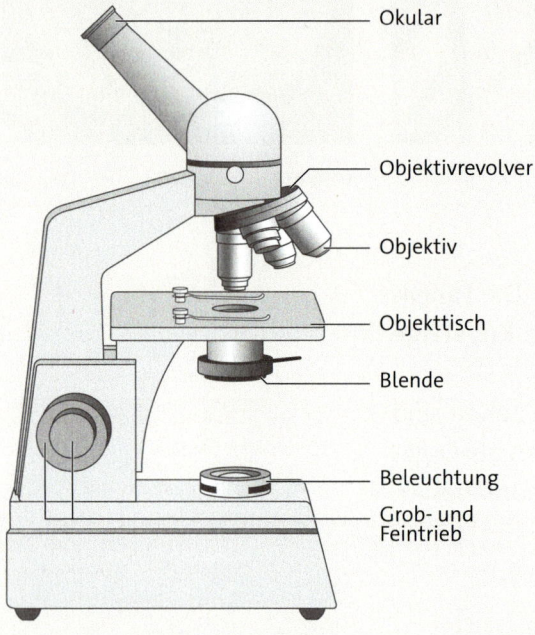

1 Schemazeichnung Mikroskop

Material: Mikroskop

Durchführung:
- Mit dem Auge blickst du durch das **Okular**. Diese Linse dient zur Vergrößerung.
- Am Ende der Röhre ist der **Objektivrevolver**. Er ist drehbar und enthält mehrere Linsen.
- Diese Linsen heißen **Objektive** und vergrößern unterschiedlich stark. Je länger das Objektiv ist, desto stärker ist die Vergrößerung.
- Auf dem **Objekttisch** liegt das Präparat.
- Mit der **Blende** kannst du die Helligkeit einstellen.
- Mit **Grobtrieb** und **Feintrieb** bewegst du den Objekttisch. Dadurch kannst du das Bild scharf stellen.

2 Präparat der Wasserpest herstellen

Material: Wasserpest, Pinzette, Objektträger, Deckgläschen, Pipette, Wasser, Präpariernadel, Zellstoff

Durchführung:
- Vorsicht beim Umgang mit Glas!
- Gib einen Wassertropfen auf den Objektträger. ↗2
- Zupfe mit der Pinzette ein Blättchen der Wasserpest ab und lege es auf den Wassertropfen.
- Setze das Deckgläschen mit der Kante auf. Senke es mit der Präpariernadel vorsichtig ab. So kannst du störende Luftblasen vermeiden.
- Sauge überflüssiges Wasser mit dem Zellstoff auf.

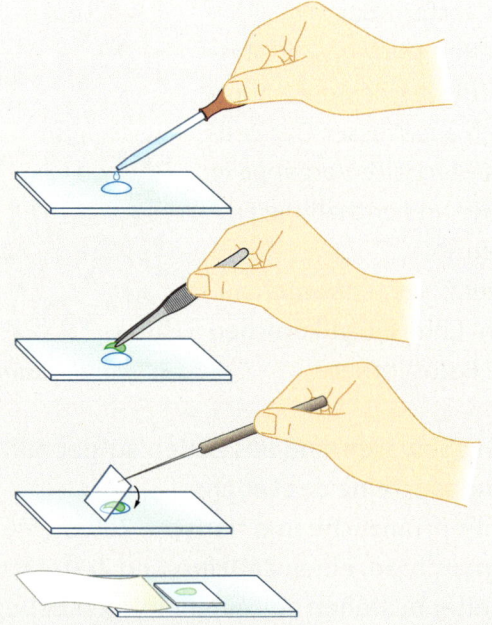

2 Herstellen eines Präparats

3 Wasserpest mikroskopieren

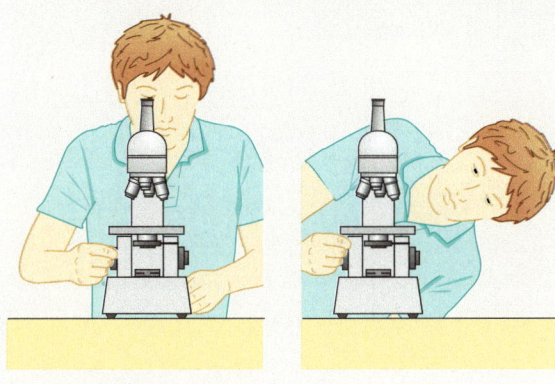

3 *Einstellen des Mikroskops*

Material: Präparat der Wasserpest (aus Versuch 2), Mikroskop, Zeichenmaterial

Durchführung:
- Lege das Präparat über das Loch auf den Objekttisch. Stelle die kleinste Vergrößerung ein (kürzestes Objektiv).
- Drehe unter seitlicher Beobachtung den Tisch mit dem Grobtrieb vorsichtig so weit wie möglich nach oben. Achtung: Präparat und Objektiv dürfen sich nicht berühren! ↗3
- Blicke durch das Okular und stelle das Bild mit dem Grobtrieb und dem Feintrieb scharf.
- Für eine weitere Vergrößerung drehe den Objektivrevolver. Achtung: Präparat und Objektiv dürfen sich nicht berühren!
- Betrachte die Zellen der Wasserpest genau.
- Zeichne, was du siehst.

Auswertung: Vergleicht eure Zeichnungen in der Klasse. Welche Zellbestandteile erkennst du?

4 Lebewesen im Heuaufguss

Material: großes Becherglas oder Gurkenglas, Glasplatte, eine Handvoll getrocknetes Heu, Teichwasser, Objektträger, Deckgläschen, Pipetten, Wasser, Präpariernadel, Zellstoff, Mikroskop, Zeichenmaterial

Durchführung:
- In einem Heuaufguss kannst du Einzeller züchten.
- Gib Heu und anschließend Wasser in das Becherglas und decke das Glas mit der Glasplatte ab.
- Lass den Heuaufguss bei Zimmertemperatur stehen, bis er faulig riecht. Das dauert bis zu 2 Wochen.
- Nimm mit der Pipette etwas Wasser aus der Oberflächenhaut. Gib einen Tropfen auf den Objektträger und decke ihn mit dem Deckgläschen ab. ↗2
- Mikroskopiere das Präparat.
- Fertige davon eine Zeichnung an.

Auswertung:
- Bestimme die Lebewesen. ↗4 Nutze auch die Bilder von Seite 116.
- Vergleicht die Zeichnungen in der Klasse. Wählt die schönsten aus und beschriftet sie. Gestaltet eine Ausstellung.

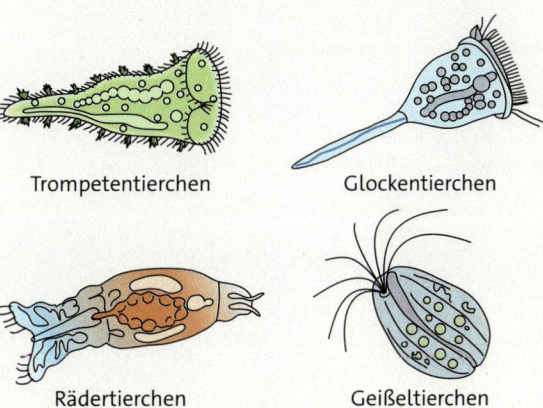

4 *Lebewesen im Heuaufguss*

Dieser See sieht seltsam aus. Wo vor einigen Jahren noch klares Wasser zum Schwimmen, Baden und Paddeln einlud, überzieht jetzt ein dicker Algenteppich die Oberfläche. Was ist hier bloß passiert?

5.7 Gewässerschutz geht alle an

Gesunde Gewässer

Wasserpflanzen erzeugen Sauerstoff. Starke Winde durchmischen im Frühjahr und im Herbst das Wasser. So gelangt der Sauerstoff auch bis auf den Grund des Sees. Kleinstlebewesen werden ausreichend mit Sauerstoff versorgt und können abgestorbene Pflanzen und Tierleichen zersetzen.
Die Blätter und Stängel von Wasserpflanzen wirken als Filter und halten Schmutzteilchen zurück. Manche Kleintiere ernähren sich von Schmutzstoffen und reinigen so das Wasser. ↗1

1 *Die Teichmuschel dient auch im Aquarium als Wasserfilter.*

Belastung der Gewässer

In der Landwirtschaft werden die Felder mit Dünger und Gülle gedüngt. Wenn zu viel gedüngt wird, sickern diese Stoffe ins Grundwasser und werden vom Regen in Bäche, Flüsse und Seen geschwemmt. ↗2

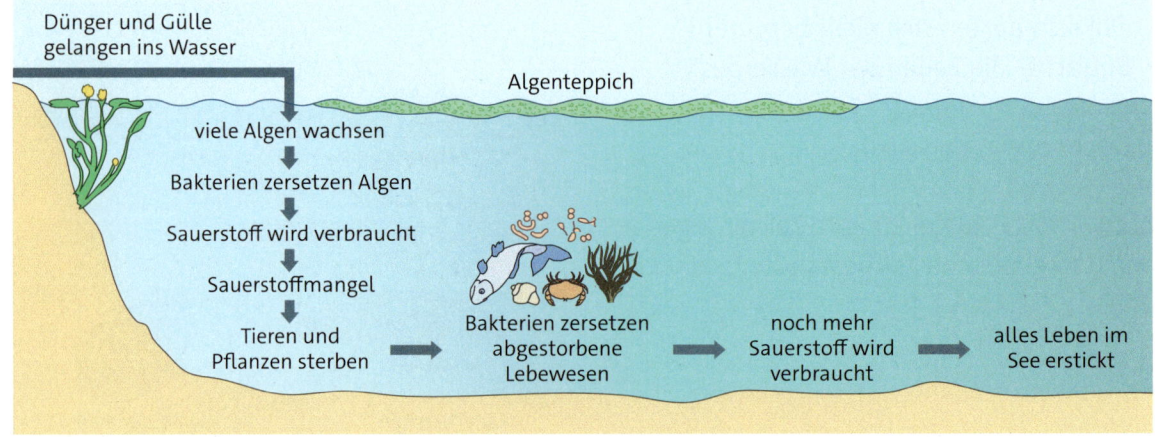

2 *Ein Gewässer kippt um.*

3 Kläranlage

4 Schutzgebiet am Wasser

Durch das Nährstoffangebot wachsen viele Algen. Die Algen bieten Kleinlebewesen viel Nahrung. Fische finden genügend Beute und vermehren sich deswegen ebenfalls stark.
Mit der Zeit bilden sich jedoch auf der Wasseroberfläche dichte Algenteppiche. Diese verhindern, dass genügend Licht ins Wasser fällt. Ohne Licht sterben die Unterwasserpflanzen ab und erzeugen keinen Sauerstoff mehr. Ohne Sauerstoff überleben die Tiere ebenfalls nicht.
Die abgestorbenen Lebewesen sinken zu Boden und werden von Bakterien zersetzt. Dabei wird weiterer Sauerstoff verbraucht. Langsam erstickt der See. Das Ökosystem gerät aus dem Gleichgewicht. Man sagt: Der See „kippt um". ↗2

Maßnahmen zum Gewässerschutz
Landwirte müssen sich beim Düngen ihrer Felder an Vorschriften halten. Klärwerke sorgen für die Säuberung der Abwässer aus den Haushalten und der Industrie. ↗3
Auch du selbst kannst etwas für die Natur tun: Beachte Hinweisschilder. Störe Vögel nicht beim Brüten und nimm deinen Abfall wieder mit nach Hause. ↗4

Renaturierung von Gewässern
Für eine bessere Schifffahrt wurden früher Flussbetten begradigt, ausgebaggert und befestigt. Das schneller fließende Wasser bot vielen Pflanzen und Tieren kaum noch Lebensraum. Heute werden Bäche und Flüsse oft in den naturnahen Verlauf zurückgebracht. Man nennt das **Renaturierung**. Dafür werden Uferbefestigungen beseitigt und Flussläufe aufgefüllt und verbreitert. Allmählich „gräbt" sich der Fluss sein eigenes Bett. Im Lauf der Zeit siedeln sich wieder die verschiedensten Pflanzen und Tiere an. ↗5

- **Dünger und Gülle aus der Landwirtschaft können Gewässer belasten und Lebensraum zerstören.**
- **Renaturierung schafft neue Lebensräume.**

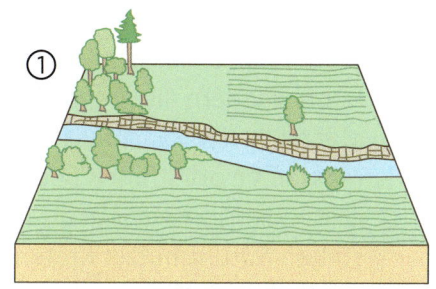
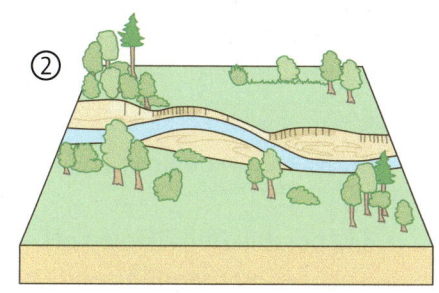

5 Renaturierung eines Flusses

AUFGABEN
1 Nenne Ursachen für Gewässerbelastung.
2 Erkläre, wie zu viel Dünger einen See umkippen lässt.
3 Beschreibe mit Hilfe von Bild 5, wie ein Fluss renaturiert wird. ↗5

PRAXIS

Einsatz für die Kröten

Die Lebensräume von Kröten und Fröschen mussten Straßen, Baugebieten und Freizeitgeländen Platz machen. Die verschiedenen Amphibienarten sind darum selten geworden. Wenn nachts die Temperaturen über 5 °C steigen, erwachen die Amphibien aus der Winterstarre. Das passiert meistens im März. Dann wandern die Amphibien zu ihren Laichplätzen in den Feuchtgebieten zurück. Dazu müssen sie oft Straßen überqueren.
Damit die Tiere nicht überfahren werden, stellen Naturschützer Krötenschutzzäune auf. ↗1 Entlang des Zaunes sind in gleichmäßigen Abständen Eimer in den Boden eingegraben. Die Kröten und Frösche hüpfen am Zaun entlang und fallen in die Eimer.

1 *Einfacher Bestimmungsschlüssel für Amphibien*

Die gefangenen Tiere werden über die Straße getragen.
Freiwillige Helfer sind bei Krötenschutzaktionen gern gesehen. Der Naturschutzbund in eurer Region kann dir bei Interesse gerne Auskunft geben.

---

1 Gestaltung eines Lapbooks

Du hörst in den Medien oft von Pandas, Luchsen, Berggorillas und Eisbären, die vom Aussterben bedroht sind. Viele Menschen spenden Geld für diese Säugetiere, weil sie Mitleid haben. Auch wenn Frösche und Kröten kein flauschiges Fell und keine runden Knopfaugen haben, verdienen sie dennoch Schutz und Fürsorge.
Gestalte deshalb im Deutschunterricht ein ansprechendes Lapbook über eine Amphibie deiner Wahl. ↗2

Material: Tonpapier DIN A3, Schere, Kleber, Schreibmaterial

Durchführung:
- Wähle dir eine Amphibie aus, über die du berichten willst.
- Sammle Informationen über die Lebensweise deiner Amphibie. Recherchiere dazu

2 *Beispiel für ein Lapbook*

im Internet, in Bestimmungsbüchern oder frage beim Naturschutzbund in deiner Nähe nach.
- Suche passende Bilder für dein Lapbook.
- Klebe die Bilder sauber auf und ordne ihnen die gefundenen Informationen zu.

Auswertung: Gestalte mit deinen Mitschülern eine Ausstellung zu eurer Aktion. Ladet dazu einen Vertreter des Naturschutzbundes ein.

ZUSAMMENFASSUNG

Lebensraum Gewässer

Pflanzen und Tiere am und im Wasser
Fließgewässer und stehende Gewässer dienen zahlreichen Tierarten und Pflanzenarten als Lebensraum. Sie alle sind an die Lebensbedingungen in ihrem Lebensraum angepasst.

Fische im Lebensraum Wasser
Fische sind Wirbeltiere. Sie sind an das Leben im Wasser angepasst. Durch den spindelförmigen Körperbau, die schleimige Außenhaut und die Flossen können sie sich im Wasser fortbewegen. Fische atmen mit Kiemen. Das Seitenlinienorgan dient zur Orientierung und die Schwimmblase zum Schweben im Wasser. ↗1

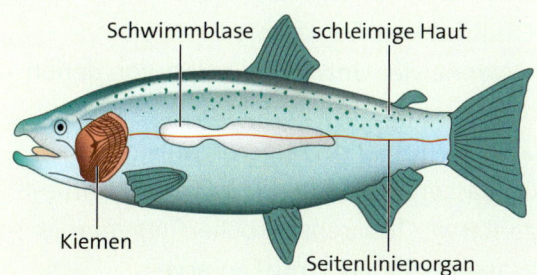

1 *Fische sind an das Leben im Wasser angepasst.*

Nahrungsbeziehungen im See
Lebewesen im See werden von anderen Tieren gefressen. Sie bilden Nahrungsketten und Nahrungsnetze. Grüne Pflanzen stehen am Anfang jeder Nahrungskette. ↗2

2 *Nahrungskette im See*

Qualität von Gewässern
Die Qualität von Gewässern ist von verschiedenen Umweltfaktoren abhängig. Durch Zeigerorganismen kann man die Gewässergüte bestimmen. ↗3

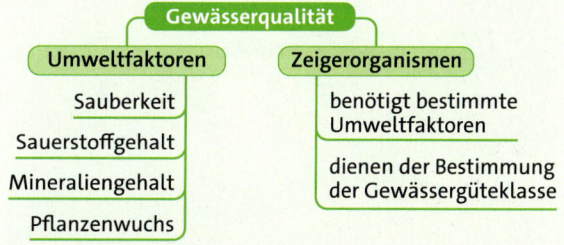

3 *Umweltfaktoren im Gewässer*

Zellen von Lebewesen
Zellen sind Grundbausteine des Lebens. Alle Lebewesen bestehen aus Zellen. Mit dem Mikroskop kann man sie erkennen. Einzeller bestehen aus einer einzigen Zelle. Höher entwickelte Lebewesen sind Vielzeller. Pflanzliche und tierische Zellen besitzen eine Zellmembran, einen Zellkern und Zellplasma. Pflanzenzellen haben zusätzlich eine Zellwand und Chlorophyllkörnchen. ↗4

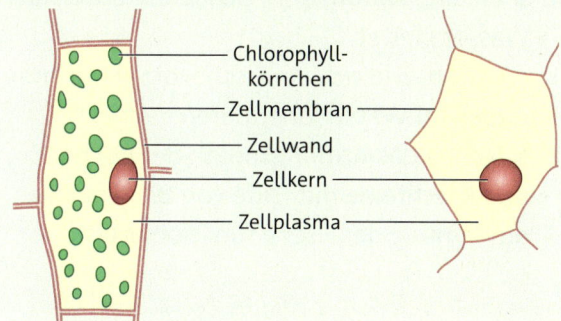

4 *Pflanzliche und tierische Zelle*

Gewässerschutz geht alle an
Dünger und Gülle können Gewässer belasten und Lebensraum zerstören. Durch Renaturierung entstehen neue Lebensräume für Tiere und Pflanzen.

AUFGABEN ZUM GRUNDWISSEN

1 Pflanzen und Tiere am und im Wasser

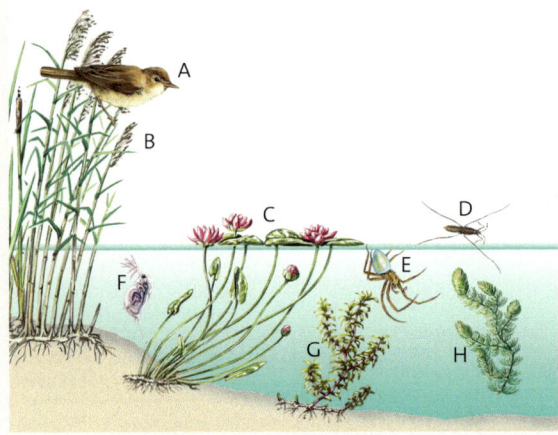

1 Tiere und Pflanzen am Gewässer

a ☐ Nenne verschiedene Arten von stehenden und fließenden Gewässern.
b ☐ Benenne die Pflanzen und Tiere in Bild 1.
c ◪ Erkläre an je einem Beispiel aus Bild 1, wie Pflanzen und Tiere an den Lebensraum angepasst sind.

2 Fische im Lebensraum Wasser

a ☐ Zeichne einen Fisch mit Flossen und beschrifte ihn vollständig.
b ◪ Erkläre, warum der Fisch leicht durch das Wasser gleitet.
c ☐ Gib an, wie sich ein Fisch trotz schlechter Augen im Wasser orientieren kann.
d ◪ Nenne das Atmungsorgan der Fische und beschreibe mit Hilfe von Bild 2, wie die Atmung der Fische funktioniert. ↗2

2 Atmung der Fische

3 Nahrungsbeziehungen im See

3 Lebewesen im See

a ☐ Erstelle in deinem Heft zwei verschiedene Nahrungsketten, bei denen der Hecht der Endverbraucher ist. Benutze Pfeile, um zu zeigen, wer von wem gefressen wird. ↗3
b ◪ Erläutere den Unterschied zwischen Nahrungskette und Nahrungsnetz im See.

4 Qualität von Gewässern

a ☐ Nenne vier Umweltfaktoren, von denen die Wasserqualität abhängt.
b ◪ Ordne folgende Zeigerorganismen den Gewässergüteklassen 1 bis 4 zu: Steinfliegenlarve, Flohkrebs, Köcherfliegenlarve, Wasserassel, Zuckmückenlarve.
c ☐ Zähle Maßnahmen zum Gewässerschutz auf.

5 Zellen von Lebewesen

a ☐ Übertrage die Zelle von Bild 4 in dein Heft. Ergänze die Beschriftung. ↗4
b ◪ Gib an, ob es sich um eine pflanzliche oder tierische Zelle handelt, und begründe.

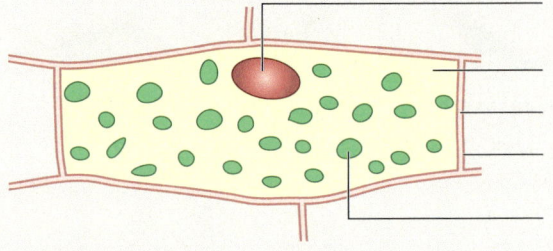

4 Aufbau einer Zelle

AUFGABEN ZUR ANWENDUNG

6 Renaturierung
a ◨ Beschreibe die Bedingungen am Fließgewässer vor und nach der Renaturierung.
b ◨ Vergleiche die Anzahl der Fische 2007, 2010, 2016. Überlege, warum sich der Fischbestand so verändert hat. ↗5
c ■ Recherchiere die Lebensbedingungen vom Steinbeißer: Vergleiche deine Vorüberlegungen mit den neuen Informationen.

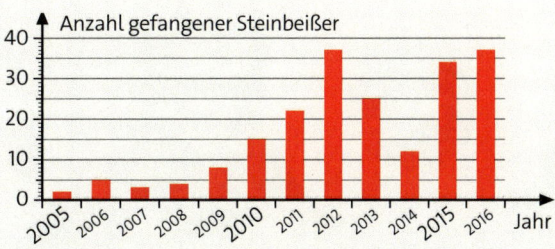

5 Fischvorkommen vor und nach der Renaturierung

7 Räuber-Beute-Beziehungen
Mückenlarven sind oft Beutetiere für Barsche. Wenn es viele Mückenlarven gibt, haben die Barsche viel zu fressen. Dann vermehren sich die Barsche stark. ↗6

a ◨ Ergänze mit Hilfe von Bild 7 folgende Sätze:
  1 Je mehr Mückenlarven, desto mehr …
  2 Je mehr Barsche, desto …
  3 Je weniger Mückenlarven, …
  4 Je weniger …
b ■ Können die Barsche überleben, wenn alle Mückenlarven aufgefressen sind? Begründe deine Antwort.

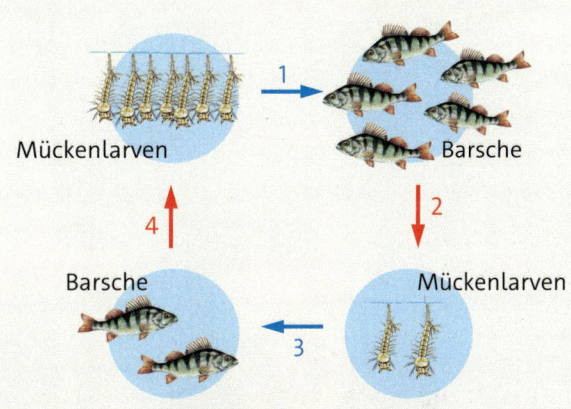

6 Räuber-Beute-Beziehungen

8 Modell und Wirklichkeit
a □ Übertrage die Nahrungskette in dein Heft. ↗7 Finde mit Hilfe von Bild 3 auf Seite 109 heraus, was die Stockente noch alles frisst. Ergänze die Übersicht in deinem Heft.
b □ Finde heraus, wer alles Libellenlarven frisst. Ergänze deine Übersicht aus a.
c ◨ Begründe, warum es schwierig ist, eine vollständige Übersicht aufzuschreiben.
d ■ Erläutere am Beispiel der Nahrungsketten den Unterschied zwischen einer Modellvorstellung und der Wirklichkeit.

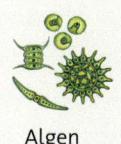 Algen → wird gefressen von →  Wasserfloh → wird gefressen von → Libellenlarve → wird gefressen von →  Stockente

7 Nahrungskette zu Aufgabe 7

125

6

DIE ENTWICKLUNG MENSCHLICHEN LEBENS

Die Entwicklung menschlichen Lebens

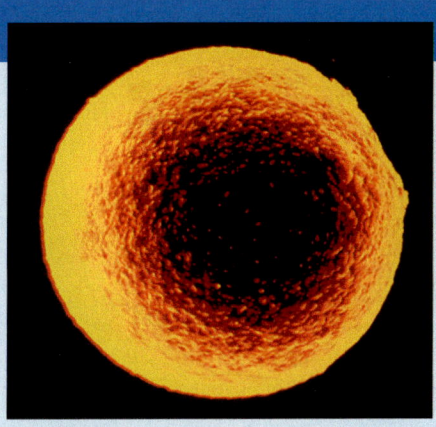

6 000 000

Sechs Millionen Eizellen werden beim weiblichen Baby schon vor der Geburt erzeugt. Dann nimmt ihre Zahl ab. Bei der Geschlechtsreife beträgt ihre Zahl nur noch 20 000. Befruchtungsfähig werden höchstens 500 Eizellen.

600 000 000

Bis zu **sechshundert Millionen** Spermien schwimmen bei jedem Samenerguss los, um die Eizelle zu befruchten.

ist ebenfalls mit einer Schleim-
de ist sie durch den Gebärmutter-
bgegrenzt.

en
mutter zweigen rechts und links
ind etwa bleistiftdick und innen
den zwei **Eierstöcken**. Die Eierstö-
ße einer Pflaume. Sie bilden die
none. Außerdem sind in den Eier-
urt des Mädchens alle weiblichen
. Sie heißen Eizellen. ↗3

100 000 000 000 000

Hundert Billionen Zellen bauen den Körper eines Erwachsenen auf. Sie alle entwickeln sich aus nur einer Zelle – der Eizelle. Eine Eizelle ist so groß wie ein i-Punkt.

VORWISSEN

In diesem Kapitel ...
- lernst du, wie sich dein Körper in der Pubertät verändert.
- lernst du, wie neues Leben entsteht und sich während der Schwangerschaft weiterentwickelt.
- lernst du, wie du eine ungewollte Schwangerschaft verhindern kannst.

FORSCHEN

Wie entwickeln wir uns?

1 Kinder und Erwachsene

 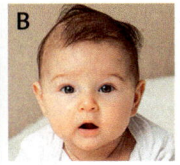 

1 *Gesichter*

Kinder und Erwachsene unterscheiden sich nicht nur in der Größe. Betrachte die Gesichter und die Körperumrisse. ↗1, 2
In Wirklichkeit sind die Gesichter und die Körper unterschiedlich groß.

- Benenne Unterschiede und ordne die Gesichter zu: Baby, Kind oder Erwachsener. ↗1
- Ordne die Körperumrisse nach dem Alter. ↗2

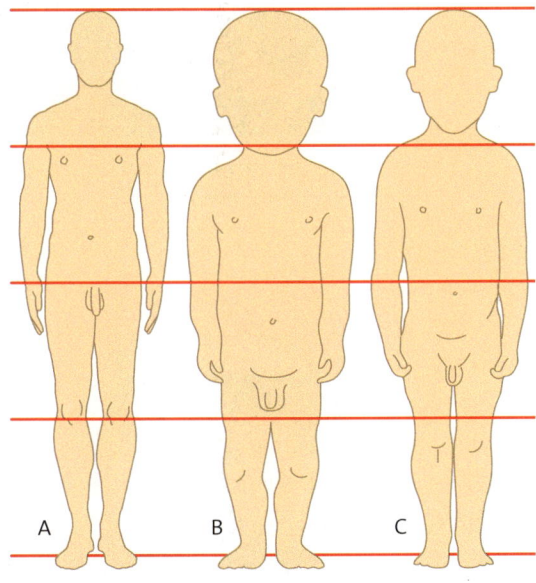

2 *Körperumrisse*

2 Mann oder Frau?

Erkläre, woran du bei den beiden Umrissen Mann und Frau unterscheiden kannst. ↗3

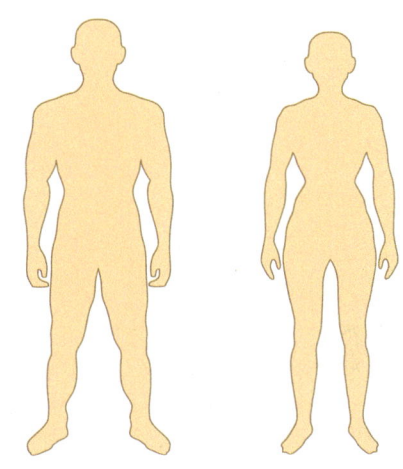

3 *Schon kleine Kinder können Mann und Frau unterscheiden.*

3 Babys in der Fruchtblase – Modellversuch

Du brauchst: Wasser, Gefrierbeutel und Verschluss, rohes Ei

- Fülle in den Gefrierbeutel Wasser und lege das Ei hinein.
- Verschließe den Beutel so, dass keine Luftblasen darin sind.
- Kannst du das Ei kaputt bekommen?
- Übertrage deine Erkenntnisse auf das Baby und die Fruchtblase.

Was ist nur los mit mir? Warum streite ich mich so oft mit meinen Eltern? Und warum hat Jo heute weggeschaut? Und wie sehe ich überhaupt aus? Ist doch alles blöd im Moment. Da hilft nur Kopfhörer auf und Musik an. Wer kommt denn jetzt schon wieder in mein Zimmer!

6.1 Zeit der Veränderung

Pubertät – Erwachsen werden

Zwischen zehn und fünfzehn Jahren beginnen sich dein Körper und deine Gefühle zu verändern. Jeder hat dabei sein eigenes Tempo: Bei manchen beginnt die Veränderung früher, bei anderen später. Alle Erwachsenen haben diese Zeit durchgemacht – auch deine Eltern. Diese Zeit heißt **Pubertät**. Aus Mädchen werden Frauen, aus Jungen werden Männer.
Hormone aus der Hirnanhangsdrüse geben den Startschuss für die Pubertät. Sie werden über das Blut im Körper verteilt und steuern die Entwicklung des Kindes zum geschlechtsreifen Erwachsenen. Die Hormone stoßen zahlreiche körperliche und seelische Veränderungen an.

Körperliche Veränderungen

Einige deiner Mitschüler sind in der letzten Zeit stark gewachsen. ↗1 Dieses **Längenwachstum** ist ein typisches Zeichen für die Pubertät. Manche wachsen so schnell, dass sie Wachstumsschmerzen in den Knochen spüren. Dein Körper benötigt jetzt Vitamine, Mineralstoffe, Spurenelemente und viel Eiweiß. Dein Gesicht wird länger und etwas kantiger. Es ist nicht mehr so rund wie im Kindesalter.
Der Kehlkopf und die Stimmbänder wachsen ebenfalls in die Länge. ↗2 Dadurch wird die **Stimme** tiefer. Besonders groß ist die Veränderung bei den Jungen: Bei ihnen spricht man darum von Stimmbruch.
Die **Geschlechtsorgane** reagieren besonders stark auf die Hormone. Sie werden größer und empfindlicher. Bei Mädchen entwickeln sich Brüste. ↗3

1 *Jeder entwickelt sich in seinem eigenen Tempo.*

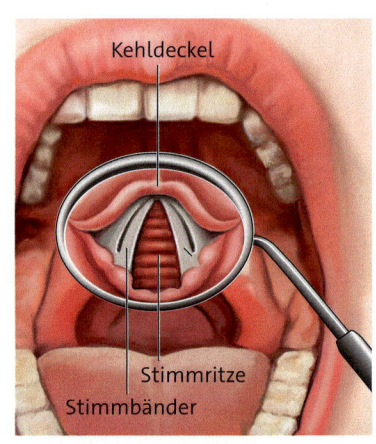

2 *Kehlkopf mit Stimmbändern*

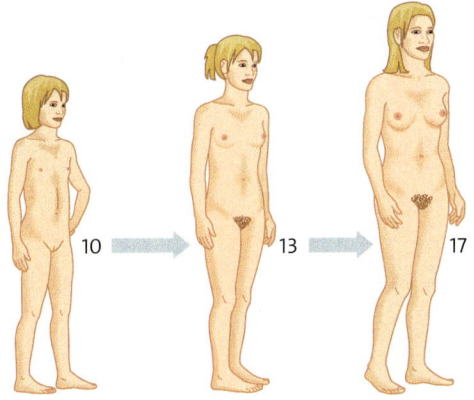

3 Körperliche Veränderungen in der Pubertät

Unter den Achseln und im Schambereich wachsen **Haare**. Später sprießt bei vielen Jungen ein Bart. Auch die **Haut** und der Schweiß verändern sich. Pickel sind nicht immer zu verhindern. Manchmal entwickeln sich jedoch sehr viele Pickel. Das nennt man Akne. Der Arzt kann sie behandeln. ↗4
Gegen Körpergeruch kannst du etwas tun: Wasche dich täglich unter den Achselhöhlen und im Intimbereich und wechsle öfter die Kleidung. Ein Deo ersetzt nicht das Waschen!
In deinem **Gehirn** bilden sich neue Verbindungen zwischen den Nerven. Dein Gehirn wird so fit gemacht für ein selbstständiges, verantwortungsvolles Leben.

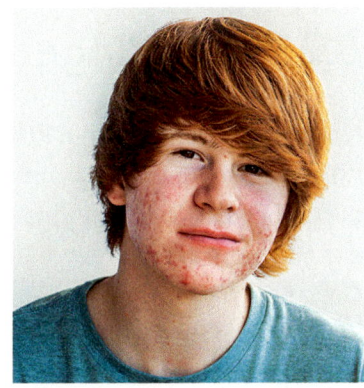

4 Akne kann behandelt werden.

Seelische Veränderungen

Die Hormone beeinflussen deine **Gefühle**. Dein Freundeskreis wird wichtiger als deine Familie. Manche Jugendliche würden fast alles tun, um von ihren Freunden anerkannt zu werden. Du willst dein Leben selbst bestimmen und unabhängig sein. Nicht immer schätzt du die Folgen deines Verhaltens richtig ein. So kommt es zu Meinungsverschiedenheiten mit deinen Eltern, die dich immer noch beschützen wollen.
Vielleicht wirst du dich in einen anderen Menschen verlieben. Dann möchtest du immer in seiner Nähe sein. Dein Herz hüpft vor Freude, wenn deine Liebe erwidert wird. Du fühlst dich begehrt und wertvoll, bist aber gleichzeitig sehr verletzlich. ↗5

5 Verliebt sein ist schön!

- **Die Pubertät verändert Körper und Gefühle.**
- **Die Geschlechtsorgane wachsen und werden empfindlicher. Bei den Mädchen entwickeln sich Brüste, bei vielen Jungen ein Bart.**
- **Weitere Veränderungen sind starkes Körperwachstum, eine tiefere Stimme und stärkere Körperbehaarung.**

AUFGABEN

1 Gib an, in welchem Altersbereich die Pubertät beginnt.
2 Zähle fünf Veränderungen auf, die Mädchen und Jungen in der Pubertät erleben. Nenne Unterschiede und Gemeinsamkeiten.

Gefalle ich den anderen? Was denken sie über mich? Bin ich cool? Stimmt alles mit mir?

6.2 Vom Jungen zum Mann

Hormone verändern den Körper

Ab etwa zehn Jahren beginnt für viele Jungen die Pubertät. Die Hirnanhangsdrüse sendet ein Hormon aus. Es bewirkt, dass vermehrt Geschlechtshormone in den Hoden gebildet werden. Das männliche Geschlechtshormon heißt **Testosteron**. Es sorgt dafür, dass aus Jungen Männer werden.

Das Testosteron bewirkt auch, dass die Hoden Samenzellen erzeugen. Außerdem wächst ein Bart, werden die Schultern breiter und die Muskeln ausgeprägter. Die Stimme wird tiefer. Der Junge erlebt den ersten Samenerguss. ↗1

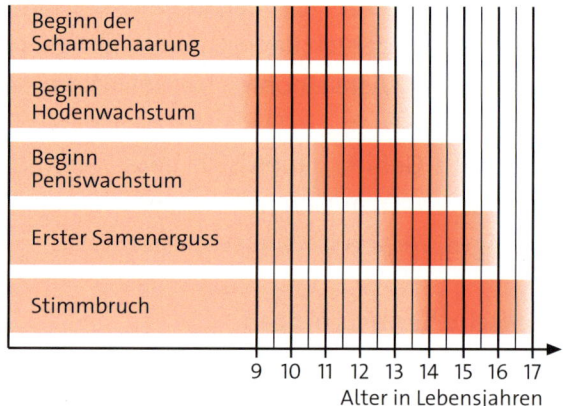

1 *Veränderungen in der Pubertät*

Männliche Geschlechtsorgane

Die männlichen Geschlechtsorgane liegen zum größten Teil außerhalb des Körpers. **Hoden** und **Nebenhoden** werden vom Hodensack geschützt und bilden die Samenzellen. ↗2
Von den Hoden führen die zwei **Samenleiter** durch den Bauchraum. Sie vereinigen sich mit der Harnröhre. Durch sie gelangen Harn oder Samenzellen durch das **Glied**. Das Glied wird auch **Penis** genannt. Der Penis besteht aus Bindegewebe und vielen Blutgefäßen. Bei sexueller Erregung füllen sich die **Schwellkörper** mit Blut. Die **Eichel** bildet das Ende des Penis. Sie ist sehr empfindlich und wird von der **Vorhaut** bedeckt. Beim Waschen muss die Vorhaut zurückgezogen werden, um Bakterien zu entfernen.

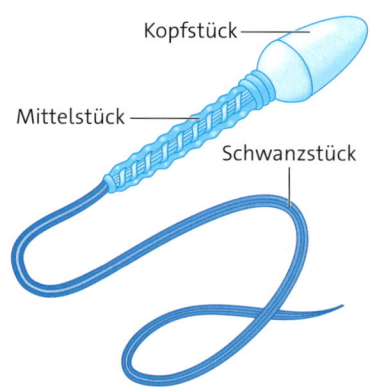

2 *Schemazeichnung einer männlichen Samenzelle*

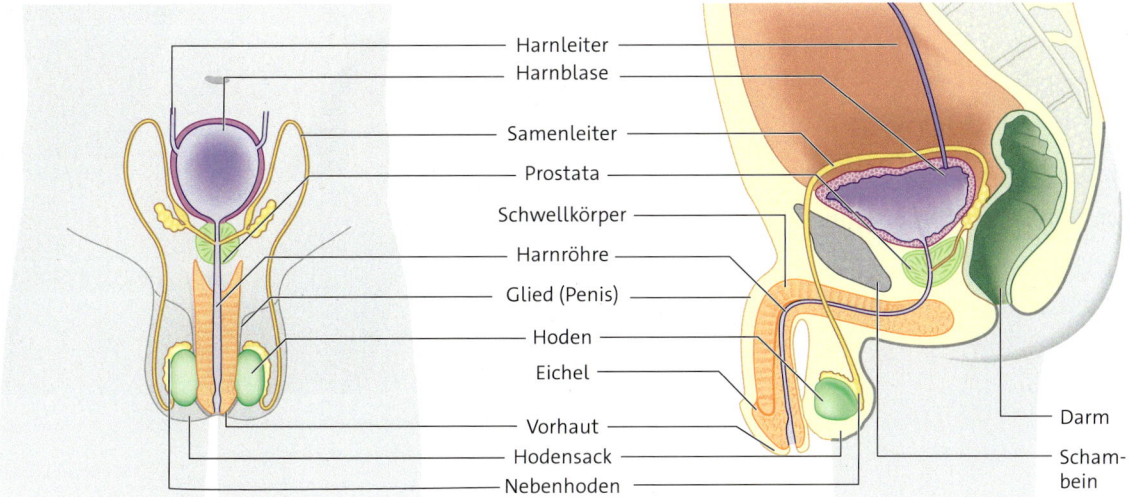

3 Geschlechtsorgane des Mannes

Männliche Geschlechtszellen

Das Testosteron sorgt dafür, dass in den Hoden und Nebenhoden Millionen von männlichen Geschlechtszellen heranreifen. Sie heißen Samenzellen oder **Spermien**. Das **Sperma** ist weiß, trüb und etwas klebrig. Es enthält die Spermien und eine Flüssigkeit, die die Spermien beweglich macht und schützt.

Erektion und Samenerguss

Bei starker sexueller Erregung werden 200 bis 600 Millionen Spermien durch die Samenleiter zur Harnröhre geleitet und aus dem Penis herausgeschleudert. Der Fachbegriff dafür ist **Samenerguss** oder Ejakulation. ↗4
Viele Jungen erleben ihren ersten Samenerguss während der Nacht. Die Schwellkörper füllen sich mit Blut, der Penis wird dicker und länger. Er wird steif und richtet sich auf. Das nennt man **Erektion**. Eine Erektion kann ausgelöst werden, wenn der Penis gestreichelt oder gerieben wird. Das erzeugt sexuelle Lust. Sie kann auch durch Gedanken und Bilder hervorgerufen werden.
Am Höhepunkt der Lust kommt es zum Samenerguss. Der Höhepunkt heißt **Orgasmus**. Der erste Samenerguss zeigt, dass der Junge geschlechtsreif ist und Kinder zeugen kann.

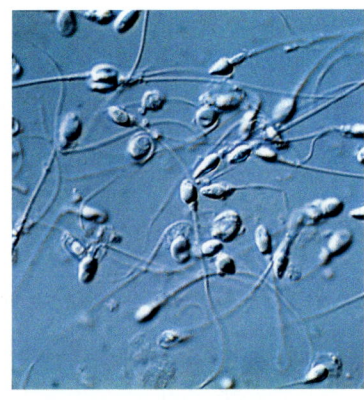

4 Spermien im Samenerguss (500-fach vergrößert)

- **Männliche Geschlechtsorgane sind Penis, Hoden und Nebenhoden sowie die Samenleiter.**
- **Spermien werden in Hoden und Nebenhoden erzeugt.**
- **Beim Samenerguss wird Sperma aus dem Penis herausgeschleudert.**

AUFGABEN
1 Zähle die männlichen Geschlechtsorgane auf.
2 Nenne Auslöser für eine Erektion.
3 Erkläre die Vorgänge bei der Erektion.

Gefalle ich den anderen? Was denken sie über mich? Bin ich hübsch? Stimmt alles mit mir?

6.3 Vom Mädchen zur Frau

Hormone verändern den Körper

Ab etwa zehn Jahren beginnt für viele Mädchen die Pubertät. Die Hirnanhangsdrüse sendet ein Hormon aus, das dafür sorgt, dass vermehrt Geschlechtshormone gebildet werden. Das weibliche Geschlechtshormon heißt **Östrogen**. Es sorgt dafür, dass aus Mädchen Frauen werden.

Das Östrogen wirkt vor allem auf die weiblichen Geschlechtsorgane ein und sorgt dafür, dass die Eierstöcke ihre Arbeit aufnehmen. Schamhaare und Brüste wachsen, die Hüften werden breiter. Die erste Regelblutung setzt ein. ↗1

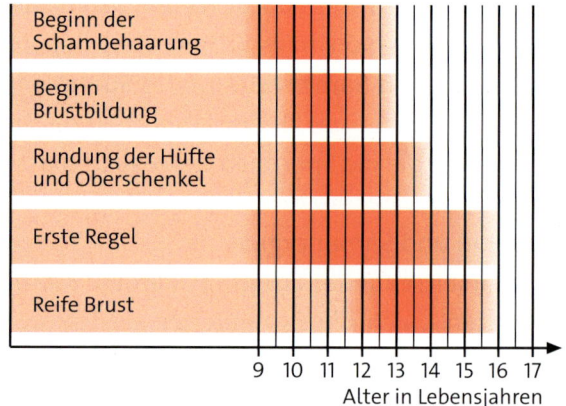

1 *Veränderungen beim Mädchen*

Äußere Geschlechtsorgane

Man unterscheidet die äußeren und die inneren Geschlechtsorgane. Die äußeren Geschlechtsorgane umfassen die großen und kleinen Schamlippen und die Klitoris. Sie liegen zwischen den Beinen und sind so gut geschützt.

Die **Klitoris** ist sehr empfindlich. Wenn sie gestreichelt wird, entstehen lustvolle Gefühle. Das kann zum Orgasmus führen. Die Klitoris ist meist so groß wie eine Erbse und wird von den **Schamlippen** bedeckt. Die Schamlippen bedecken auch die Einmündung der Harnröhre und den Scheideneingang. ↗2

Wische beim Toilettengang von der Scheide zum After. So kannst du vermeiden, dass Krankheitserreger in Harnröhre und Scheide gelangen.

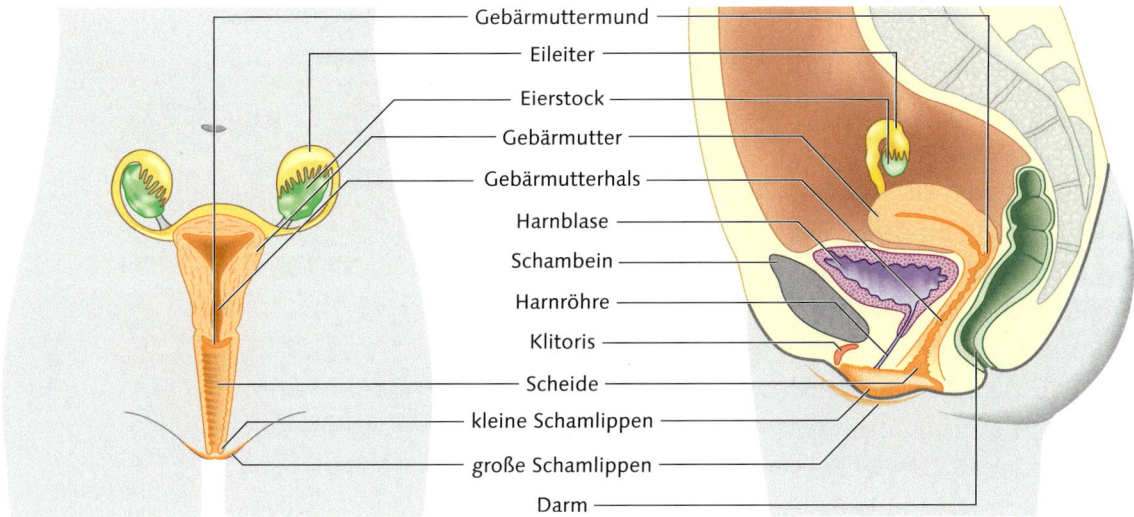

2 Geschlechtsorgane der Frau

Das Jungfernhäutchen

Das Jungfernhäutchen verschließt die Scheide. Es hat in der Mitte ein kleines Loch, damit das Regelblut ablaufen kann. Durch den ersten Geschlechtsverkehr reißt das Jungfernhäutchen ein. Das blutet und kann schmerzen. Es kann auch beim Sport einreißen.

Innere Geschlechtsorgane

Zu den inneren Geschlechtsorganen zählen Scheide, Gebärmutter, Eileiter und Eierstöcke. Die **Scheide** ist ein dehnbarer Muskelschlauch, der mit Schleimhaut ausgekleidet ist. Die Schleimhaut produziert eine schwache Säure. Diese verhindert, dass sich Krankheitserreger vermehren.
An die Scheide schließt sich die **Gebärmutter** an. Sie ist ungefähr so groß wie eine Mandarine. Die Gebärmutter ist ein Hohlmuskel und sehr dehnbar. So kann in ihr ein Baby heranwachsen. Die Gebärmutter ist ebenfalls mit einer Schleimhaut ausgekleidet. Zur Scheide ist sie durch den Gebärmutterhals und den Muttermund abgegrenzt.

Weibliche Geschlechtszellen

Am oberen Ende der Gebärmutter zweigen rechts und links die beiden **Eileiter** ab. Sie sind etwa bleistiftdick und innen hohl. Die Eileiter führen zu den zwei **Eierstöcken**. Die Eierstöcke haben ungefähr die Größe einer Pflaume. Sie bilden die weiblichen Geschlechtshormone. Außerdem sind in den Eierstöcken bereits bei der Geburt des Mädchens alle weiblichen Geschlechtszellen angelegt. Sie heißen **Eizellen**. ↗3

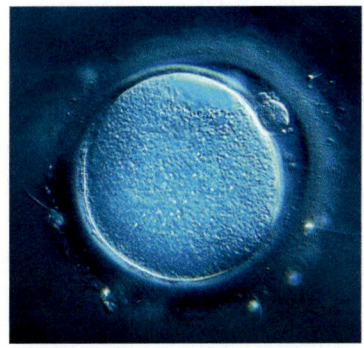

3 Eizelle (100-fach vergrößert)

AUFGABEN
1 In welchen Zeiträumen treten beim Mädchen wichtige Veränderungen ein? Formuliere vier Sätze zu Bild 1. ↗1
2 Zähle die weiblichen Geschlechtsorgane auf.

Der weibliche Zyklus

Etwa einmal im Monat reift in einem Eierstock eine Eizelle im Eibläschen heran. Gleichzeitig wird die Schleimhaut in der Gebärmutter viermal so dick. Der Gebärmutterhals öffnet sich etwas und produziert einen nährstoffreichen Schleim. In ihm können die Spermien ungefähr fünf Tage im Körper der Frau überleben.

Wenn die Eizelle reif ist, platzt das Eibläschen. Das nennt man **Eisprung**.

Die Eizelle gelangt über den Eileiter zur Gebärmutter. Sie kann etwa einen Tag lang von den Spermien befruchtet werden. Geschieht das nicht, wird die Gebärmutterschleimhaut abgelöst und mit der Eizelle ausgeschieden. Beim Ablösen entstehen kleine Wunden. Deshalb blutet die Frau aus der Scheide. Dies nennt man **Menstruation**, Regelblutung oder Periode. Schon während der Blutung reift im Eierstock bereits eine neue Eizelle heran.

Den Vorgang von Eireifung, Aufbau und Abbau der Schleimhaut nennt man **Zyklus**. ↗4 Er ist bei Frauen unterschiedlich lang und kann zwischen 23 und 35 Tagen dauern. Bei jungen Mädchen ist der Zyklus oft noch unregelmäßig.

4 *Weiblicher Menstruationszyklus*

Hygiene während der Menstruation

Das Regelblut kann man mit Tampons oder mit Binden auffangen. ↗5 Der Tampon liegt in der Scheide und passt durch das Jungfernhäutchen. Binden und Tampons müssen regelmäßig gewechselt werden. Bei jedem Wechsel soll man auch den Schambereich waschen. Gegen starke Regelschmerzen können Wärme oder Kälte und Bewegung helfen.

5 *Verschiedene Tampons und Binden*

- Weibliche Geschlechtsorgane sind Schamlippen, Klitoris, Scheide, Gebärmutter, Eileiter und Eierstöcke.
- Das Heranreifen einer Eizelle sowie den Aufbau und Abbau der Schleimhaut nennt man Zyklus.

AUFGABEN

3 Erkläre die Vorgänge beim weiblichen Zyklus.
4 Nenne Hygienetipps für Frauen.

PRAXIS

Typisch Mann – typisch Frau?

1 Rollenbilder – eine Umfrage

1 Denken Mann und Frau so verschieden?

Typisch für …	Jungen	Mädchen
Sind zickig	???	???
Raufen	???	???
Spielen Fußball	???	???
Malen gerne	???	???
…	???	???

2 Umfrage zu Vorurteilen

Früher war es bei uns selbstverständlich, dass sich die Frauen um Haushalt und Kinder sorgten. Die Männer kümmerten sich um das Einkommen. Sie trafen auch alle wichtigen Entscheidungen für die Familie.
Eine Festlegung, wie man sich zu verhalten hat, nennt man ein Rollenbild. Kinder wurden so erzogen, dass sie in dieses Rollenbild passten. Jungen durften nicht weinen, Mädchen spielten mit Puppen und nicht mit Autos. Heute sind Männer und Frauen berufstätig. Sie teilen sich Haushalt und Erziehung der Kinder. Trotzdem gelten immer noch viele Eigenschaften oder Verhaltensweisen als typisch männlich oder typisch weiblich. Inzwischen geht man davon aus, dass die meisten dieser Eigenschaften anerzogen sind.

Material: Stift, Papier, Plakatkarton

Durchführung:
- Entwerft einen Fragebogen wie in Bild 2. Ergänzt weitere Eigenschaften und Verhaltensweisen, die ihr als typisch männlich oder weiblich einschätzt. ↗2
- Befragt je 20 Grundschüler, Sechstklässler, Neuntklässler und Erwachsene. Haltet die Ergebnisse im Fragebogen fest.

Auswertung: Vergleicht die Ergebnisse der verschiedenen Altersgruppen. Diskutiert, ob die Aussagen auf jedes Mädchen oder jeden Jungen zutreffen.

2 Sich verlieben – auch in das gleiche Geschlecht?

Bei uns können homosexuelle Paare wie in einer Ehe zusammenleben. Homosexualität ist weder eine Krankheit noch ein Verbrechen.

- Diskutiert über die Bilder. ↗3
- Viele benutzen „schwul" oder „Lesbe" als Schimpfwörter. Nimm dazu Stellung.
- Gibt es in eurer Schule Vorurteile gegenüber Homosexuellen? Überlegt Fragen für eine Umfrage und führt sie durch.

3 Verliebte Paare

Hallo, du da! Kannst du schon fühlen oder hören? Was bekommst du eigentlich mit? Stimmt es, dass du erst zwölf Wochen alt bist?

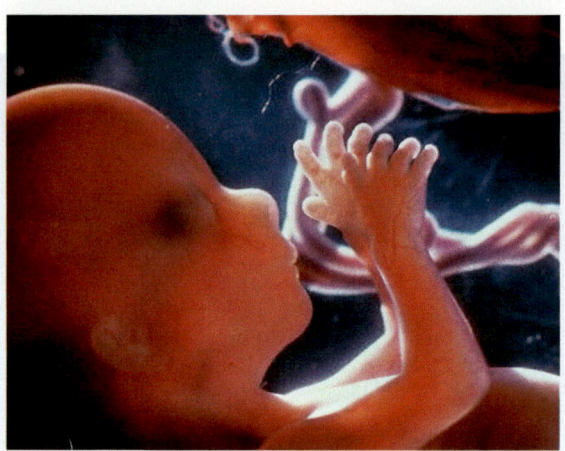

6.4 Neues Leben entsteht

Sex haben

Ineinander verliebte Menschen haben den Wunsch, den anderen zu berühren oder ihn zu küssen. Dabei spüren beide sexuelle Erregung. Frauen merken das daran, dass sich die Brustwarzen aufrichten und die Scheide feucht wird. Bei Männern wird der Penis steif. Manchmal haben sie auch den Wunsch, miteinander zu schlafen. Miteinander schlafen bezeichnet man als **Geschlechtsverkehr**. Dabei wird der Penis in die Scheide der Frau eingeführt und hin und her bewegt. Auf dem Höhepunkt des Mannes wird Sperma ausgestoßen, bei der Frau zieht sich die Scheide rhythmisch zusammen.

1 *Den anderen spüren*

Fruchtbare Tage

Spermien überleben im Körper der Frau höchstens fünf Tage lang. Die Eizelle ist nach dem Eisprung 12 bis 24 Stunden befruchtbar. Nur wenn ein Paar wenige Tage vor oder kurz nach dem Eisprung Geschlechtsverkehr hat, kann die Frau schwanger werden. Da der Zeitpunkt des Eisprungs aber nicht genau feststeht, muss man verhüten oder auf Geschlechtsverkehr verzichten, wenn man kein Kind haben will.

Befruchtung

Sobald das Sperma in die Scheide der Frau gelangt, beginnt ein Wettschwimmen der Spermien durch Scheide und Gebärmutter die Eileiter hinauf. Das erste Spermium, das die Eizelle erreicht, dringt in diese ein. Das nennt man **Befruchtung**. Ein neues Leben ist entstanden. Damit nur ein Spermium die Eizelle befruchten kann, wird ihre Hülle undurchdringlich. ↗2

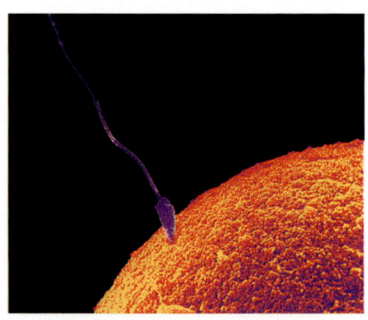

2 *Ein Spermium dringt in eine Eizelle ein (500-fach vergrößert).*

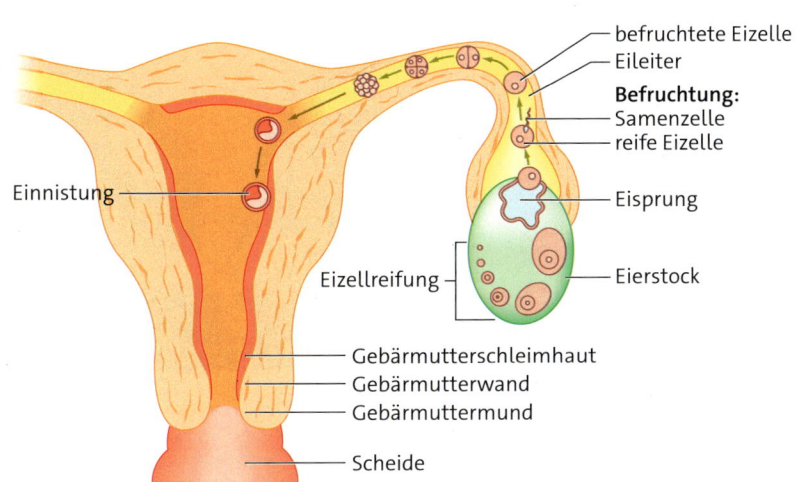

3 Von der Eizelle zum Embryo

Beginn der Schwangerschaft

Die befruchtete Eizelle wandert durch den Eileiter in Richtung Gebärmutter. Dabei teilt sie sich immer weiter. Sie nistet sich schließlich in der Gebärmutterschleimhaut ein und wird nun **Embryo** genannt. Die Frau ist schwanger. Schwangerschaftshormone unterdrücken jetzt den Abbau der Schleimhaut. Darum bleibt die Menstruation aus. ↗3

Vom Embryo zum Baby

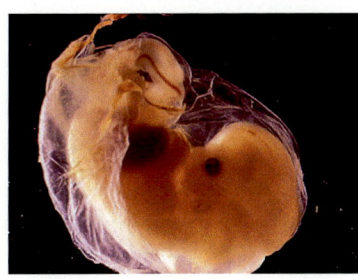

4 Embryo mit 7 Wochen

Gut geschützt von Fruchtblase und Fruchtwasser wächst der Embryo in den ersten vier Wochen auf eine Größe von fünf Millimetern heran. Sein Herz schlägt bereits in der 5. Woche. Nach acht Wochen sind alle Organe angelegt, das Gehirn entwickelt sich. Der Embryo wird nun **Fetus** genannt.
Bis zur Geburt wird der Fetus durch den Mutterkuchen über die Nabelschnur mit Nährstoffen und Sauerstoff versorgt. Der Fetus wächst schnell und nimmt an Gewicht zu. Ungefähr 40 Wochen oder neun Monate nach der Einnistung wird das Baby geboren. In der Regel wiegt es etwa drei Kilogramm und ist ungefähr 50 Zentimeter groß.

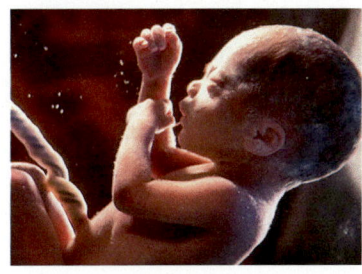

5 Fetus kurz vor der Geburt

- Bei der Befruchtung vereinigen sich Eizelle und Spermium. Es entsteht neues Leben.
- Nach der Befruchtung teilt sich die Eizelle, wandert durch den Eileiter und nistet sich in der Gebärmutter ein.
- Nach acht Wochen sind beim Embryo alle Organe angelegt, sein Herz schlägt.
- Nach etwa neun Monaten wird das Baby geboren.

AUFGABEN

1 Erkläre die Begriffe Befruchtung und Einnistung.
2 Beschreibe die Entwicklung der Eizelle zum Fetus.
3 „Verhütung muss nicht sein. Die Eizelle ist höchstens einen Tag lang fruchtbar." Nimm zu dieser Aussage Stellung.

Bekomme ich einen Bruder oder eine Schwester? Wie wird das werden, wenn ich nicht mehr die Kleinste bin? Ob meine Familie mich dann noch mag? Was wird sich ändern?

6.5 Schwangerschaft und Geburt

Ein Test bringt Sicherheit

Wenn bei einer Frau die Regelblutung ausbleibt, kann das auf eine Schwangerschaft hindeuten. Erst ein positiver **Schwangerschaftstest** bestätigt eine Schwangerschaft. ↗1 Er weist das Schwangerschaftshormon nach und zeigt so die Schwangerschaft an. Nun kommt auf die werdenden Eltern ein neuer Lebensabschnitt mit viel Verantwortung zu.

Spannende Monate

Eine Schwangerschaft ist keine Krankheit. Dennoch leiden manche Frauen in den ersten drei Monaten unter Übelkeit oder Erschöpfung. Die Stimmungen schwanken zwischen Vorfreude und Angst. Voller Glück spürt die Mutter im vierten Monat die ersten Bewegungen ihres Kindes. Da es schnell größer wird, drückt es am Ende der Schwangerschaft auf die inneren Organe. Deshalb leiden manche Frauen unter Sodbrennen oder Atemnot. Auch Rückenschmerzen können sich einstellen.

Verantwortung für das Kind

Babys bekommen die Gefühle der Mutter mit: Ist sie entspannt, sind sie es auch. Ruhige Musik und Streicheln des Bauches beruhigen das Baby im Mutterleib.

Eine **ausgewogene Ernährung** mit Obst, Gemüse, Salat und Eiweiß unterstützt die gesunde Entwicklung des Babys. ↗2 Alkohol und Rauchen können das Baby schwer schädigen. Auch andere Menschen dürfen in der Gegenwart einer Schwangeren nicht rauchen. Medikamente soll die Frau nur auf den Rat eines Arztes einnehmen.

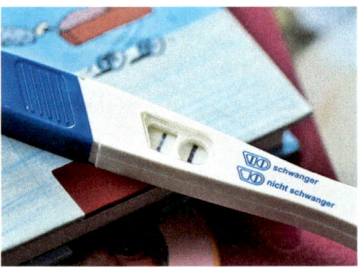

1 *Ein Test aus der Apotheke bringt Sicherheit.*

2 *Gesunde Ernährung*

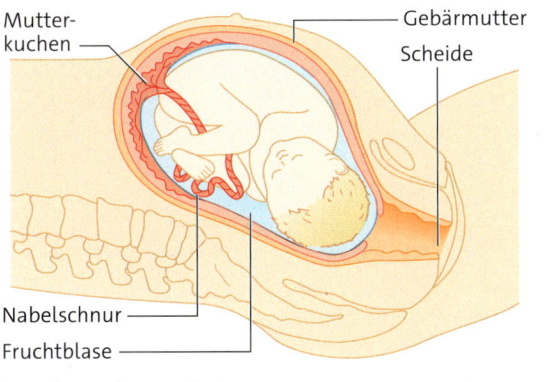
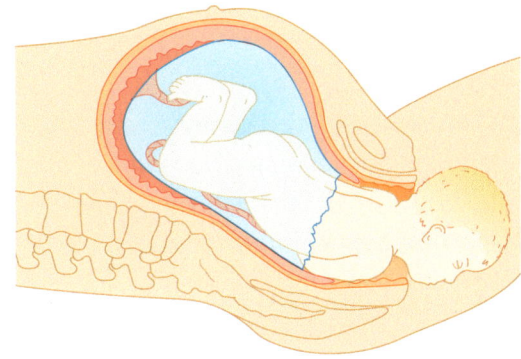

3 Geburt eines Babys

Regelmäßige Vorsorge schützt

Steht eine Schwangerschaft fest, sollte die werdende Mutter so bald wie möglich zum Frauenarzt gehen. Dort bekommt sie einen Mutterpass. Er begleitet sie durch die Schwangerschaft. Bei regelmäßigen **Vorsorgeuntersuchungen** wird die Gesundheit von Mutter und Kind kontrolliert. Die Untersuchungsergebnisse werden in den Mutterpass eingetragen. Ultraschalluntersuchungen zeigen die Entwicklung des Babys. Risiken können so erkannt und viele Krankheiten behandelt werden. ↗4

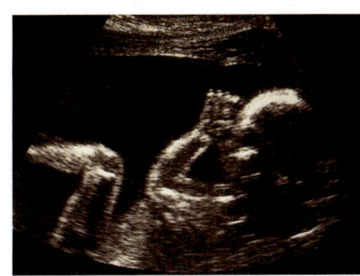

4 Ultraschallbild

Geburt

Nach neun Monaten ist das Baby fertig entwickelt. Die Geburt setzt ein. Die Gebärmuttermuskulatur zieht sich zusammen. Das nennt man die **Wehen**. Sie schieben das Baby durch die Scheide. Meist wird zuerst der Kopf des Babys geboren. ↗3 Hebammen, Ärzte und der werdende Vater unterstützen die Frau bei der Geburt. Meist durchtrennt der Vater die Nabelschnur. Das tut dem Baby nicht weh.

Nach der Geburt

Viele Mütter lassen ihr Kind kurz nach der Geburt von der Brust trinken. Das nennt man **Stillen**. Die Muttermilch ist ein perfekt angepasstes Nahrungsmittel. Das Stillen erhöht die Bindung zwischen Mutter und Kind. Auch der Vater ist sehr wichtig. Er teilt sich die Pflege des Kindes mit der Mutter und baut so eine enge Beziehung zum Kind auf. Die neue Familie braucht zum Zusammenwachsen viel Zeit und Ruhe. ↗5

5 Gemeinsame Sorge für das Baby

- Ausgewogene Ernährung und Verzicht auf Rauchen oder Alkohol unterstützen eine gesunde Schwangerschaft.
- Nach neun Monaten wird das Kind geboren.
- Vater und Mutter versorgen gemeinsam das Baby.

AUFGABEN
1 Zähle fünf Tipps für werdende Mütter auf.
2 Erkläre an zwei Beispielen, welche wichtige Rolle der Vater spielt.

„Es" ist einfach passiert – zuerst haben wir nur geschmust, aber dann wollten wir mehr. Jetzt habe ich Angst, dass ich schwanger bin. Was soll ich nur tun? Ich kann doch noch kein Kind bekommen.

6.6 Verhütung

Verantwortung für zwei

Beim Geschlechtsverkehr kann das Mädchen schwanger werden. Dass man beim ersten Mal nicht schwanger werden kann, ist falsch. Deshalb ist es wichtig, dass du dir schon vor dem ersten Geschlechtsverkehr mit deinem Partner Gedanken über die Verhütung machst. Die Verhütung geht beide Partner an: Sie treffen gemeinsam die Entscheidung, mit welchem Verhütungsmittel eine Schwangerschaft verhindert werden soll. Beide Partner müssen sich mit der Verhütungsmethode auskennen. ↗1

Antibabypille

Die **Antibabypille** enthält Hormone. Diese Hormone unterdrücken den Eisprung und verhindern so eine Schwangerschaft. ↗2 Die Antibabypille muss vom Arzt verschrieben werden, denn das Medikament muss zu der Frau passen. Wenn du die Pille nimmst, musst du zweimal im Jahr zum Frauenarzt. Die Antibabypille kann Nebenwirkungen haben. Manche Frauen vertragen sie daher nicht. Rauchen und Antibabypille passen nicht zusammen: In den Adern können sich Blutgerinnsel bilden und sie verstopfen. Das ist lebensgefährlich.
Die Antibabypille wird täglich eingenommen, am besten immer zur gleichen Zeit. Da ihre Wirkstoffe erst im Darm vom Körper aufgenommen werden, wirkt sie nicht, wenn man Durchfall hat oder sich erbrechen muss. Manche Antibiotika heben die Wirkung der Pille auf. In diesen Fällen muss man entweder auf Geschlechtsverkehr verzichten oder anders verhüten.

> **Verhütungsregeln**
> - Plane die Verhütung schon vor dem ersten Mal.
> - Bestehe auf Verhütung.
> - Schütze dich mit Kondomen, auch vor Krankheiten wie Aids.
> - Achte auf die regelmäßige Einnahme der Pille.
> - Verhüte auch während der Regel.
> - Suche bei Verhütungspannen sofort Rat und Hilfe.

1 Regeln für die Verhütung

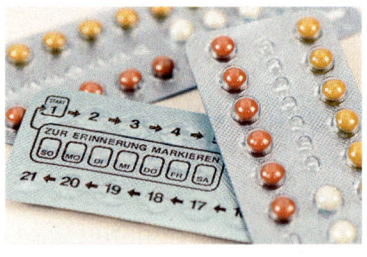

2 Antibabypille

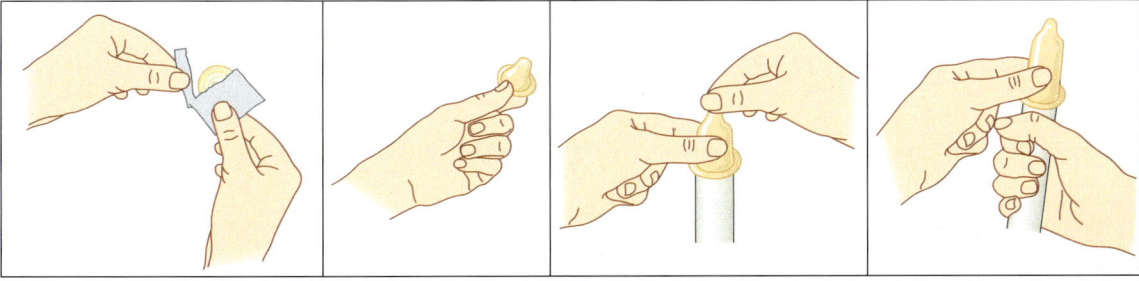

3 Kondome müssen richtig sitzen.

Kondom

Das **Kondom** ist ein dünner, sehr dehnbarer Schlauch aus Gummi. Es wird über den steifen Penis gezogen und verhindert, dass Spermien in die Scheide gelangen. ↗3
Kondome darf man nur einmal verwenden. Du darfst sie nicht im Geldbeutel aufbewahren, weil die Münzen das Material beschädigen. Spitze Fingernägel können kleine Löcher reißen. Daher musst du das Kondom vorsichtig überstreifen.
Kondome sind sehr sichere Verhütungsmittel ohne Nebenwirkungen. Sie schützen zusätzlich vor Geschlechtskrankheiten wie Aids. Markenkondome erkennst du am CE-Prüfsiegel und dem Haltbarkeitsdatum. Sie sind besonders sicher. ↗4

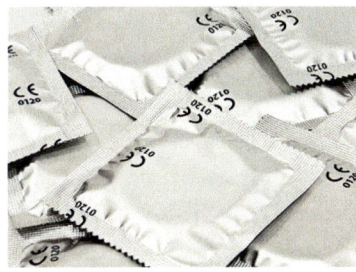

4 Kondome mit Prüfsiegel

„Pille danach"

Die **„Pille danach"** ist eine Notfallverhütung, wenn du die Pille nicht genommen hast oder das Kondom verrutscht ist. Die Hormone verschieben den Eisprung. So kann eine Schwangerschaft verhindert werden. Je eher die Frau das Medikament einnimmt, desto besser. 48 Stunden nach dem Geschlechtsverkehr wirkt es nicht mehr. Die „Pille danach" kann Nebenwirkungen haben. Es gibt sie rezeptfrei in Apotheken. ↗5

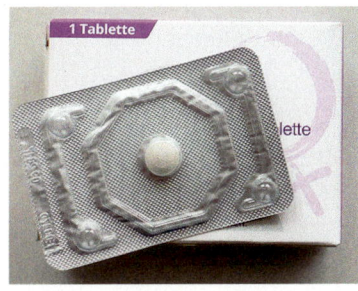

5 „Pille danach"

Einfach aufpassen?

Der Fachausdruck für „einfach aufpassen" ist Koitus interruptus. Das heißt auf Deutsch „unterbrochener Geschlechtsverkehr". Dabei zieht der Mann den Penis vor dem Samenerguss aus der Scheide. Der Mann verliert aber schon vor dem eigentlichen Samenerguss etwas Sperma. Daher kann man mit dem Koitus interruptus nicht verhüten.

- Die Antibabypille und das Kondom sind sichere Verhütungsmittel.
- Die Pille danach ist nur eine Notfallverhütung.
- Der Koitus interruptus ist keine Verhütungsmethode.

AUFGABEN

1 Nenne zwei sichere Verhütungsmittel.
2 Erläutere, warum der Koitus interruptus keine Verhütungsmethode ist.
3 Erkläre anhand von vier Tipps, wie man Kondom oder Antibabypille sicher verwendet.

PRAXIS

Mein Körper – meine Entscheidung

1 Das erste Mal

1 Jeder hat sein eigenes Tempo.

Das erste Mal Sex zu haben soll ein schönes Erlebnis sein. Nicht immer erleben Jugendliche den ersten Geschlechtsverkehr als befriedigend. Das kann daran liegen, dass sie sich zum Sex drängen lassen. Ein Grund kann die Angst davor sein, den Freund zu verlieren. Andere möchten vielleicht als „cool" dastehen. Manche prahlen auch mit ihren Erlebnissen, posten intime Fotos in sozialen Medien oder reden schlecht über den Partner.

Durchführung: Stellt euch vor, ihr hört folgende Sätze. Nehmt dazu Stellung.
1 Ayshe (15): „Ben verlässt mich, wenn ich nicht mit ihm ins Bett gehe."
2 Momed (14): „Eigentlich will ich gar nicht. Aber alle erzählen, dass sie schon so viele Mädchen hatten."
3 Ben (16): „Die Schlampe treibt's auch mit jedem. Nach der Disko hab ich sie rumgekriegt."
4 Lena (15): „Ich will noch keinen Sex, erst wenn ich verheiratet bin."
5 Angelo (12): „Hey guck mal, das Bild. Hat die gar nicht gemerkt! Ich stell's in die Gruppe!"
6 Sarah (13): „Ich soll dir ein Oben-ohne-Foto von mir schicken?"

2 Sicher unterwegs im Internet

Soziale Medien machen Spaß. Manchmal wird man aber auch belästigt ...

Durchführung:
- Sprecht darüber, welche sexuellen Belästigungen es in sozialen Medien gibt.
- Informiert euch, wie ihr euch im Internet verhalten sollt, um sexuelle Belästigungen zu vermeiden.
- Gestaltet in Kunst- und im Deutschunterricht für eure jüngeren Mitschüler eine Tippsammlung „Sicher unterwegs im Netz".
- Macht eine anonyme Umfrage, ob es in eurer Schule sexuelle Belästigung gibt. Wertet sie im Mathematikunterricht aus und präsentiert die Ergebnisse.

3 Lass mich in Ruhe – fass mich nicht an

Nicht alle Menschen lässt du gleich nahe an dich heran. Nur sehr vertraute Personen dürfen deinen Körper berühren. ↗2

2 Ungewollte Nähe

Durchführung:
- Lost Dreiergruppen aus. Einer ist der Beobachter. Der Zweite steht etwa zwei Schritte vor der Wand. Der Dritte nähert sich ihm. Du darfst auch Stopp sagen.
- Äußert eure Beobachtungen und Gefühle.
- Führt den Versuch nun mit einem guten Freund oder einer guten Freundin durch. Entdeckt ihr Unterschiede?

ZUSAMMENFASSUNG

Entwicklung menschlichen Lebens

Zeit der Veränderung
In welchem Alter die Pubertät beginnt, ist unterschiedlich. Die Pubertät verändert Körper und Gefühle. ↗1

1 *Veränderungen in der Pubertät*

Vom Jungen zum Mann
Die männlichen Geschlechtsorgane sind Penis, Hoden und Nebenhoden sowie die Samenleiter. ↗2
In Hoden und Nebenhoden werden die Spermien erzeugt. Beim Samenerguss wird Sperma aus dem Penis herausgeschleudert.

Vom Mädchen zur Frau
Die weiblichen Geschlechtsorgane sind Schamlippen, Klitoris, Scheide, Gebärmutter, Eileiter und Eierstöcke. ↗3
Das Heranreifen der Eizelle sowie der Aufbau und Abbau der Schleimhaut heißt Zyklus. Nicht befruchtete Eizellen werden bei der Regelblutung ausgeschieden.

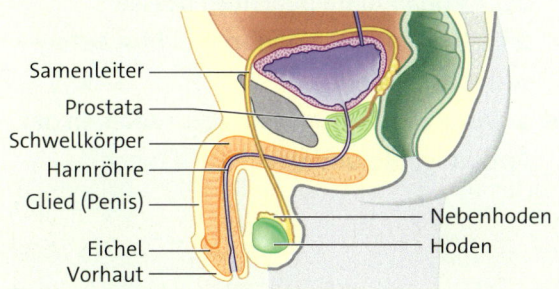

2 *Männliche Geschlechtsorgane*

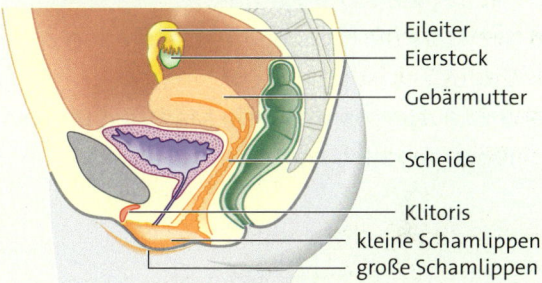

3 *Weibliche Geschlechtsorgane*

Neues Leben entsteht
Wenn eine Samenzelle eine Eizelle befruchtet, entsteht neues Leben. Die befruchtete Eizelle teilt sich und wandert durch den Eileiter in die Gebärmutter. Dort nistet sie sich ein. Bereits nach acht Wochen sind alle Organe angelegt, das Herz schlägt. ↗4

Schwangerschaft und Geburt
Eine ausgewogene Ernährung und der Verzicht auf Rauchen und Alkohol unterstützen eine gesunde Schwangerschaft. Nach neun Monaten wird das Baby geboren. Mutter und Vater versorgen das Baby gemeinsam.

Verhütung
Beim Geschlechtsverkehr kann die Frau schwanger werden. Wenn man kein Kind will, müssen die Partner verhüten. Richtig angewandt schützen Antibabypille und Kondom sicher vor einer Schwangerschaft.

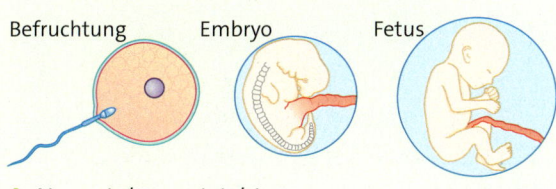

4 *Neues Leben entsteht.*

AUFGABEN ZUM GRUNDWISSEN

1 Zeit der Veränderung
a ☐ Nenne zwei körperliche und zwei seelische Veränderungen in der Pubertät, die sowohl bei Mädchen als auch Jungen auftreten.
b ◪ Erkläre, wie die Pubertät ausgelöst wird.
c ◪ Erläutere, wieso in der Pubertät Körperpflege besonders wichtig wird.

2 Vom Jungen zum Mann – vom Mädchen zur Frau
a ☐ Nenne das männliche und das weibliche Geschlechtshormon.
b ◪ Ordne die Namen der Geschlechtsorgane den Buchstaben in Bild 1 zu: Penis, Samenleiter, Hoden, Eichel. ↗1
c ◪ Ordne die Namen der Geschlechtsorgane den Buchstaben in Bild 2 zu: Scheide, Eileiter, Eierstock, Klitoris. ↗2
d ◪ Erkläre die Fachbegriffe Ejakulation und Zyklus.
e ◪ Erläutere, ab wann ein Mädchen und ein Junge geschlechtsreif sind.

3 Neues Leben entsteht
a ☐ Nenne, den Zeitpunkt, ab dem neues Leben entsteht.
b ◪ Beschreibe die Vorgänge vom Zeitpunkt der Befruchtung bis zur Einnistung des Eis.

4 Schwangerschaft und Geburt
a ☐ Nenne Einflüsse, die dem ungeborenen Kind schaden können.
b ◪ Erkläre, was man unter Mutterpass, Wehen und Stillen versteht.
c ◪ Erläutere, welche Rolle der Vater bei Schwangerschaft und Geburt spielt.

5 Verhütung
a ☐ Nenne zwei für Jugendliche geeignete Verhütungsmittel.
b ◪ Erkläre, was Mädchen bei der Einnahme der Antibabypille beachten müssen.
c ◪ Erkläre, wie du Kondome richtig aufbewahrst und benutzt.
d ◪ Erläutere den Unterschied zwischen der Antibabypille und der „Pille danach".

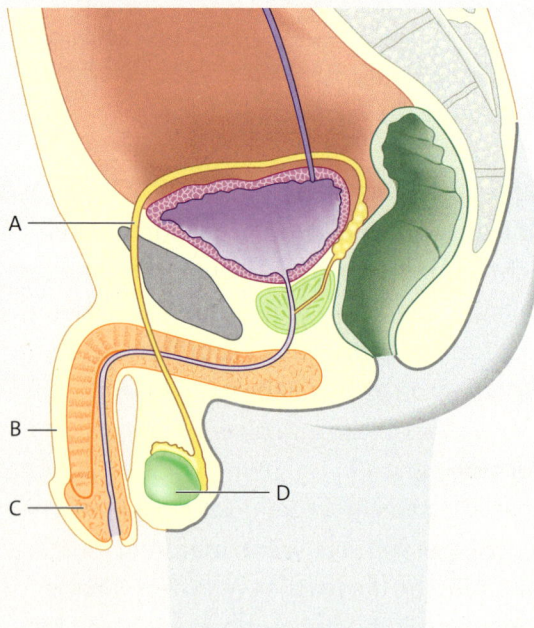

1 *Männliche Geschlechtsorgane*

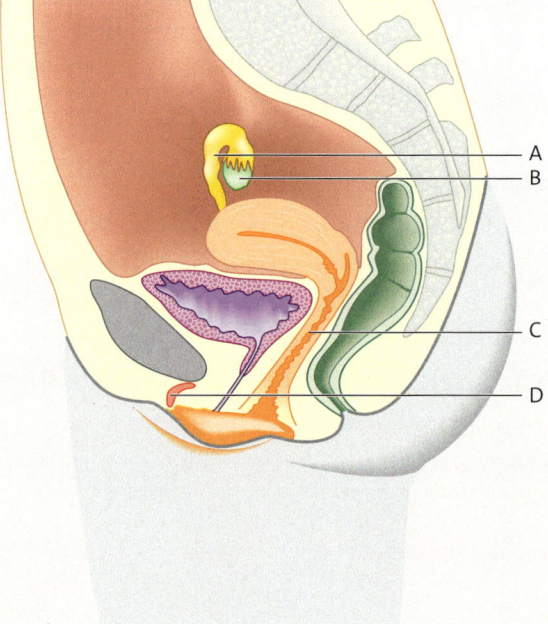

2 *Weibliche Geschlechtsorgane*

AUFGABEN ZUR ANWENDUNG

6 Verantwortung füreinander

3 *Anna und Mario*

Anna und Mario sind verliebt. Sie verbringen fast die ganze Zeit zusammen. ↗3
a ◪ Den beiden ist es peinlich, über Verhütung zu sprechen. Berate sie.
b ■ Mario beschließt, beim Sex einfach aufzupassen. Beurteile seine Entscheidung.

7 Neues Leben
a ☐ Gib an, ab welchem Zeitpunkt das Herz eines Embryos schlägt.
b ☐ Beschreibe, was du im Ultraschallbild in Bild 4 erkennen kannst. ↗4
c ◪ Schätze, wie viele Wochen seit der Befruchtung der Eizelle vergangen sind.

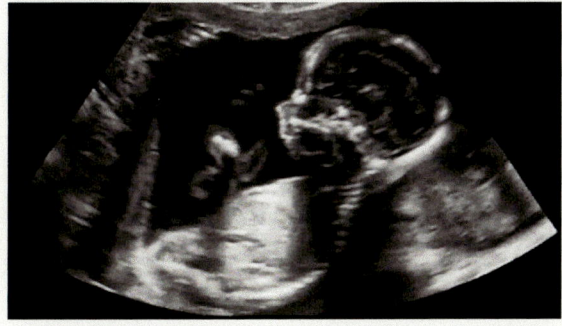

4 *Ultraschallbild eines Fetus*

8 Was ist Liebe?
a ◪ „Lieben" kann vieles bedeuten. Finde zu dieser Aussage Beispiele. ↗3, 5
b ◪ Liebe ist, wenn ...
Finde mindestens fünf Ergänzungen zu diesem Satz.

5 *Kai liebt seine Oma.*

9 Sexuelle Belästigung – oder ganz in Ordnung?
■ Beurteile, ob du in den geschilderten Situationen sexuelle Belästigung erkennst.
a Eine Ärztin/ein Arzt bittet die Kranke/den Kranken, sich für die Pulsmessung auszuziehen.
b Eine Mutter/ein Vater zieht dem Baby die Windel aus, um sie zu erneuern.
c Eine Mutter/ein Vater küsst den Teenager auf die Wange.
d Ein Übungsleiter macht Bemerkungen über den Körper einer Schülerin/eines Schülers.
e An die Tafel wird ein Penis oder ein Mädchen mit Brüsten gezeichnet.

Lösungen zu den Aufgabenseiten

1 Eigenschaften und Bedeutung von Wasser – S. 34/35

1 a

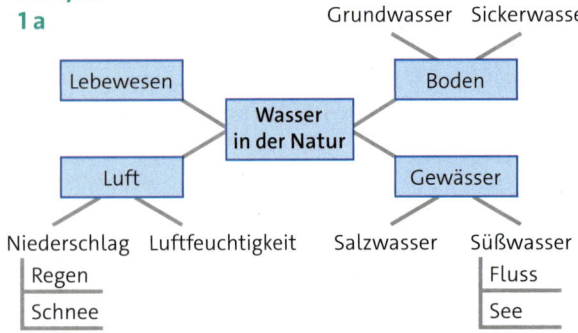

b Felder muss man gießen, für die Produktion von Papier, Alufolie und Autos benötigt man ebenfalls Wasser.
c Du sollst täglich 2 Liter trinken.
d Wasser ist unser wichtigstes Lebensmittel, weil es wichtige Aufgaben in unserem Körper hat. Es löst und transportiert Nährstoffe, Mineralstoffe und Spurenelemente. Schwitzen regelt die Körpertemperatur. Daher können wir nur wenige Tage ohne Wasser leben.
2 a Leicht löslich: Zucker, Salz; schwer löslich: Kalk; unlöslich: Silber, Kupfer
b Flüssige Stoffe: Alkohol, Essig; gasförmige Stoffe: Sauerstoff, Kohlenstoffdioxid
c Trinkwasser enthält gelöste Teilchen, die Strom leiten, daher leitet es. Destilliertes Wasser besteht nur aus Wasserteilchen, die den Strom nicht leiten.
Zuckerwasser enthält keine gelösten Teilchen, die Strom leiten, Salzwasser schon. Daher leitet Zuckerwasser nicht, Salzwasser leitet den Strom. Salzwasser leitet den elektrischen Strom besser als Trinkwasser, denn Salzwasser enthält mehr gelöste Teilchen, die den Strom leiten.
d Aggregatzustände: fest, flüssig, gasförmig
A schmelzen, **B** erstarren, **C** verdampfen/sieden, **D** kondensieren
3 a Wasserrohrbruch, Frostaufbruch auf Straßen
b Wasser ist bei 4 °C am schwersten.
c Weil Wasser bei 4 °C am schwersten ist, ist diese Wasserschicht unten. Nach oben folgen die kälteren Wasserschichten, ganz oben ist Eis. Die unterste Wasserschicht bleibt in tieferen Gewässern also flüssig. Darum können Fische dort überleben.
d Eis ist leichter als flüssiges Wasser und schwimmt daher oben.
4 a Wasserstoff wird durch die Knallgasprobe nachgewiesen, Sauerstoff durch die Glimmspanprobe.

b Wasser besteht aus den Elementen Wasserstoff und Sauerstoff.
c

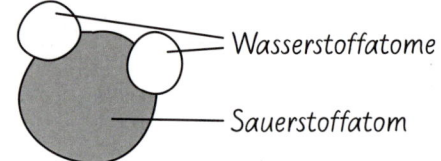

5 a A Lageenergie, **B** Bewegungsenergie, **C** elektrische Energie, **D** Strahlungsenergie
b Für ein Laufwasserkraftwerk braucht man einen Fluss mit Gefälle. Meist wird der Fluss gestaut. Das aufgestaute Wasser läuft in Röhren nach unten und treibt dabei eine Turbine an. Die Turbine treibt einen Generator an, der elektrischen Strom erzeugt.
6 a hellblau: Salzwasser; mittelblau: Süßwasser; dunkelblau: Trinkwasser
b Individuelle Lösungen, z. B. duschen statt baden, Wasserhähne fest schließen, Spartaste bei der Toilette, Regenwasser für Blumen, Wasser nicht unnötig laufen lassen, kaputte Hähne reparieren …
7 A Sauerstoff, **B** Wasserstoff, **C** Salzwasser
8 Wenn man Wasser unter Gleichstrom setzt, bilden sich Gasblasen. Am negativen Pol bilden sich mehr Gasblasen als am positiven Pol. Die Gasblasen steigen nach oben und sammeln sich. Das Gas am negativen Pol ist Wasserstoff. Das Gas am positiven Pol ist Sauerstoff. Es entsteht die doppelte Menge an Wasserstoff.
9 a Wasser zählt zu den erneuerbaren Energiequellen, weil es durch den Regen immer wieder nachgeliefert wird und so nahezu unbegrenzt vorhanden ist.
b Große Wasserkraftwerke sind umstritten, weil die Landschaft verändert wird, Menschen umgesiedelt und die Wasserlebewesen gestört werden.
c A Wenn der Fluss ein großes Gefälle hat, hat das Wasser mehr Energie und die Turbinen drehen sich schneller.
B Je mehr Wasser in einem Fluss ist, desto mehr Wasser treibt die Turbinen an. Dadurch drehen sich die Turbinen schneller.
C Wenn es weniger regnet, haben die Flüsse weniger Wasser. Es kann also weniger Strom produziert werden. Vielleicht trocknen im Sommer manche Flüsse auch ganz aus, so wie in Italien.
d In Bayern und Baden-Württemberg gibt es die Alpen und die Mittelgebirge. Dort sind viele Flüsse. An den Bergen regnet es viel. Die Flüsse haben viel Wasser und ein großes Gefälle. Diese Flüsse eignen sich für den Bau von Wasserkraftwerken.

2 Lebensraum Boden – S. 54/55

1 a Pflanzen wie Nüsse, Gras, Früchte …
b Tiere und Pflanzen leben in Lebensgemeinschaften. Zusammen mit den Umweltfaktoren ihres Lebensraums bilden sie ein Ökosystem. Die beteiligten Lebewesen sind in einem Gleichgewicht, das sich selbst reguliert.
c Eichel ⟶ Eichhörnchen ⟶ Habicht
oder Haselnuss ⟶ Haselmaus ⟶ Wildschwein
oder Regenwurm ⟶ Haselmaus ⟶ Habicht
d Gras ⟶ Kuh ⟶ Mensch
oder Getreide ⟶ Huhn ⟶ Mensch
2 a Wasser + Kohlenstoffdioxid ⟶ Zucker + Sauerstoff
b Die Pflanzen können die Energie der Sonne in Zucker, Stärke oder Fette umwandeln. Menschen und Tiere brauchen diese Stoffe zum Leben. Pflanzen erzeugen also Stoffe, die anderen Lebewesen als Nahrungsgrundlage dienen.
3 a Erzeuger: Eiche, Gras, Weizen …
Verbraucher: Mensch, Schwein, Hase …
Zersetzer: Pilz, Bakterien, Kleinstlebewesen …
b Neben Regenwürmern und anderen größeren Tieren sind an der Laubzersetzung vor allem Bakterien beteiligt. Am Ende liegen Kohlenstoffdioxid, Mineralstoffe, Wasser und Spurenelemente vor.
4 a *Streu:* Hier finden sich abgestorbene Pflanzenteile und tote Organismen, die noch nicht zersetzt sind. In der Streu leben außerdem Kleinstlebewesen wie Würmer und Asseln.
Belebter Oberboden: In ihm wurzeln Bäume und andere Pflanzen. Hier leben Bodenlebewesen wie der Regenwurm. Diese Schicht enthält besonders viele Nährstoffe und Mineralstoffe.
Verwitterter Unterboden: Er besteht aus großen und kleinen Steinen und ein wenig Humus. Pflanzen finden mit ihren Wurzeln Halt.
Gestein: Diese Schicht besteht aus festen Steinen, die noch nicht verwittert sind.
b Verwitterung ist der langsam fortschreitende Zerfall festen Gesteins durch Wärme, Kälte, Wind und Wasser.
5 a Der Boden dient als Rohstoffquelle, Nahrungsquelle, Lebensraum für Menschen, Tiere und Pflanzen, Wasserspeicher und Wasserfilter.
b, c **A** richtig
B falsch; Bayern hat sehr viel Wald und Äcker.
C richtig
D falsch; gerade die übermäßige Belastung durch schwere Traktoren führt zu einer Verdichtung des Bodens, in den dann kaum mehr Wasser eindringen kann.

6 a

b In den Blüten und den Wurzeln der Pflanze findet keine Fotosynthese statt. Da diese Teile nicht grün sind, fehlen die Chlorophyllkörnchen, die die Energie umwandeln können. Die Wurzeln liegen außerdem unter der Erde, sodass kein Sonnenlicht hinkommt.
7 a Auf den Komposthaufen gehören rohe Gemüsereste und Obstreste, Eierschalen, Kaffesatz, verwelkte Blumen oder pflanzliche Gartenabfälle.
b Im Kompost arbeiten verschiedene Lebewesen zusammen. Bakterien, Pilze und Kleinstlebewesen zersetzen die Pflanzenreste stufenweise. Zum Schluss sind nur noch feine Krümel übrig. Die Temperatur im Kompost steigt am Anfang stark an, um dann langsam zu sinken.
8 a Auf der Piste wachsen auch im Sommer kein Gras oder andere Pflanzen. Es wächst fast nichts.
b Durch das Gewicht der schweren Pistenraupen wird der Boden verdichtet. Wasser und Luft werden herausgepresst. Die Bodenlebewesen ersticken. Bei starkem Regen kann der verdichtete Boden das Wasser nicht mehr aufnehmen. Durch das Fällen von Bäumen und das Roden von Flächen ist der Boden nicht mehr bedeckt. Das führt zu Bodenerosion. Der Boden wird weggeschwemmt oder vom Wind weggeweht.
c *Vorteile:* Skipisten bringen vielen Menschen im Winter Spaß und Sport. Außerdem gibt es für die Menschen Arbeitsplätze, zum Beispiel am Skilift oder in den Skihütten. Die Geschäfte in einem Wintersportort nehmen mehr Geld ein, wenn Touristen kommen.
Nachteile: Für die Natur sind Skipisten schädlich. Der Boden wird verdichtet und es kann zur Bodenerosion kommen. Durch die vielen Menschen im Winter werden die Tiere vertrieben.
Bewertung: Individuelle Lösung, z. B. Man sollte keine weiteren Skipsten bauen, weil das schlecht für die Natur ist. Der Mensch ist für die Natur verantwortlich und muss Pflanzen und Tiere schützen, weil sie das selbst nicht können.
9 a Der Landwirt kann Hecken am Rand der Äcker wachsen lassen. Zwischen den Ernten kann er Pflanzen anbauen, die dann zur Gründüngung untergepflügt werden.

b In den Streifen werden verschiedene Pflanzensorten angebaut, die unterschiedlich wachsen. So ist ein Teil des Bodens immer bedeckt. Das verhindert die Bodenerosion durch Wind und Wasser.

3 Kräfte und Kraftwandler – S. 74/75

1a Physikalische Kräfte: Federkraft, Muskelkraft, Gewichtskraft, Erdanziehungskraft, Windkraft; nicht physikalische Kräfte: Sehkraft, Waschkraft, Leuchtkraft, Durchsetzungskraft, Überzeugungskraft

b Kräfte bremsen, beschleunigen oder ändern die Bewegungsrichtung von Körpern. Sie verformen Körper elastisch oder plastisch.

c

Kraft	Wirkung
Muskelkraft	beschleunigt den Körper
Gewichtskraft	dehnt die Federn des Trampolins, bremst die Bewegung nach oben und beschleunigt den Körper Richtung Erdmittelpunkt
Federkraft	beschleunigt den Körper nach oben, bremst den Fall nach unten
Reibungskraft (Luft, Trampolin)	bremst alle Bewegungen

d

Beispiel	Art der Kraftwirkung
Türe öffnen	Änderung des Bewegungszustands (beschleunigen, bremsen)
Butter auf Brot streichen	Änderung der Form (plastisch)
Luftballon aufblasen	Änderung der Form (elastisch)
Ball schießen	Änderung der Form (elastisch) und des Bewegungszustands (Richtung)
um die Kurve fahren	Änderung des Bewegungszustands (Richtung)

2a $A = 2{,}0$ N; $B = 0{,}65$ N; $C = 4{,}3$ N; $D = 0{,}6$ N; $E = 9$ N; $F = 3{,}8$ N

b Bei den Kraftmessern kann der Nullpunkt unterschiedlich liegen, entweder oben oder unten. Kraftmesser unterscheiden sich in der maximal messbaren Kraft und ihre Skalen sind unterschiedlich eingeteilt. Es gibt durchsichtige und nicht durchsichtige Kraftmesser. Abhängig vom Modell wird der Nullpunkt unterschiedlich eingestellt.

3a Einarmige Hebel: **B** Flaschenöffner, **E** Nussknacker
Zweiarmige Hebel: **A** Schere, **C** Nagelzwicker, **D** Brecheisen, **F** Beißzange

b Bei allen einarmigen Hebeln liegen Kraftarm und Lastarm auf derselben Seite. Das eine Ende des Hebels ist der Drehpunkt.

4a Formel für die Berechnung der Arbeit:
Arbeit = Kraft · Weg

b Arbeit beim Sandhochheben:
Gegeben: Gewichtskraft von 20 kg Sand: 200 N
           Weg = 5 m
Gesucht: Arbeit
Rechnung: Arbeit = 200 N · 5 m
           Arbeit = 1000 Nm = 1000 J = 1 kJ

5a Emma muss sich bei A hinsetzen.

b Gegeben: Gewichtskraft Jonas (Kraftarm): 200 N
            Gewichtskraft Vater (Lastarm): 800 N
            Lastarm = 1 m
Gesucht: Länge von Kraftarm
Rechnung: Hebelgesetz:
            Kraft · Kraftarm = Last · Lastarm
            200 N · Kraftarm = 800 N · 1 m
            Kraftarm = 800 N · 1 m : 200 N
            Kraftarm = 4 m

c Der Drehpunkt liegt bei dieser Schachtel nicht in der Mitte. Mögliche Erklärungen: Im Inneren der Schachtel ist die Masse ungleich verteilt. Die Schachtel könnte auch von unten mit einem Föhn angeblasen werden oder der verdeckte Daumen hält die Schachtel fest.

6a Beide verrichten gleich viel Arbeit. Shirin muss mehr Kraft aufwenden, da ihr Weg der kürzere ist. Leonies Weg ist länger, dafür benötigt sie aber weniger Kraft.

b Arbeit = Kraft · Weg
Gegeben: Gewichtskraft (Leonie mit Rollstuhl): 700 N
           Weg = 0,6 m
Gesucht: Arbeit
Rechnung: Arbeit = 700 N · 0,60 m
           Arbeit = 420 Nm = 420 J

7a Ralf wird die Schere mit dem längsten Griff (Hebelarm) wählen. Begründung: Je länger der Hebelarm, desto geringer ist die zum Schneiden notwendige Kraft.

b Ralfs Vater hat eine Schere mit kurzem Hebelarm gewählt. Deshalb benötigt er viel Kraft bei der Arbeit. Seine Gelenke und Muskeln in den Händen werden dadurch stark beansprucht und belastet. Es können Schmerzen auftreten.

4 Bewegung – S. 94/95

1 a Je mehr Zeit ein Läufer für 100 m benötigt, desto *langsamer* läuft er.
Je weniger Zeit ein Läufer für 100 m benötigt, desto *schneller* läuft er.
Je länger die Strecke ist, die ein Läufer in 60 s läuft, desto *schneller* läuft er.
Je kürzer die Strecke ist, die ein Läufer in 60 s läuft, desto *langsamer* läuft er.
b Schnellstes Fahrzeug 2, langsamstes Fahrzeug 3
c

Fahrzeug	1	2	3
Weg s	100 m	100 m	200 m
Zeit t	6 s	8 s	26 s
Geschwindigkeit v	12,5 m/s	25 m/s	8,3 m/s
Geschwindigkeit v	45 km/h	90 km/h	30 km/h

2 a Beschleunigung, Abbremsen, Richtungsänderung, Verformung
b Eine gleichförmige Bewegung ist eine Bewegung mit gleichbleibender Geschwindigkeit.
c *Gleichförmige Bewegungen:*
Rolltreppe, Förderband auf der Baustelle, elektrische Modelleisenbahn
Begründung: Maschinen laufen gleichmäßig, darum bleibt die Geschwindigkeit gleich.
Ungleichförmige Bewegungen:

Bewegung	Begründung
100-m-Sprint	Läufer wird zunächst schneller, dann wieder langsamer.
Fahrradweg zur Schule	Es kann nicht immer die gleiche Geschwindigkeit gehalten werden, z. B. an Ampeln.
Ausdauerlauf	Läufer kann konstante Geschwindigkeit nicht halten, z. B. an Anstiegen.
Serpentinenfahrt bergauf und bergab	Der Fahrer muss vor den Kurven abbremsen.
Skateboardfahrer auf der Halfpipe	Das Board beschleunigt stark beim Abwärtsfahren und wird beim Aufwärtsfahren langsamer.
Gehen auf einer Slackline	Der Läufer muss balancieren und dabei stehen.

3 a Je *größer* die Masse eines Körpers ist, desto träger ist er.
b A Wegen der Trägheit meines Körpers kippe ich nach hinten, entgegen der Fahrtrichtung.
B Wegen der Trägheit meines Körpers kippe ich nach vorne in Fahrtrichtung.
C Wegen der Trägheit meines Körpers kippe ich nach der linken Seite des Busses.
c Wähle ich den Stehplatz mit Handschlaufe, kann ich mich an der Schlaufe festhalten und so gegen Trägheit beim Losfahren, Bremsen und Um-die-Kurve-Fahren arbeiten. Wähle ich den Anlehnplatz und schaue in Fahrtrichtung, hilft mir das zwar beim Anfahren, weil es mich nach hinten presst und die Lehne mich stützt. Wenn der Bus bremst, falle ich trotzdem nach vorne. Der Stehplatz mit Handschlaufe ist also sicherer.

4 a
$$\text{Reaktionsweg} = \frac{\text{Geschwindigkeit}}{10} \cdot 3$$
$$\text{Bremsweg} = \frac{\text{Geschwindigkeit}}{10} \cdot \frac{\text{Geschwindigkeit}}{10}$$
Anhalteweg = Reaktionsweg + Bremsweg
b

Geschwindigkeit in km/h	10	30	50	100	130
Reaktionsweg	3	9	15	30	39
Bremsweg	1	9	25	100	169
Anhalteweg	4	18	40	130	208

c Die Regel ist nur gut geeignet für Geschwindigkeiten unter 30 km/h. Ab 30 km/h ist der Anhalteweg bei einer Vollbremsung bereits länger: Er beträgt 18 m, der Abstand „halber Tacho" ist aber nur 15 m.

5 a Sicherheitstipps: auffällige Kleidung tragen, Kleidung mit Reflektorstreifen, helle Beleuchtung am Fahrrad, vorausschauendes Fahren
b Verkehrstaugliche Fahrzeuge haben immer zwei unabhängige Bremsen.

6 a Gegeben: Geschwindigkeit v = 5 km/h
Weg s = 100 km
Gesucht: Zeit t
Rechnung: t = s : v
t = 100 km : 5 km/h = 20 h
Der Fußgänger braucht 20 Stunden, um 100 Kilometer zurückzulegen.
b 1 m/s = 3,6 km/h
Geschwindigkeit Fallschirmspringer: 18 km/h
Geschwindigkeit Schneeflocke: 4 m/s = 14,4 km/h
Geschwindigkeit Regentropfen: 8 m/s = 28,8 km/h
Geschwindigkeit Hagel: 20 m/s = 72 km/h
Der Fallschirmspringer könnte eine Schneeflocke überholen, einen Regentropfen und ein Hagelkorn nicht.

c Gegeben: Geschwindigkeit v = 343 m/s
Zeit t = 4 s
Gesucht: Weg s
Rechnung: s = v · t
s = 343 m/s · 4 s = 1372 m
Der Blitzeinschlag ist etwa 1372 Meter entfernt.

d *Frage 1:* Wie weit fliegt das Fluzeug in einer Stunde?
Gegeben: Geschwindigkeit v = 950 km/h
Zeit t = 1 h
Gesucht: Weg s
Rechnung: s = v · t
s = 950 km/h · 1 h = 950 km
Das Flugzeug fliegt in einer Stunde 950 Kilometer.
Frage 2: Wie lange braucht das Flugzeug für eine Strecke von 1900 Kilometern?
Gegeben: Geschwindigkeit v = 950 km/h;
Weg s = 1900 km
Gesucht: Zeit t
Rechnung: t = s : v
t = 1900 km : 950 km/h = 2 h
Das Flugzeug braucht für 1900 Kilometer 2 Stunden.

7 a *Gemeinsamkeiten:* In beiden Graphen ist der zurückgelegte Weg gleich lang, er beträgt 4000 m.
Unterschiede: Der blaue Graph ist eine Gerade, es handelt sich darum um eine gleichförmige Bewegung. Der rote Graph ist mehrmals abgeknickt, deshalb handelt es sich um eine ungleichförmige Bewegung.
b Der rote Läufer ist zwischen 0 und 1,5 Minuten, zwischen 8 und 14 Minuten und zwischen 17 und 19 Minuten schneller als der blaue Läufer, weil in diesen Bereichen der rote Graph steiler ist als der blaue Graph.
c An diesen Stellen treffen sich die Läufer auf der Strecke. An der ersten „Kreuzung" holt der blaue Läufer den roten ein und überholt ihn. An der zweiten „Kreuzung" holt der rote Läufer dann wieder den blauen ein und überholt ihn endgültig.
d Gegeben: Weg s = 4000 m = 4 km
Zeit t = 20 min = 1/3 h
(aus Diagramm)
Gesucht: Geschwindigkeit v
Rechnung: v = s : t
t = 4 km : 1/3 h = 12 km/h
Der blaue Läufer läuft mit einer Geschwindigkeit von 12 km/h.

8 a, b A Tankwagen fährt gleichförmig: Hier wirkt keine Trägheit auf die Ladung, darum schwappt die flüssige Ladung nicht.
B Tankwagen bremst ab: Beim Bremsen bewirkt die Trägheit der Ladung, dass sie sich in Fahrtrichtung weiterbewegt. Darum schwappt sie nach vorne.
C Tankwagen fährt an: Beim Anfahren bewirkt die Trägheit der Ladung, dass sie sich erst einmal noch nicht bewegt. Darum schwappt sie nach hinten.

Praxis – Quiz: Wasserpflanzen erkennen – S. 110
Lösungswort: Lebensraum Gewässer

Praxis – Quiz: Wassertiere erkennen – S. 111
Lösungswort: Schlammschnecke

Forschen Kleines ganz groß – S. 115
A Wasserfloh, **B** Baumrinde, **C** Distelblüte, **D** Spinnennetz mit Tautropfen, **E** Froschlaich mit Kaulquappen, **F** Libellenflügel

5 Lebensraum Gewässer – S. 124/125
1 a Stehende Gewässer: Seen, Teiche, Weiher, Tümpel, Pfützen; Fließende Gewässer: Flüsse, Bäche
b A Teichrohrsänger, **B** Schilfrohr, **C** Seerose, **D** Wasserläufer, **E** Wasserspinne, **F** Wasserfloh, **G** Wasserpest, **H** Hornblatt
c Die Seerose ist fest im Boden verwurzelt, ihre Blätter mit Luftkammern schwimmen auf der Wasseroberfläche.
Der Wasserläufer hat lange, behaarte Beine. Er nutzt damit die Wasseroberflächenspannung und geht nicht unter.
2 a

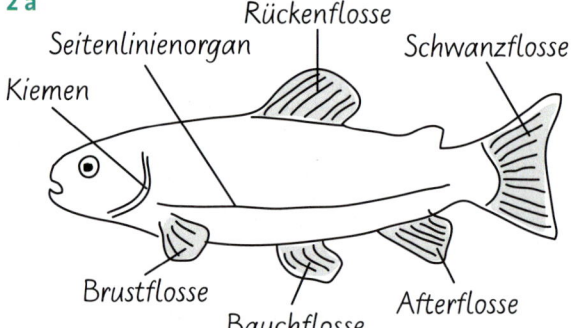

b Die Körperform der Fische ist lang gezogen und seitlich flach. Dadurch bietet sie dem Wasser wenig Widerstand. Die Schuppen sind wie Dachziegel angeordnet und mit einer Schleimschicht bedeckt, sodass der Fisch leichter durchs Wasser gleitet.

c Fische besitzen ein Seitenlinienorgan. Damit nehmen sie geringste Wasserbewegungen wahr. Sie erkennen Strömungsverhältnisse, Hindernisse, Beutetiere und Feinde.

d Fische atmen durch Kiemen. Das eingeatmete Wasser strömt an den Kiemen vorbei. Diese sind mit vielen Blutgefäßen durchzogen. Der Sauerstoff wird hier ins Blut aufgenommen und Kohlenstoffdioxid ins Wasser abgegeben. Das Wasser strömt durch die Kiemendeckel wieder aus.

3 a Wasserpflanze ⟶ Stockente ⟶ Hecht
oder Alge ⟶ Wasserfloh ⟶ Libellenlarve ⟶ Barsch ⟶ Hecht
oder Wasserpflanze ⟶ Barsch ⟶ Hecht

b Eine Wasserpflanze wird von einer Stockente gefressen, die Stockente wird vom Hecht gefressen. Diese drei Lebewesen sind durch eine einfache Nahrungsbeziehung untereinander verkettet. Das ist eine Nahrungskette.
Die Wasserpflanze wird aber auch von Kaulquappen gefressen. Kaulquappen sind die Nahrung für Barsche, Libellenlarven und Wasservögel. Nahrungsketten, die sich verzweigen heißen Nahrungsnetz.

4 a Sauberkeit, Sauerstoffgehalt, Mineraliengehalt, Pflanzenbewuchs

b Güteklasse 1: Steinfliegenlarve;
Güteklasse 2: Flohkrebse, Köcherfliegenlarve;
Güteklasse 3: Wasserassel;
Güteklasse 4: Zuckmückenlarve

c Maßnahmen zum Gewässerschutz: Düngevorschriften für Landwirte, Klärwerke für Abwässer, Vögel nicht beim Brüten stören, keinen Abfall hinterlassen

5 a

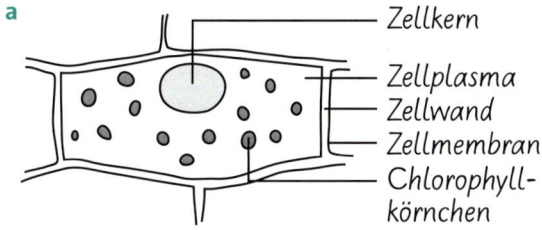

b Es handelt sich um eine pflanzliche Zelle. Dies ist an den Chlorophyllkörnchen und der Zellwand erkennbar.

6 a Vor der Renaturierung ist das Flussbett ausgebaggert und begradigt. Das Wasser fließt schnell. Es gibt kaum Lebensraum für Tiere und Pflanzen. Nach der Renaturierung nimmt der Fluss wieder einen natürlichen Lauf. Die Uferbefestigungen wurden beseitigt und dadurch verbreitet sich der Fluss. Er wird kurviger und fließt darum langsamer. Es siedeln sich wieder verschiedene Pflanzen und Tiere an.

b

Jahr	Zahl der Fische
2007	3
2010	15
2016	37

Durch die Renaturierung fließt das Wasser langsamer. Beruhigte Laichplätze entstehen und Pflanzen werden nicht mehr weggeschwemmt. Der Steinbeißer findet zwischen den Pflanzen günstige Laichplätze und genügend Nahrung am Boden. Darum nimmt der Fischbestand zu.

c Lebensbedingungen: Den Steinbeißer findet man in langsam fließenden Gewässern mit klarem, sauerstoffreichem Wasser. Er legt seine Eier in Bodennähe, an Wurzeln oder Pflanzen ab. Durch die Renaturierung fließt das Wasser langsamer und es gibt wieder mehr Pflanzen. Das bietet dem Steinbeißer bessere Bedingungen.

7 a 1 Je mehr Mückenlarven, desto mehr Barsche.
2 Je mehr Barsche, desto weniger Mückenlarven.
3 Je weniger Mückenlarven, desto weniger Barsche.
4 Je weniger Barsche, desto mehr Mückenlarven.

b Ja, sie können überleben, weil sie sich auch von anderen Lebewesen ernähren, zum Beispiel von Wasserpflanzen, Kaulquappen oder Wasserflöhen.

8 a Die Stockente frisst außer Libellenlarven auch noch Sumpfpflanzen, Wasserpflanzen, Wasserflöhe und Kaulquappen.

b Libellenlarven sind außerdem Beutetiere für den Teichfrosch, den Barsch und den Graureiher.

c Stockenten fressen viele verschiedene Pflanzen und Wassertiere. Nicht jede Art kann einzeln genannt werden. Libellenlarven werden auch noch von anderen Fröschen, Fischen und Vögeln gefressen. In einer Abbildung kann man immer nur einen Teil davon darstellen, weil es sonst zu unübersichtlich wird.

d In der Nahrungskette sieht es so aus, als ob jedes Glied der Kette nur dem nächsten Glied als Nahrung dient. Das ist aber nur eine Modellvorstellung der Nahrungsbeziehung. Die Nahrungskette zeigt nämlich nur einen kleinen Ausschnitt aus den Nahrungsbeziehung im und am Gewässer. In Wirklichkeit sind die Nahrungsbeziehungen viel verzweigter. Sie sind ein Nahrungsnetz.

6 Die Entwicklung menschlichen Lebens – S. 146/147

1 a Körperliche Veränderungen, z. B.: Längenwachstum, tiefere Stimme, Gesicht wird länger, Behaarung unter den Achseln und im Schambereich, Geschlechtsorgane werden größer
Seelische Veränderungen, z. B.: Freundeskreis wird wichtiger als Familie, Wunsch nach Selbstbestimmung, Abenteuer und Unabhängigkeit, Risikobereitschaft
b Hormone aus der Hirnanhangsdrüse bewirken, dass Geschlechtshormone gebildet werden. Diese verursachen die geschlechtstypischen Veränderungen.
c Haut und Schweiß verändern sich. Dadurch kann es zu Körpergeruch und Pickelbildung kommen.
2 a Das männliche Geschlechtshormon heißt Testosteron, das weibliche Östrogen.
b **A** Penis, **B** Samenleiter, **C** Hoden, **D** Eichel
c **A** Scheide, **B** Eileiter, **C** Eierstock, **D** Klitoris
d Als Ejakulation bezeichnet man das Herausschleudern des Spermas beim Orgasmus des Mannes. Der Zyklus ist der Vorgang von Eireifung, Aufbau und Abbau der Gebärmutterschleimhaut bei der Frau.
e Ein Junge ist geschlechtsreif, wenn er seine erste Ejakulation hat. Ein Mädchen ist geschlechtsreif, wenn es den ersten Eisprung hat. Die Monatsblutung zeigt an, dass der Eisprung erfolgt ist.
3 a Der Zeitpunkt ist die Befruchtung der Eizelle durch ein Spermium.
b Nach der Befruchtung im Eileiter teilt sich die Eizelle in zwei Zellen, dann in vier, acht … Die Zellzahl verdoppelt sich immer. Dabei wandert die Eizelle durch den Eileiter. Schließlich nistet sie sich in die Gebärmutterschleimhaut ein. Jetzt ist die Frau schwanger.
4 a Rauchen, Alkohol, andere Drogen oder Medikamente können dem ungeborenen Kind schaden.
b *Mutterpass:* Dort werden Untersuchungsergebnisse der Vorsorgeuntersuchungen notiert.
Wehen: Die Gebärmuttermuskulatur zieht sich zusammen und schiebt das Baby durch die Scheide.
Stillen: Das Baby wird an die Brust angelegt, damit es trinkt.
c Der Vater ist während der Schwangerschaft und der Geburt sehr wichtig. Während der Schwangerschaft kann er seiner Frau Arbeit abnehmen, damit sie sich nicht zu sehr anstrengen muss. Er kann sie auch trösten, wenn sie Angst hat, und sie zu den Vorsorgeuntersuchungen begleiten. Bei der Geburt steht er der Mutter bei, manchmal durchtrennt er die Nabelschnur. Wenn das Baby auf der Welt ist, teilt er sich mit der Mutter die Pflege des Kindes.

5 a Kondom, Antibabypille
b Die Antibabypille muss man täglich zur gleichen Zeit einnehmen. Manche Antibiotika, aber auch Erbrechen und Durchfall schwächen die Wirkung der Pille ab. Wenn man die Pille nimmt, sollte man nicht rauchen.
c Kondome soll man nicht im Geldbeutel aufbewahren. Bei der Benutzung muss man aufpassen, dass man das Kondom nicht beschädigt, z. B. durch spitze Fingernägel.
d Die Antibabypille verhindert den Eisprung durch Hormone und wird während des ganzen Zyklus eingenommen. Die „Pille danach" ist eine Notfallverhütung und wird nur einmal eingenommen. Sie verschiebt den Eisprung und wirkt höchstens 48 Stunden nach dem Geschlechtsverkehr.
6 a Wenn sie so verliebt sind, dann kann es sein, dass sie Geschlechtsverkehr haben. Über Verhütung muss man vorher sprechen. Man darf sich nicht darauf verlassen, dass sich der andere Partner darum kümmert, denn Verhütung geht beide an. Man muss gemeinsam entscheiden, wie man verhütet.
b Diese Entscheidung ist falsch. Seine Freundin Anna könnte beim Geschlechtsverkehr trotz „Aufpassen" schwanger werden, weil Sperma schon vor dem Höhepunkt austritt.
7 a Man sieht den Kopf, den Rumpf, die Beine, die Füße und die Zehen des Babys. Außerdem kann man noch die Nabelschnur erkennen und die Gebärmuttermuskulatur der Frau.
b Das Herz schlägt ab der 5. Woche.
c Es sind etwa 12 Wochen seit der Befruchtung der Eizelle vergangen.
8 a Man kann ein bestimmtes Essen, Tiere, Filme, Bücher, Familienmitglieder oder den Sexualpartner lieben.
b Individuelle Lösungen, z. B.: … wenn ich Schmetterlinge im Bauch habe; … wenn er mich anlächelt; … wenn sie mich anstrahlt …
9 a Sexuelle Belästigung; es ist nicht nötig, sich für die Pulsmessung auszuziehen.
b keine sexuelle Belästigung
c Keine sexuelle Belästigung; wenn der Teenager das nicht möchte, soll er es ansprechen.
d sexuelle Belästigung
e sexuelle Belästigung

Stichwortverzeichnis

A
Abbremsen 60, 61, 73, 82
After 134
Afterskorpion 49
Aggregatzustand 21, 33
Ähriges Tausendblatt 101
Aids 142, 143
Akne 131
Alge 101, 108, 109, 120, 121
Algenteppich 120, 121
Alkohol 20, 89, 93, 140, 141, 145
Ameise 40, 57
Amöbe 116
Amphibie 103, 122
angepasste Geschwindigkeit 90, 91, 93
Angriffspunkt 63
Anhalteweg 88, 89, 93
Anomalie 22, 23, 33
Antibabypille 142, 143, 145
Antibiotika 142
Apfel 42, 60, 105
Arbeit 66, 67, 68, 69, 70, 73
Arbeitsauftrag 8
Assel 44, 49
Atom 28
Auftriebskraft 107
Auswertung 13

B
Baby 129, 135, 139–141, 145
Bachforelle 112, 113
Bachstelze 102
Bakterien 44, 45, 53, 109, 120, 121, 132
Bandfüßer 49
Barsch 108, 109, 123
Bart 131, 132
Befruchtung 138, 139, 145
Beobachtung 12, 13
Beschleunigen 60, 61, 73, 82, 86, 87
Beschleunigungsarbeit 69
Bewegungsänderung 83
Bewegungsenergie 30, 31, 33, 70
Bewegungsrichtung 61, 73
Biber 103
Binde 136
Bisamratte 102, 103
Blattform 104
Blattschneiderameise 57
Blattstellung 104
Blutgerinnsel 142
Blutweiderich 101, 110

Bodenbildung 46, 47
Bodenerosion 51, 53
Bodenlebewesen 44, 47, 49, 51
Bodenqualität 40
Bodensatz 20
Bodenschichten 47, 50, 53
Bodenverdichtung 51, 53
Bodenversiegelung 51, 53
Brecheisen 67
Bremsweg 88–90, 93
Brüste 130, 131, 134
Buche 39–41
Buchfink 39

C
Chemikalie 10, 11, 13
chemische Energie 42, 70
chemische Formel 28
Chlorophyll 42, 44
Chlorophyllkörnchen 116, 117, 123

D
destilliertes Wasser 26
Diagramme zeichnen 64, 67, 84
Dichte 22
Doppelschwanz 49
Douglasie 37
Drehpunkt 66, 67, 73
Drogen 89, 93
Düngemittel 50, 53
Dünger 113, 120, 123
Durchfall 142

E
Eibläschen 136
Eiche 39–41
Eichel 132, 133, 145
Eichelhäher 39–41
Eichhörnchen 39–41
Eierstock 134, 135, 136, 139, 145
Eileiter 135, 136, 138, 139, 145
einarmiger Hebel 67, 73
Eintagsfliegenlarve 114
Einzeller 116, 117, 123
Eisberg 22
Eisprung 136, 138, 139, 142, 143
Eisschicht 22, 23
Eizelle 135, 136, 138, 139, 145
Ejakulation 133
elastische Verformung 61, 73
elektrische Energie 30, 31, 33
Elektrode 26
Elektrolyse 26, 28

Element 27, 28
Elementsymbol 28
Embryo 139, 145
Energieformen 30, 70
Energiequelle 30, 31, 33
Energieumwandlungskette 30, 33, 42, 70
Entsorgung 11
Erbrechen 142
Erdanziehungskraft 60, 61
Erdläufer 49
Erektion 133
Erkenntnis 12, 13
Erkenntnisweg 12
Erle 100, 101
erneuerbare Energiequelle 31, 33
Erstarren 21, 22, 33
Erzeuger 43, 45, 53, 109
Euglena 116
Experimentierregeln 10

F
Fachraum 10, 11
Fadenalge 117
Fadenwurm 44, 49
Fahrrad 61, 80, 86, 87, 90–92
Fahrradhelm 90
Familie 131, 141
Federdehnung 65
Federkraft 61, 63, 73
Fetus 139, 145
Fichte 40
Filtervermögen 50, 52
Fisch 31, 102, 103, 105–107, 123
Fischlarve 106
Fischtreppe 31
Flaschenöffner 67
Fliegenlarve 49
Fließgewässer 100, 101, 112, 113, 123
Flohkrebs 112, 114
Flosse 106, 107, 123
Flussnapfschnecke 114
Flutender Hahnenfuß 113
Forelle 106, 110, 112
Fotosynthese 42, 43, 48, 53, 109, 117
Frosch 101–103, 108, 122
Froschbiss 101
Frostaufbruch 22
fruchtbare Tage 138
Fruchtblase 129, 139, 141
Fruchtkörper 44
Fuchs 40, 41, 53

G

Gebärmutter 135, 136, 138, 139, 141, 145
Gebärmutterhals 135, 136
Gebärmutterschleimhaut 136, 139
Gebotssymbol 10
Geburt 135, 139–141, 145
Gefahrenpiktogramm 11
Gefrierpunkt 21
Gefühle 130, 131, 140, 145
Gegenkraft 63
Gehäuseschnecke 49
Gehirn 90, 131, 139
Geißeltierchen 119
Gemisch 26, 27
Generator 30, 31, 33
gesättigte Lösung 20
Geschlechtskrankheit 143
Geschlechtsorgan 130–136, 145
Geschlechtsverkehr 135, 138, 142, 143, 145
Gestein 46, 47, 53
Getreidekorn 42
Gewässergüte 112, 114, 123
Gewässerschutz 120, 121, 123
Gewicht 62, 63
Gewichtskraft 61, 62, 64, 69, 73, 107
Gezeitenkraftwerk 31
Glatteis 23
gleichförmige Bewegung 82, 83, 93
Gleichgewicht 63, 67, 71, 121
Glied 132, 133, 145
Glimmspanprobe 27–29, 33, 48
Glockentierchen 119
Goldene Regel der Mechanik 70, 73
Graph 83, 93
Gräte 106
Graureiher 108, 109
Grünalge 117
Grundwasser 18, 50, 120
grüne Pflanzen 42, 43, 109
Gürtelalge 114
Güteklasse 112–114, 123

H

Habicht 39, 41
Hase 40
Hasel 39, 41
Haselmaus 39, 41, 53
Haselnuss 41, 42, 53
Haubentaucher 102
Haut 106, 123, 131
Hebamme 141
Hebel 66, 67, 71, 73
Hebelgesetz 67, 73
Hebelwirkung 66
Hecht 108, 109, 111
Heuaufguss 119
Hirnanhangsdrüse 130, 132, 134
Hoden 132, 133, 145
Honigpilz 37
Hormon 130–132, 134, 139, 140, 142, 143
Hornblatt 101
Hossein Rezazadeh 57
Hubarbeit 68, 69
Humus 47, 50
Hygiene 136

I

Insekt 41, 49, 102, 103
Isaak Newton 60

J

Joule 68, 70, 73
Jungfernhäutchen 135, 136

K

Käfer 41, 49
Käferlarve 49
Karpfen 103, 111
Kartoffel 42, 105
Kaulquappe 108, 109
Kehlkopf 130
Kiemen 107, 123
Kiemendeckel 107
Kieselalge 114
Kirsche 42
Kläranlage 121
Klitoris 134, 135, 145
Knallgasprobe 27, 29, 33
Köcherfliege 103, 109
Köcherfliegenlarve 103, 110, 112, 114
Kochsalz 20, 24
Kohlenstoffdioxid 20, 42–45, 48, 53
Koitus interruptus 143
Kondensationspunkt 21
Kondensieren 21, 33
Kondom 142, 143, 145
Körpergeruch 131
körperliche Veränderung 130, 131, 145
Körperpflege 19
Körpertemperatur 19
Kraft darstellen 63
Kraft messen 59, 62–64, 73
Kraft sparen 70, 73
Kraftarm 66, 67, 73
Kraftbegriff 60
Kraftmesser 62, 64, 73
Kraftpfeil 63, 73
Kraftverstärkung 66, 67, 73
Kraftwerk 31
Kraftwirkung 60, 61, 73, 86, 87, 93
Krankheitserreger 134, 135
Krauses Laichkraut 112
Krebs 102, 103
Kriebelmückenlarve 114
Kröte 103, 122
Krötenschutzzaun 122
Kugelalge 117

L

Laborgerät 11
Lageenergie 30, 33, 70
Laich 106
Laichkraut 101, 112
Landwirtschaft 50, 51, 120, 121
Lastarm 66, 67, 73
Larve 103, 106
Laufwasserkraftwerk 30, 31, 33
Lebensgemeinschaft 41, 53
Lebensmittel 17–19
Lebensraum 33, 40, 41, 53, 100, 101, 103, 106, 121, 123
Leitfähigkeit 20, 24
Libelle 97, 103, 111
Libellenlarve 108, 109
Lichtenergie 30
Lichtverhältnisse 40, 101
Lösefähigkeit 20
Lösungsmittel 19, 33
Luftfeuchtigkeit 18, 40

M

Masse 62, 63, 65, 73, 87, 93
Medikament 89, 93, 140
Menstruation 136, 139
Mikroskop 116, 118, 119, 123
Milbe 44, 49
Mineraliengehalt 112, 113, 123
Mineralstoffe 19, 44–46, 50, 113, 130
Minuselektrode 26, 27
Modell 28, 33, 109
Molch 103
Molekül 28, 33
Mondalge 112, 114
Muschel 103
Muskelarbeit 70

Muskelkraft 60–62, 66, 68, 69, 83
Mutterkuchen 139, 141
Muttermilch 141
Muttermund 135
Mutterpass 141

N
Nabelschnur 139, 141
Nacktschnecke 44, 49
Nagetier 103
Nährstoff 19, 42–44, 113, 139
Nahrungsbeziehung 41, 45, 53, 108, 109, 123
Nahrungskette 41, 53, 108, 109, 123
Nahrungsnetz 41, 53, 108, 109, 123
Naturerscheinung 12
Nebenhoden 132, 133, 145
Nebenwirkung 142, 143
negative Beschleunigung 83, 93
Newton (Einheit) 62, 63, 73
Newtonmeter 62
Newtonmeter (Einheit) 68, 70, 73
nicht gleichförmige Bewegung 82
Nussknacker 67

O
Oberboden 46, 47, 53
Oberflächenspannung 21, 33, 103
Ökosystem 40, 41, 53, 109
Operator 8
Orgasmus 133, 134
Östrogen 134

P
Pantoffeltierchen 116
Penis 132, 133, 138, 143, 145
Periode 136
pflanzliche Zelle 117, 123
Pille 142, 143
Pille danach 143
Pilz 44, 45, 53
Pioneering Spirit 57
plastische Verformung 61, 73
Pluselektrode 26, 27
positive Beschleunigung 83, 93
Preiselbeere 42
Pubertät 130–132, 134, 145
Pumpspeicherkraftwerk 31, 33

Q
Quellwasser 113

R
Rädertierchen 119
Rattenschwanzlarve 113, 114
Rauchen 140–142, 145
Reaktionsweg 88, 89, 93
Reaktionszeit 88, 89
Reflektor 90–93
Regelblutung 134, 136, 140, 145
Regelschmerzen 136
Regenwurm 39, 40, 41, 44, 49, 50, 102
Reh 40
Reibungskraft 61, 64, 73, 83
Reinstoff 20, 26, 27
Renaturierung 121, 123
Rettungssymbol 10
Rohrdommel 102
Rohrkolben 100, 101, 110
Rolle 72
Rollegel 114
Roller 80, 82, 85, 91
Rotfuchs 39, 41

S
Salzwasser 18, 19, 26, 33
Samen 41, 42
Samenerguss 132, 133, 143, 145
Samenleiter 132, 133, 145
Samenzelle 132, 133, 139, 145
Sammelbehälter 11
Sauerstoff 20, 27, 28, 33, 42, 43, 53, 101, 107, 113, 120, 121, 139
Sauerstoffatom 28, 33
Sauerstoffgehalt 100, 112, 113, 123
Sauerstoffmolekül 28, 33
Sauerstoffnachweis 27
Schadstoff 50, 51
Schamhaar 134
Schamlippen 134, 135, 145
Scheide 134–136, 138, 139, 141, 143, 145
schiefe Ebene 72
Schilfrohr 100, 101,
Schlammröhrenwurm 113, 114
Schleimhaut 135, 136, 139, 145
Schleimschicht 106
Schmelzen 21, 33
Schmelzpunkt 21, 33
Schnecke 49, 77, 102, 103
Schraubenfeder 62, 63, 73
Schuppe 106
Schwangerschaft 139, 140–143, 145
Schwangerschaftshormon 140
Schwangerschaftstest 140
Schweben 105, 107, 123

Schweiß 18, 131
Schwellkörper 132, 133, 145
Schwimmblase 107, 123
Schwimmblattpflanze 101
Schwimmhaut 102
Schwimmpflanze 101
seelische Veränderung 130, 131, 145
Seerose 101, 110
Seitenlinienorgan 107, 123
Seitenschneider 66, 67
Sex 138
sexuelle Erregung 132, 133, 138
Sicherheitsgurt 85, 87, 93
Sieden 21
Siedepunkt 21, 33
Signalwort 8
Speicherkraftwerk 31
Sperma 133, 138, 143, 145
Spermien 127, 133, 136, 138, 143, 145
Spermium 138, 139
Spinne 49
Springschwanz 37, 44, 49
Stärke 42
Staudamm 31
Stechmücke 102, 103
Steckbrief 104
stehendes Gewässer 100, 123
Steinfliegenlarve 112, 114
Steinkriecher 49
Stillen 141
Stimmband 130
Stockente 102, 108, 109
Stoffkreislauf 45, 53
Straßenverkehr 90, 91, 93
Streu 47, 53
Stromschlag 20
Strudelwurm 114
Sumpfdotterblume 100, 101, 104
Sumpfschwertlilie 110
Süßwasser 18, 19, 33
Symbol 27, 28

T
Tachometer 80
Tampon 136
Tanne 40
Tauchblattpflanze 101
Tausendfüßer 44
Teichfrosch 97, 103, 109, 111
Teichmuschel 120
Teichrohrsänger 102
Teichrose 100, 101
Teilchenbewegung 21, 33
Teilchenmodell 28

Temperatur 21, 23, 33, 40, 112
Testosteron 132, 133
tierische Zelle 117, 123
Trägheit 86, 87, 93
Trampolin 61
Transportmittel 19, 33
Transportweg 19
Trinkwasser 15, 17, 18, 20, 26, 50
Trompetentierchen 119
Turbine 30, 31, 33

U
Ultraschalluntersuchung 141
Umweltfaktor 40, 41, 53, 100, 112, 113, 123
Unterboden 46, 47, 53

V
Verantwortung 140, 142
Verbindung 27, 28
Verbraucher 43, 45, 53, 109
Verdampfen 21, 33
Verformung 61
Vergleichen 12
Verhaltensregel 10
Verhütung 142, 145
Verhütungsmethode 142, 143
Verhütungsmittel 142, 143
verkehrssicher 91–93
Vermutung 12
Versuchsdurchführung 12, 13
Versuchsergebnis 12
Versuchsprotokoll 13
Verwitterung 46, 47, 53
Vielzeller 117, 123
Volvox 117
vorausschauendes Fahren 91
Vorhaut 132, 133, 145
Vorsorgeuntersuchung 141

W
Waage 63, 67
Wald 39–41, 53
Waldboden 45, 48
Waldameise 39, 41
Waldkauz 39, 41
Wärmeenergie 30
Warnzeichen 10
Wasserassel 113, 114
Wasserdampf 26
Wasserdruck 107
Wasserfilter 51, 53, 120
Wasserfloh 108, 109
Wasserhaltevermögen 52
Wasserkraft 31–33
Wasserkraftwerk 31, 33
Wasserläufer 103
Wasserlinse 101, 110
Wassermolekül 28, 33
Wasserpest 48, 101, 110, 116, 118, 119
Wasserqualität 112, 113, 123
Wasserschichten 23
Wasserschwertlilie 100, 101
Wasserspeicher 50, 51, 53
Wasserspinne 103, 111
Wasserstoff 27, 28, 33
Wasserstoffatom 28, 33
Wasserstoffmolekül 28, 33
Wasserstoffnachweis 27
Wasserteilchen 20–23, 26, 28, 33
Weberknecht 49
Webspinne 49
Weg-Zeit-Diagramm 83, 84, 93
Wehen 141
Weide 100, 101
Weinbergschnecke 77
Wellenkraftwerk 31
Werkzeug 66, 67, 73
Wildschwein 39–41
Wirbeltier 106, 107, 123
Wirkung von Kräften 60, 61, 73
Wurzelgeflecht 44

Z
Zeigerorganismen 112–114, 123
Zelle 116, 117, 123
Zellkern 117, 123
Zellmembran 117, 123
Zellplasma 117, 123
Zellteilung 116
Zellwand 117, 123
Zersetzer 44, 45, 53, 109
Zersetzung 26–29, 33
Zucker 15, 20, 42, 43, 53
Zuckmückenlarve 113, 114
zweiarmiger Hebel 67, 73
Zyklus 136, 145

Bildquellen

Titelbild: Fotolia/nordroden

action press/KYODO NEWS INTERNATIONAL, INC.: 57/o. | Blickwinkel: 112/3 | Blickwinkel/Frank Hecker Naturfotografie: 111/5, 113/5+6 | Blickwinkel/G. Czepluch: 121/4 | Blickwinkel/Ralph Sturm: 108/1, 115/2F | Colourbox: 74/4D, 136/5, 147/4 | Colourbox/Polar-px: 102/1 | Cornelsen Verlag: 75/5, 127/u. | Cornelsen/Joachim Lichtenberger: 86/2 | Cornelsen/Kerstin Amelunxen: 17/1 | Cornelsen/Markus Gaa: 85/2 | Cornelsen/Stephan Röhl: 20/1, 45/4 | Cornelsen/Volker Döring: 17/2 | F1online/Kage-Mikrofotografie: 133/4 | F1online/Last Refuge: 139/4 | F1online/MEV/Eckart Seidl: 20/2 | F1online/VisualsUnlimited: 127/M. l., 138/2 | Fotolia/Alekss: 54/2 | Fotolia/alisseja: 100/o. | Fotolia/Andrei Leventcov: 42/2 | Fotolia/Andy Dean Photography: 140/o. | Fotolia/annems: 130/o. | Fotolia/Arina Photography: 132/o. | Fotolia/Astrid Gast: 115/2E | Fotolia/audaxl: 43/4 | Fotolia/begonifoto: 97/o. | Fotolia/benjaminnolte: 90/o. | Fotolia/Bergfee: 10/3B | Fotolia/biggi62: 110/3 | Fotolia/Björn Wylezich: 74/4C | Fotolia/Budimir Jevtic: 112/o. | Fotolia/bzyxx: 143/4 | Fotolia/Christian Schwier: 130/1 | Fotolia/contrastwerkstatt: 68/1 | Fotolia/crimson: 115/2A | Fotolia/cromary: 19/5 | Fotolia/Daylight Photo: 88/o. | Fotolia/Demian: 80/2 | Fotolia/dieter76: 122/1 | Fotolia/DingDong: 143/5 | Fotolia/dom65: 74/4A | Fotolia/ehrenberg-bilder: 5/u., 126 | Fotolia/emkaphotos: 87/5 | Fotolia/Erwin Wodicka: 43/5 | Fotolia/euthymia: 59/2 | Fotolia/ferkelraggae: 46/1 | Fotolia/Francesco83: 129/1B | Fotolia/franh: 101/4 | Fotolia/Gelpi: 129/1C | Fotolia/Gerhard Seybert: 97/u. | Fotolia/goldencow_images: 26/o. | Fotolia/Gooseman: 10/3A | Fotolia/Guenter Albers: 44/o. | Fotolia/Halfpoint: 141/5 | Fotolia/hykoe: 19/4 | Fotolia/inimma: 110/1 | Fotolia/Jasmin Merdan: 86/1 | Fotolia/Joerg Sabel: 100/1 | Fotolia/Jörg Hackemann: 131/4 | Fotolia/kelly marken: 66/1 | Fotolia/Klaus Eppele: 68/2 | Fotolia/Kletr: 111/4 | Fotolia/ksch966: 101/3, 110/6 | Fotolia/kuzmafoto.com: 129/1A | Fotolia/Kzenon: 83/4 | Fotolia/lantapix: 75/7B | Fotolia/lavillia: 103/5, 111/1 | Fotolia/Leonid Andronov: 75/7 | Fotolia/Marcel Schauer: 79/2c | Fotolia/Matthias Buehner: 82/o. | Fotolia/Matthias Krüttgen: 74/4F | Fotolia/Melanie Braun: 97/M. r. | Fotolia/Michael Tieck: 42/o. | Fotolia/Michaela: 102/o. | Fotolia/Mikael Damkier: 141/4 | Fotolia/mipan: 74/4B | Fotolia/Mirko: 144/2 | Fotolia/Monkey Business: 63/4 | Fotolia/mumemories: 87/4 | Fotolia/nicolaiivanovici: 77/M. l. | Fotolia/nounours1: 111/2 | Fotolia/o1559kip: 137/3B | Fotolia/Olena Tur: 40/o. | Fotolia/olyasolodenko: 120/o. | Fotolia/Pavel Morozov: 91/4 | Fotolia/Peter Atkins: 22/1 | Fotolia/Picture-Factory: 89/2, 147/5 | Fotolia/Pim Leijen: 41/4 | Fotolia/PRILL Mediendesign: 117/5 | Fotolia/Ramona Heim: 140/2 | Fotolia/rdnzl: 74/4E | Fotolia/RioPatuca: 75/6 | Fotolia/ronnachz@hotmail.com: 134/o. | Fotolia/Sabphoto: 142/o. | Fotolia/sakhorn38: 110/2 | Fotolia/savoieleysse: 3/u., 36 | Fotolia/scubaluna: 112/1 | Fotolia/Sergei Zhukov: 75/7C | Fotolia/snyfer: 115/1 | Fotolia/soulrebel83: 22/o. | Fotolia/Thaut Images: 90/1 | Fotolia/Thomas Leiss: 121/3 | Fotolia/tina7si: 99/1 | Fotolia/tunedin: 68/o. | Fotolia/txakel: 4/u., 76 | Fotolia/vaitekune: 66/o. | Fotolia/Vibe Images: 82/1 | Fotolia/Volker Werner: 99/2 | Fotolia/WavebreakMediaMicro: 137/3A | Fotolia/Witold Krasowski: 106/o. | Fotolia/Wolfgang Filser: 142/2 | Fotolia/www.allover.cc/SIMI: 140/1 | Fotolia/www.mzphoto.cz: 108/o. | Glow Images/Caia image: 77/o. | Glow Images/Imagesource: 61/4, 74/1, 131/5 | Glow Images/info@tipsimagecom: 144/1 | imago: 50/o. | imago/blickwinkel: 37/u. | imago/CHROMORANGE: 23/5 | imago stock&people: 30/o., 37/o., 50/2, 107/4 | imago stock&people/imagebroker: 15/u. r., 35/6 | imago stock&people/Lem: 62/o. | imago/Jochen Tack: 77/u. | imago/photothek: 91/3A | imago/McPHOTO/Sailer: 57/M. l. | imago/Westend61: 79/1 | INTERFOTO/Granger, NYC: 60/1 | LADE-OKAPIA/H.R. Bramaz: 31/4 | laif/Karsten Schoene: 91/3B | laif/Keystone Schweiz: 31/3 | Mauritius Images/Alamy Stock Photo/Arterra Picture Library: 41/3, 50/1 | Mauritius Images/Alamy Stock Photo/David R. Frazier Photolibrary, Inc.: 55/8 | Mauritius Images/Alamy Stock Photo/geogphoto: 46/2 | Mauritius Images/Alamy Stock Photo/Jochen Tack: 90/2 | Mauritius Images/Alamy Stock Photo/sciencephotos: 21/5 | Mauritius Images/Alamy/Colouria Media: 3/o., 14 | Mauritius Images/Alamy/Dan Leeth: 106/1 | Mauritius Images/Alamy/dpa picture alliance archive: 4/o., 56 | Mauritius Images/Alamy/M & J Bloomfield: 103/4 | Mauritius Images/Alamy/Matthew Taylor: 60/2 | Mauritius Images/Alamy/Robert Down: 21/4 | Mauritius Images/Alamy/Stefan Hofecker: 57/u. | Mauritius Images/Erik Isakson/Tetra Images: 86/o. | Mauritius Images/foto@luftbild-blossey.de: 31/5 | Mauritius Images/Garden World Images/Floramedia: 110/5 | Mauritius Images/imagebroker.com: 51/5, 103/3 | Mauritius Images/imageBroker/uwe umstätter: 147/3 | Mauritius Images/Michael Abbey: 116/o. | Mauritius Images/Science Source/Charles D. Winters: 26/1 | Mauritius Images/Science Source/John Giannicchi: 127/o. | Mauritius Images/Science Source/M. I. Walker: 135/3 | Mauritius Images/United Archives: 27/5 | Mauritius Images/Westend61/Delta Image: 51/3 | OKAPIA/Andreas Hartl: 108/2 | OKAPIA/Axel Grambow: 111/1 | picture alliance dpa/euroluftbild.de/Gerhard Launer: 20/o. | picture alliance dpa/ZUMA Press: 60/o. | Rainer Lippert: 37/M. l. | Science Photo Library/EDELMANN: 138/o., 139/5 | Shutterstock/Africa Studio: 26/1 | Shutterstock/Blend Images: 59/1 | Shutterstock/blphoto1: 110/1 | Shutterstock/Emin Ozkan: 15/o. l. | Shutterstock/forest badger: 61/5 | Shutterstock/Jenoche: 46/o. | Shutterstock/JonathanC Photography: 79/2B | Shutterstock/keruko: 79/2A | Shutterstock/Lebendkulturen.de: 116/1, 2, 4 | Shutterstock/LFRabanedo: 115/2B | Shutterstock/maradon 333: 80/o. | Shutterstock/Marbury: 51/4 | Shutterstock/MarcelClemens: 18/o. | Shutterstock/Nakornthai: 75/7A | Shutterstock/photodonato: 5/o., 96 | Shutterstock/Raia: 115/2C | Shutterstock/Rasica: 22/2 | Shutterstock/Rattiya Thongdumhyu: 116/3, 117/6 | Shutterstock/scubaluna: 112/2 | Shutterstock/Steve Heap: 89/3 | Shutterstock/Stone36: 138/1 | Shutterstock/TTL media: 15/M. l. | Shutterstock/Vaclav Volrab: 115/2D | Shutterstock/Vitalii Hulai: 120/1 | Süddeutsche Zeitung Photo/Wolfgang Filser: 55/7 | Topic Media: 40/1

Illustration und Grafik:
biologiegrafik: 49/1, 54/3, 118/1, 131/3, 145/4 | Eric Gira: 134/1 | Heike Keis: 44/2, 100/2,102/2, 106/2, 109/3, 124/1, 124/3, 125/7, 130/2 | Karin Mall: 107/3, 118/2, 119/3, 124/2, 132/2, 133/3, 135/2, 136/4, 141/3, 145/2, 3, 146/1, 2 | Christian Nusch: 9/4, 12/1, 16, 38, 58, 69/5, 70/6, 7, 75/4, 78, 80/1, 87/3, 98, 128 | Detlef Seidensticker: Rest